O ofício alheio

FUNDAÇÃO EDITORA DA UNESP

Presidente do Conselho Curador
Mário Sérgio Vasconcelos

Diretor-Presidente
Jézio Hernani Bomfim Gutierre

Editor-Executivo
Tulio Y. Kawata

Superintendente Administrativo e Financeiro
William de Souza Agostinho

Conselho Editorial Acadêmico
Carlos Magno Castelo Branco Fortaleza
Henrique Nunes de Oliveira
Jean Marcel Carvalho França
João Francisco Galera Monico
João Luís Cardoso Tápias Ceccantini
José Leonardo do Nascimento
Lourenço Chacon Jurado Filho
Paula da Cruz Landim
Rogério Rosenfeld
Rosa Maria Feiteiro Cavalari

Editores-Assistentes
Anderson Nobara
Leandro Rodrigues

PRIMO LEVI

O ofício alheio

Com um ensaio de Italo Calvino

Tradução
Silvia Massimini Felix

© 1985, 1998, 2006 Giulio Einaudi editore s.p.a., Torino
© 2016 Editora Unesp

Título original: *L'altrui mestiere*

Direitos de publicação reservados à:
Fundação Editora da Unesp (FEU)
Praça da Sé, 108
01001-900 – São Paulo – SP
Tel.: (0xx11) 3242-7171
Fax: (0xx11) 3242-7172
www.editoraunesp.com.br
www.livrariaunesp.com.br
feu@editora.unesp.br

CIP – Brasil. Catalogação na publicação
Sindicato Nacional dos Editores de Livros, RJ

L644o

Levi, Primo, 1919-1987
    O ofício alheio: com um ensaio de Italo Calvino / Primo Levi; tradução Silvia Massimini Felix. – 1.ed. – São Paulo: Editora Unesp, 2016.

Tradução de: *L'altrui mestiere*
ISBN 978-85-393-0639-8

1. Calvino, Italo, 1923-1985. 2. Antologias (Literatura italiana). I. Título.

16-35275

CDD: 858
CDU: 821.131.1.09

Editora afiliada:

Sumário

Os dois ofícios de Primo Levi   VII
   Italo Calvino

Minha casa   1
Aldous Huxley   7
Ex-químico   11
François Rabelais   15
A lua e nós   21
Tartarin de Tarascon   25
Voltar à escola   31
Por que se escreve?   35
O ar-congestionado   39
Meias de algodão-pólvora   47
Contra a dor   51
Da escrita obscura   55
"Ler a vida"   63
Sinais sobre a pedra   67
Romances ditados pelos grilos   73
Domum servavit   79
O punho de Renzo   85
Trinta horas no Castoro Sei   91
Inventar um animal   99

O esquilo   105
O livro dos dados estranhos   109
O salto da pulga   115
Traduzir e ser traduzido   121
A internacional das crianças   127
A língua dos químicos I   133
A língua dos químicos II   139
As borboletas   145
Pavor de aranhas   149
A força do âmbar   155
Os geniosos jogadores de xadrez   161
A *Cosmogonia* de Queneau   165
O inspetor Silhouette   171
Escrever um romance   175
Estável/instável   181
Os senhores do destino   185
Notícias do céu   189
Os besouros   195
O rito e o riso   201
O mundo invisível   207
"As criaturas mais alegres do mundo"   213
O sinal do químico   219
A melhor mercadoria   225
As palavras fósseis   231
O crânio e a orquídea   237
A loja do vovô   241
Um longo duelo   245
A linguagem dos odores   253
O escriba   259
A um jovem leitor   263
Necessidade de medo   267
O eclipse dos profetas   273

Nota biográfica e fortuna crítica   279
   Ernesto Ferrero

Os dois ofícios de Primo Levi[1]

Italo Calvino

Primo Levi reuniu num só volume cerca de cinquenta textos publicados em jornais (sobretudo no *La Stampa*), que correspondem a sua vocação de enciclopedista das curiosidades vivazes e minuciosas e de moralista de uma moral que parte sempre das observações.

Entre as páginas dignas de uma antologia ideal, indicarei "Sinais sobre a pedra", que começa com uma "leitura" dos pavimentos das calçadas de Turim como documento mineralógico, antropológico, histórico, e termina com amargas reflexões sobre a indestrutibilidade da goma de mascar. O olho de Primo Levi pousa sobre a cidade como o do futuro paleontólogo que, nas estratificações do asfalto, descobrirá, "como os insetos do Plioceno [...] no âmbar, tampinhas de Coca-Cola e lacres da latinha de cerveja". É esse o método com o qual (em "Minha casa") ele descreve também o apartamento em que nasceu e em que vive ainda hoje (um caso de sedentarismo parecido com o dos moluscos que "se fixam a uma pedra, produzem uma concha e não se mexem mais por toda a vida"). Esses dois trechos e muitos outros do

---

[1] Este artigo de Italo Calvino foi publicado no jornal *La Repubblica*, em 6 de março de 1985.

volume são exemplos de uma "literatura da memória" que só pode nascer de uma mente ordenada e sistemática, na qual, da solidez e precisão dos detalhes, é possível extrair uma nota de *páthos* lírico, embora sóbria e controlada.

Prosseguindo na minha seleção, indicarei "Estável/instável", que começa como um elogio à madeira para depois explicar sua natural instabilidade ao contato com o oxigênio do ar e relembrar um episódio de trabalho: um caso de autocombustão de serragem. Portanto, o trecho exemplifica dois outros "gêneros literários" representados de maneira variada no livro: aquele da "voz de enciclopédia", escrita com uma elegância digna da tradição italiana dos Redi e dos Algarotti (nessa linha, recomendo um ensaio sobre a goma-laca, "*Domum servavit*" [serviu à casa]), e aquele das "memórias de um químico industrial", que é um tipo de narrativa só sua, da qual já tínhamos tido um vislumbre em sua obra mais primoleviana de todas, *O sistema periódico*. (Como num romance policial, em cada conto o químico deve resolver um caso misterioso.) No final da história, retorna o estilo moralista.

"Os contornos dessa frágil estabilidade, que os químicos chamam de metaestabilidade, são amplos. Compreendem tudo que vive, até mesmo quase todas as substâncias orgânicas, sejam naturais, sejam sintéticas; e ainda outras substâncias, todas aquelas que vemos mudar de estado num instante, inesperadamente: um céu sereno, mas no fundo saturado de vapores, que se enche de nuvens de repente; uma água tranquila que, abaixo de zero, congela em poucos instantes quando se lança nela uma pedra. Mas é grande a tentação de ampliar aqueles contornos ainda mais, até englobar nossos comportamentos sociais, nossas tensões, toda a humanidade, condenada e habituada a viver num mundo no qual tudo parece estável e não é, em que energias espantosas (e não falo apenas dos arsenais nucleares) estão apenas adormecidas."

Dentre os objetos que merecem a atenção enciclopédica de Levi, os mais representados no volume são as palavras e os animais. (Poder-se-ia dizer que ele pretende fundir as duas paixões numa glotologia zoológica ou numa etologia da linguagem). Em suas divagações linguísticas, dominam as agradáveis reconstruções de como as palavras se deformam com o uso, no choque entre a dúbia racionalidade etimológica e a superficial racionalidade dos falantes. A história mais extraordinária é a da palavra "gasolina"[2] (de "benjoim" ou "incenso de Java"). A mais inesperada é a de uma expressão de uso coloquial na Itália setentrional, "ler a vida" de alguém, no sentido de dizer-lhe na cara tudo que merece ouvir. (Acho que esse é o verdadeiro significado da frase, e não aquele de "bisbilhotar, falar pelas costas" que nos oferece Levi, que diz tê-la ouvido apenas no âmbito feminino e nunca em primeira pessoa; posso assegurar-lhe que, ao menos na Ligúria, é frequente ouvir um homem falar "eu disse na cara dele").

No entanto, o sentido literal da locução não está claro: por que "ler"? E por que "a vida"? De pesquisas variadas, da fraseologia alemã aos dicionários dialetais piemonteses, Levi chegou à seguinte conclusão: a expressão original era "ler o Levítico". Parece que nos conventos, de madrugada, ou seja, nas altas horas da noite, [era costume que] "depois da leitura das Sagradas Escrituras e sobretudo do Levítico, o prior se voltasse então aos monges individualmente, elogiando-os pelos seus acertos e com mais frequência reprovando-os pelas suas faltas". Portanto, ler "o Levítico" ou "os levitas" significava fazer uma repreenda.

Resta falar dos textos que se preocupam mais diretamente com literatura. Também aqui a capacidade de observação é o grande dote de Primo Levi: veja-se "O punho de Renzo", no qual demonstra que, no romance *Os noivos*, os gestos dos personagens estão todos errados ou são impossíveis, como gestos de um mau ator. E a observação não se fecha em si mesma, mas pode servir de chave para compreender algo mais: "Manzoni parece disposto a admitir certas soluções recitativas apenas 'quando duas paixões clamam juntas no coração de um homem'; mas naquele 'clamor' se

---

2 *Benzina*, em italiano. (N. T.)

vê justamente a aversão católico-estoica do autor pelas paixões das quais o personagem, embora tão amado, é escravo".

Em suma, a mesma disposição de espírito anima em Primo Levi o hábito mental científico, a mescla de escritor e moralista. Um ensaio, "Ex-químico", é dedicado à passagem da sua primeira profissão à de escritor e enumera as lições válidas para ambas. "O hábito de penetrar a matéria, de querer saber sua composição e estrutura, de prever sua propriedade e seu comportamento, leva a um *insight*, a um hábito mental de consistência e concisão, ao desejo constante de não permanecer na superfície das coisas. A química é a arte de separar, pesar e distinguir: são três exercícios úteis também a quem se prepara para descrever fatos ou dar corpo à própria fantasia."

Minha casa

Sempre vivi (com interrupções involuntárias) na casa em que nasci: portanto, meu modo de vida não foi objeto de uma escolha. Acho que represento um caso extremo de sedentarismo, semelhante ao de certos moluscos, como os mariscos, que, depois de um breve estado larval em que nadam livremente, se fixam a uma pedra, produzem uma concha e não se mexem mais por toda a vida. Isso acontece com mais frequência entre aqueles que nasceram no campo; para os que nasceram na cidade, como eu, sem dúvida é um destino incomum, que traz vantagens e desvantagens peculiares. Talvez eu deva a esse destino imóvel o amor mal satisfeito que nutro pelas viagens e a frequência com a qual a viagem aparece como *topos* em muitos dos meus livros. É claro, depois de sessenta e seis anos de Avenida Re Umberto, acho difícil imaginar como seria morar, não digo nem num outro país ou numa outra cidade, mas mesmo num outro bairro de Turim.

Minha casa se caracteriza pela ausência de caracterização. Ela se assemelha a muitas outras casas quase imponentes do início do século XX, construídas de tijolos um pouco antes do surgimento irresistível do concreto armado; quase não tem decoração, excetuando-se algumas tímidas reminiscências do estilo liberty nos frisos que adornam as janelas e nas portas de madeira que dão para as escadas. É simples e funcional, inexpressiva e sólida: demonstrou isso durante o último conflito, em que suportou todos os bombardeios, saindo-se deles com poucos danos aos caixilhos e algumas rachaduras que ainda apresenta com o mesmo orgulho que um veterano exibe suas cicatrizes. Não tem ambições, é uma máquina de morar, possui quase tudo que é essencial para viver e quase nada do que é supérfluo.

Com essa casa, com os aposentos em que vivo, tenho uma relação descuidada mas profunda, como temos com as pessoas com quem convivemos há muito tempo: se eu saísse dali, mesmo que para me mudar para uma residência mais bonita, mais moderna e mais confortável, sofreria como se estivesse no exílio, ou como uma planta que tivesse sido transplantada para um terreno inóspito. Li em algum lugar a descrição de um desses artifícios da mnemotécnica, ou seja, da arte (tempos atrás cultivada pelos eruditos e estudiosos, hoje estupidamente abandonada) de exercitar e melhorar a memória: quem deseja se lembrar de uma lista de trinta, quarenta ou mais nomes e eventualmente surpreender o público recitando-a também ao contrário pode atingir seu objetivo ligando mentalmente (ou seja, inventando uma relação qualquer) cada nome a um lugar da própria residência, de modo ordenado: andando da porta de entrada, por exemplo, para a direita, e explorando sucessivamente todos os cantos. Refazendo depois na imaginação o mesmo itinerário, será possível reconstruir a lista inicial; percorrendo a casa no sentido inverso, a direção da lista também será invertida.

Nunca tive necessidade de fazer esse exercício, mas não duvido que dê certo na maioria das vezes. No meu caso, porém, talvez não funcionasse, pois na minha memória todos os cantos da casa já estão ocupados, e as lembranças autênticas interfeririam nas ocasionais e fictícias requeridas por essa técnica. O canto à direita da porta de entrada é aquele onde, cinquenta anos atrás, ficava um porta-guarda-chuva, e onde meu pai, voltando a pé do escritório nos dias de chuva, depositava o objeto gotejante, e nos dias secos, a bengala; onde durante vinte anos esteve pendurada uma ferradura de cavalo que meu tio Corrado encontrou (naquele tempo era possível encontrar ferraduras de cavalo na Avenida Re Umberto), amuleto sobre o qual seria difícil descobrir se havia ou não exercitado alguma ação protetora; e onde por outros vinte anos pendeu de um prego uma grande chave cuja fechadura ninguém sabia qual era, mas não se ousava jogá-la fora. O canto seguinte, entre a parede e o guarda-roupa de nogueira, era escolhido como esconderijo quando se brincava de esconde-esconde; eu me escondi ali num domingo qualquer do Oligoceno, me ajoelhei sobre um caco de vidro, me machuquei e ainda conservo a cicatriz no joelho esquerdo. Trinta anos mais tarde se escondeu ali minha filha, mas ela ria muito e foi logo encontrada; e depois de outros oito anos meu filho com uma turma de amigos, um dos quais perdeu um dente de leite e por misteriosas razões mágicas o enfiou num buraco no estuque, onde provavelmente permanece até hoje.

Continuando no caminho da direita, topamos com a porta de um quarto que dá para o pátio e que teve, ao longo das décadas, diversas funções. Nas minhas lembranças mais antigas era a sala de estar onde minha mãe, duas ou três vezes por ano, recebia pessoas ilustres. Depois se estabeleceu ali por alguns anos uma fabulosa "empregada"; em seguida foi escritório comercial de meu pai, até que, com a guerra, serviu de acampamento e dormitório para parentes e amigos cujas casas tinham sido derrubadas por bombas. Depois da guerra (e do embargo devido às leis raciais), ali dormiram e brincaram sucessivamente meus dois filhos, e ali também passou muitas noites minha mulher, que cuidava deles quando estavam adoentados, ao contrário de mim, que tinha a desculpa férrea do trabalho na fábrica e o egoísmo olímpico dos mártires. Atualmente é um laboratório múltiplo onde se revelam fotografias, costura-se na máquina e se fabricam brinquedos divertidos. Transfigurações semelhantes poderiam ser ditas de todos os outros cantos da casa; há pouco tempo, e com certo incômodo, me dei conta de que minha poltrona preferida ocupa exatamente o lugar no qual, segundo a tradição familiar, eu vim ao mundo.

Minha casa está localizada num lugar privilegiado, não muito longe do centro urbano e, mesmo assim, relativamente tranquilo; a proliferação dos automóveis, que preenchem cada cavidade como um gás compressor, já chegou até aqui, mas apenas há alguns meses se tornou difícil encontrar um lugar para estacionar. As paredes são grossas e o barulho da rua chega abafado. Tempos atrás, tudo era diferente: a cidade terminava a poucas centenas de metros na direção sul, e andávamos pelos campos "para ver os trens" que, na época, antes de o sistema de obstáculos do cruzamento Zappata ser construído, corriam no nível do solo. As ruas só foram asfaltadas por volta de 1935; antes eram de pedra, e de manhã éramos acordados pelo barulho das carroças que vinham das montanhas: ruídos dos aros de ferro sob os seixos, estalos dos chicotes, vozes dos condutores. Outras vozes familiares vinham da estrada em outras horas do dia: os clamores do vidraceiro, do vendedor de retalhos, do comprador dos "cabelos do pente", a quem a já mencionada empregada vendia periodicamente os seus, longos e grisalhos; ocasionalmente, rumores dos mendigos que tocavam acordeão ou cantavam na estrada, e aos quais lançávamos moedinhas de chocolate.

Ao longo de todas as suas transformações, a casa em que vivo conservou seu aspecto anônimo e impessoal: ao menos assim parece a nós que moramos ali, mas sabe-se que cada indivíduo é um mau juiz das coisas que lhe dizem respeito, do próprio caráter, das próprias virtudes e vícios, até mesmo da própria voz e da própria feição; talvez aos outros isso possa parecer um traço característico das tendências de isolamento da minha família. É claro que, num nível consciente, à minha casa nunca pedi muito mais que a satisfação das necessidades primárias: espaço, calor, comodidade, silêncio, privacidade. Nunca, em sã consciência, procurei torná-la minha, assimilá-la a mim, disfarçá-la, enriquecê-la, sofisticá-la. Para mim, não é fácil falar da relação que tenho com ela. Talvez seja de natureza felina: como os gatos, amo a comodidade mas posso também dispensá-la, e me adaptaria bastante bem numa habitação desconfortável, como várias vezes ocorreu e como acontece quando vou a um hotel. Não acho que meu modo de escrever seja afetado pelo ambiente no qual vivo e escrevo, e também não acho que esse ambiente transpareça nas coisas que escrevi. Portanto, devo ser menos sensível que a média às sugestões e influências do ambiente, e não sou absolutamente sensível ao prestígio que o ambiente confere, conserva ou deteriora. Vivo em minha casa como vivo no interior da minha pele: sei que há peles mais belas, mais lisas, mais resistentes, mais pitorescas, mas eu acharia antinatural trocá-las pela minha.

Aldous Huxley

A prateleira na qual guardo os livros de Aldous Huxley constitui para mim uma tentação permanente: a tentação de fechar o livro que estou lendo e de tomar nas mãos e abrir ao acaso uma de suas obras. Essa ação de abandonar um livro não terminado para abrir outro é reprovável, e tenho plena consciência disso. É uma indelicadeza, uma pequena traição: você não sabe o que o autor lhe reserva na próxima página não lida, recusa-se a segui-lo e escutá-lo, é um mau juiz, que silencia uma testemunha antes que seu depoimento seja concluído; mas a tentação é forte e encorajada pelo exemplo do próprio Huxley, o qual confessava que a *desultory reading*, a leitura desordenada, era seu vício predileto.

Cedo frequentemente a essa tentação e sempre procuro suas primeiras obras, aquelas do período 1920-40. Os livros posteriores, não mais do Huxley romancista, mas do pacifista, místico, sociólogo, estudioso das religiões, de metafísica e de psicotrópicos, me atraem menos e me inspiram temor: ouso afirmar que o Huxley desse pós-guerra, mortalmente ferido pelo conflito, sinceramente preocupado com o destino da humanidade, não consegue alcançar a própria humanidade.

De outra forma, e ao contrário da opinião de muitos de seus leitores atuais, seus livros iniciais até hoje me parecem ricos de nutrientes vitais. Quem abre o *Contraponto*, por exemplo, depara-se ainda hoje, e talvez mais distintamente que antes, com a Europa da qual somos filhos, para o bem e para o mal: a Europa que então era o mundo, inventora e guardiã de todas as ideias e todas as experiências, e ao mesmo tempo cínica, cansada, frágil diante das novas sugestões da irracionalidade e do inconsciente.

Entende-se hoje sob uma nova luz, quase simbólica do tempo entre as duas guerras, a composição dos romances de Huxley. Nunca acontece nada, ou quase nada: são cheios de conversas e discussões inteligentes, bem focadas, todas nítidas e elegantes; "romances de ideias", como bem os define Philip Quarles, autorretrato do próprio Huxley. Mas quando se passa da ideia aos atos, o *logos* se ofusca, prevalecem a violência e o sexo, e, ao mesmo tempo, o acontecimento e os personagens se dilatam, esvaziam-se, tornam-se menos verossímeis: veja-se, por exemplo, em *Contraponto*, o assassinato gratuito de Webley por Spandrell e o suicídio teatral deste último.

Mas como são verdadeiros, como são consistentes esses mesmos personagens quando Huxley se limita a fazê-los falar, a delinear e confrontar suas origens, a analisar suas relações, os julgamentos de um sobre o outro! Aqui sua mão é segura, a habilidade e a elegância são magistrais: ele nos oferece uma galeria de retratos convincentes, dentre os mais vivos de todas as literaturas. Enquanto sua perspicácia parece não ter limites, restrito parece, ao contrário, o campo de seu interesse e de sua simpatia: encontramos entre suas páginas os simplórios e os tolos, estes também vivos, mas simples pano de fundo; existem como "muletas", e Huxley não se mostra indulgente em relação a eles. Sua variação para baixo é limitada (Quarles também é "inteligente a ponto de ser quase humano"): ele não seria capaz de criar um Babbitt nem um Leopold Bloom.

Na representação de seus pares, isto é, dos superdotados, Huxley é um mestre. Todos os seus personagens são sempre espirituosos, cultos e eloquentes, são os notáveis, mesmo se falham:

sente-se por trás deles a opulência e a solidez de uma Inglaterra mais evoluída, menos ingênua e também menos poética que a kiplinguiana. Eles não têm preocupações materiais, sofrem apenas males de amores ou dores filosóficas; vivem somente para comunicar, para debater ideias sagazes, ignoram o silêncio e o recolhimento.

Muitas vezes têm um diário, exercício dos solitários: mas então, tipicamente, sublinham com cuidado cada *trouvaille* para utilizar depois em sociedade. O próprio Huxley faz isso: é frequente, e um pouco irritante, pegá-lo no ato, notar num conto uma deixa, uma imagem, e depois reencontrá-la num romance, aproveitada à exaustão e, por assim dizer, de segunda mão. Esse criador pródigo e fecundo parece então um avaro, atento em não desperdiçar nem um vintém de sua enorme riqueza.

De temperamento racional, Huxley pretende e espera reconstruir através da razão tudo aquilo que não é razão no homem, e frequentemente o consegue. Por isso sua primeira leitura era chocante, na Itália fascista e idealista, na qual o exercício da razão era abertamente desencorajado, e em que, diante do físico e do anatomista, o filósofo franzia a testa em sinal de aborrecimento.

Diferente é o julgamento que merece *Admirável mundo novo*. É um romance utópico, um dos mais coerentes que jamais se escreveu. Não contém divagações elegantes nem pesquisa poética, nem mesmo personagens de carne e osso: é árido, tenso e amargo, mas merece uma releitura. Descreve com precisão implacável um mundo que então poderia parecer uma fantasia delirante e arbitrária, mas em direção ao qual estamos caminhando hoje. É o melhor dos mundos possíveis, se os especialistas tiverem carta branca: um mundo planificado em todos os níveis (até os bebês nascem de acordo com um plano, não mais paridos, mas através de uma linha de montagem: únicos ou em lotes de gêmeos idênticos, segundo as exigências do mercado), em que convergem a superorganização totalitária e a produtividade capitalista, Marx, Pavlov, Freud e Ford: estes dois últimos confundidos numa única divindade, "nosso Ford, ou Freud, como gostava de ser chamado quando meditava".

O mundo se une numa só supernação: não existem mais raças humanas, mas a humanidade é dividida em castas rigidamente separadas e condicionadas a se adequar às tarefas específicas que lhes são atribuídas: dos "alfa", destinados desde a "transferência" dos respectivos embriões aos cargos de maior responsabilidade, aos "ípsilon", semideficientes (seus embriões são tratados com álcool), que serão felizes e pagos para trabalhar como operários por toda a vida. Arte e ciência, sentimento e paixão não existem mais: serão uma ameaça para a estabilidade, valor supremo, talvez o único, do Mundo Novo. A educação (ou melhor, o "condicionamento") dos jovens é monopólio do Estado: todos os conhecimentos e os princípios morais são irresistivelmente introduzidos no cérebro durante o sono. Também a dor desapareceu: as dores físicas, graças ao progresso da medicina; as dores espirituais, graças aos "engenheiros emotivos".

Portanto, todos são felizes, obrigados à felicidade, nessa nova ordem que para nós, os não "condicionados", parece nada menos que detestável. Como se vê, trata-se de um sonho desagradável, porém mais realista e mais inteligente que todas as utopias positivas (a *República* de Platão) e negativas (*1984* de Orwell); o livro é profundamente irônico e pessimista: se você quiser o bem-estar, a liberdade e a paz, a solução é esta, até mesmo para o homem racional, centro da sabedoria, imagem de Deus. Essa foi a constituição escolhida milhões de anos atrás pelas formigas e pelos cupins, e desde então nunca mais corrigida.

Em 1959, em *Regresso ao Admirável Mundo Novo*, Huxley disse: "Em 1931, quando estava escrevendo *Admirável mundo novo*, tinha certeza de que ainda havia tempo de sobra [...], Vinte e sete anos depois [...] sinto-me bem menos otimista [...] minhas profecias estão se confirmando bem antes do que pensei". A quantos outros profetas foi concedido o triste privilégio de ver nascer ao seu redor o "Mundo Novo" que havia previsto?

Ex-químico

A relação que um homem tem com sua profissão é parecida com a que ele mantém com seu país; é um tanto complexa, muitas vezes ambivalente e em geral só é bem compreendida quando termina: com o exílio ou a emigração no caso do país de origem, com a aposentadoria no caso da profissão. Abandonei a profissão de químico já faz alguns anos, mas só hoje sinto que me afastei o bastante para vê-la em sua totalidade e para compreender o quanto ela me penetrou e o quanto lhe devo.

Não pretendo aludir ao fato de que, durante meu confinamento em Auschwitz, minha profissão salvou-me a vida, nem ao razoável salário que recebi por trinta anos, nem à aposentadoria a que tive direito. Em vez disso, gostaria de descrever outros benefícios que penso ter tido, e todos eles se referem à nova profissão à qual passei a me dedicar, ou seja, o ofício de escrever. De início, é preciso esclarecer: escrever não é propriamente uma profissão, ou, ao menos para mim, não deveria ser: é uma atividade criativa, e portanto suporta mal os horários e os prazos, os compromissos com os clientes e os superiores. Entretanto, escrever é um "produto", uma transformação: quem escreve transforma as próprias experiências de maneira que elas se tornem acessíveis e bem-vindas ao "cliente" que as lerá. As experiências (num sentido amplo:

experiências de vida) são portanto uma matéria-prima: o escritor que não as possui trabalha no vazio, acredita escrever mas escreve páginas vazias. Ora, as coisas que eu vi, experimentei e fiz em minha vivência anterior são hoje, para mim como escritor, uma fonte preciosa de matéria-prima, de acontecimentos a ser contados, e não apenas acontecimentos: também de emoções fundamentais que surgem ao misturar-se com a matéria (que é um juiz imparcial, impassível, mas duríssimo: se você erra, ele o pune sem piedade), a vitória, a derrota. Esta última é uma experiência dolorosa mas saudável, sem a qual não nos tornamos adultos e responsáveis. Acho que cada colega químico que tenho poderá confirmar: aprende-se mais dos próprios erros que dos próprios êxitos. Por exemplo: formular uma hipótese explicativa, acreditar nela, apaixonar-se por ela, controlá-la (ah, a tentação de falsificar os dados, de dar-lhes um empurrãozinho) e por fim verificar que está errada é um ciclo que na profissão do químico se encontra com muita frequência "no estado puro", mas que é fácil reconhecer em infinitos outros itinerários humanos. Quem o percorre com honestidade termina o caminho amadurecido.

Há outros benefícios, outros dons que o químico oferece ao escritor. O hábito de penetrar a matéria, de querer saber sua composição e estrutura, de prever sua propriedade e seu comportamento, leva a um *insight*, a um hábito mental de consistência e concisão, ao desejo constante de não permanecer na superfície das coisas. A química é a arte de separar, pesar e distinguir: são três exercícios úteis também a quem se prepara para descrever fatos ou dar corpo à própria fantasia. Há, enfim, um patrimônio imenso de metáforas que o escritor pode obter da química de hoje e do passado, e que quem não tenha frequentado o laboratório e a fábrica conhece apenas de modo aproximado. O leigo também sabe o que quer dizer filtrar, cristalizar, destilar, mas sabe tudo isso de segunda mão: não conhece sua "paixão impressa", ignora as emoções ligadas a esses gestos, não percebe seu peso simbólico. Mesmo apenas no plano das comparações, o químico militante se acha em posse de uma insuspeitada riqueza: "negro como...", "amargo como..."; viscoso, tenaz, pesado, fétido, fluido, volátil, inerte, inflamável: são todas qualidades que o químico conhece bem, e para cada uma delas sabe escolher uma substância que a possui de modo predominante e exemplar. Eu, ex-químico, hoje acanhado e despreparado se tivesse de entrar de novo num laboratório, sinto quase vergonha quando, em meus textos, faço uso desse repertório: parece que me aproveito de uma vantagem ilícita quando confrontado com meus neocolegas escritores que não tiveram uma vivência como a minha.

Por todos esses motivos, quando um leitor se surpreende com o fato de que eu, químico, tenha escolhido seguir o caminho da escrita, sinto-me autorizado a lhe responder que escrevo justamente porque sou um químico: meu velho ofício em grande medida se transformou no novo.

François Rabelais

Gostamos de alguns livros sem que possamos definir o motivo: nesse caso, se aprofundássemos um pouco o exame, é provável que descobriríamos afinidades insuspeitas, cheias de revelações sobre os lados menos evidentes de nosso caráter. Mas outros livros nos acompanham durante anos, por toda a vida, e o motivo não é claro, compreensível, fácil de ser expresso em palavras: dentre estes, com reverência e amor, gostaria de citar *Gargântua e Pantagruel*, obra colossal mas única de Rabelais, *mon maître*. A estranha fortuna do livro é conhecida: nascido do amor vital e da ociosidade criativa de Rabelais, monge, médico, filólogo, viajante e humanista, cresce e se difunde com absoluta falta de planejamento durante quase vinte anos e por mais de mil páginas, acumulando as invenções mais surpreendentes em plena liberdade fantástica, por um lado uma possante tolice épico-popular, por outro embebida pela vigorosa e vigilante consciência moral de um grande espírito do Renascimento. A cada página se encontram, audazmente justapostos, impropérios geniais, irreverentes ou tolos, ao lado de citações (autênticas ou não, quase todas feitas de memória) de textos latinos, gregos, árabes, hebraicos; decorosos e retumbantes exercícios oratórios; sutilezas aristotélicas das quais se desprende uma risada gigantesca, outros subscritos e endossados com a boa-fé do homem de vida pura.

Se acrescentarmos a essa composição fundamentalmente descontínua, e às frequentes dificuldades linguísticas, as violentas críticas e sátiras diretas contra a cúria romana, é fácil compreender como *Gargântua e Pantagruel* teve em todas as épocas um público reduzido, e como muitas vezes se tentou fazê-lo passar, oportunamente amputado e reformulado, por literatura infantil. Porém, basta abri-lo para sentirmos o livro de hoje, quer dizer, o livro de todos os tempos, eterno, que fala uma linguagem que sempre será compreendida.

Não é que ele percorra os temas fundamentais da comédia humana: ao contrário, inutilmente se busca achar as grandes fontes poéticas tradicionais, o amor, a morte, a experiência religiosa, o destino precário. Porque em Rabelais não há reflexão, ponderação, busca íntima: em cada palavra dele reside um estado de ânimo diverso, caprichoso, extrovertido, substancialmente aquele do inovador, do inventor (não do utópico) de coisas grandes e pequenas, e também aquele do jogral, do artista improvisador. Trata-se, além disso, de um retorno não casual; sabe-se que o livro teve um precursor obscuro, desaparecido há séculos sem deixar vestígios: um almanaque de feira de rua, as *Chroniques du grand Géant Gargantua*.

Mas os dois gigantes da sua dinastia não são apenas montanhas de carne, absurdos beberrões e glutões: ao mesmo tempo, e paradoxalmente, são descendentes legítimos dos gigantes que declararam guerra a Júpiter, e de Nimrod, e de Golias, e são também príncipes iluminados e filósofos alegres. Na grande respiração e no grande riso de Pantagruel se encerra o sonho do século, o de uma humanidade trabalhadora e fecunda, que volta as costas para as trevas e caminha resoluta em direção a um futuro de prosperidade pacífica, à era de ouro descrita pelos latinos, que não passou nem está distante no futuro, mas sim ao alcance das mãos, já que os poderosos da terra não abandonam o caminho da razão e se conservam fortes contra os inimigos externos e internos.

Não se trata de uma esperança idílica, é uma forte certeza. Basta que você queira e o mundo será seu: bastam a educação, a justiça, a ciência, a arte, as leis, o exemplo dos antigos. Deus existe, mas nos céus: o homem é livre, não predestinado, é *faber sui* [construtor de si], e deve e pode dominar a terra, dom divino. Por isso o mundo é belo, é cheio de alegria, não amanhã, mas hoje: porque a cada um são reveladas as alegrias ilustres da virtude e do conhecimento, e as alegrias corpulentas, também um dom divino, das mesas vertiginosamente fartas, das bebidas "teologais", da Vênus incansável. Amar os homens significa amá-los como são, de corpo e alma, *tripes et boyaux* [tripas e vísceras].

O único personagem do livro que tem dimensões humanas e não resvala nunca pelo caminho do símbolo e da alegoria, Panurgo é um extraordinário anti-herói, uma mistura de humanidade inquieta e curiosa, no qual, talvez com mais frequência que em Pantagruel, Rabelais parece ensombrecer a si mesmo, a própria complexidade do homem moderno, as próprias contradições não resolvidas, mas aceitas com alegria. Panurgo, charlatão, pirata, *clerc*, ao mesmo tempo pescador e isca, cheio de coragem "a não ser que esteja em perigo", faminto, sem dinheiro e libertino, que entra em cena pedindo pão em todas as línguas vivas e extintas, somos nós, é o Homem. Não é exemplar, não é a *perfection*, mas é a humanidade, viva, enquanto procura, peca, desfruta e aprende.

Como conciliar essa doutrina desenfreada, pagã, terrena, com a mensagem evangélica, nunca negada nem esquecida pelo pastor de almas Rabelais? De fato, ela não se concilia: também é uma característica da condição humana estar suspenso entre a lama e o céu, entre o nada e o infinito. A própria vida de Rabelais, pelo que sabemos, é um emaranhado de contradições, um turbilhão de atividades aparentemente incompatíveis entre si e com a imagem do autor que tradicionalmente se reconstrói através de seus textos.

Monge franciscano, mais tarde (com 40 anos) estudante de Medicina e médico no Hospital de Lion, editor de livros científicos e de almanaques populares, estudioso de jurisprudência, de grego, árabe e hebraico, viajante incansável, astrólogo, botânico, arqueólogo, amigo de Erasmo, precursor de Vesalius no estudo da anatomia de cadáveres humanos; escritor dentre os mais liberais, é ao mesmo tempo pároco de Meudon e goza durante toda a vida da fama de homem caritativo e íntegro; porém, retrata a si mesmo (deliberadamente, dir-se-ia) como um Sileno, quando não como um sátiro. Estamos longe, do lado oposto da sabedoria estoica do caminho do meio. A doutrina rabelaisiana é extremista, é a virtude do excesso: não só Gargântua e Pantagruel são gigantes, mas também gigante é o livro, em tamanho e por vocação; gigantescas e fabulosas são as aventuras, as brincadeiras, as discussões, a violência em relação à mitologia e à história, as escolhas verbais.

Gigantesca acima de qualquer coisa é a capacidade que Rabelais e suas criaturas têm de se alegrar. Esse incomensurável e luxuriante épico da carne satisfeita inesperadamente alcança o céu por outro caminho: já que o homem que se alegra é como aquele que ama, ele é bom, agradece a seu Criador por tê-lo criado e portanto será salvo. Aliás, a carnalidade descrita pelo erudito Rabelais é tão simples e genuína que desarma qualquer censor ingênuo: é saudável, inocente e irresistível, como são as forças da natureza.

Por que Rabelais nos é tão próximo? Decerto não se parece conosco; ao contrário, é cheio de virtudes que faltam ao homem de hoje, que é triste, aprisionado e fraco. Ele se aproxima de nós como um modelo, pelo seu espírito alegremente curioso, pelo seu ceticismo bem-humorado, pela sua fé no amanhã e no homem; e também pelo seu modo de escrever, alheio a modelos e regras. Talvez seja possível remontar a ele, e à sua Abadia de Thelema, aquele caminho hoje consagrado por Sterne e Joyce, de "escrever como quiser", sem códigos nem preceitos, vendo o fio da fantasia se desembaraçar com uma necessidade espontânea, diversa e surpreendente a cada momento, como um desfile de Carnaval. Rabelais se aproxima de nós principalmente porque nesse imensurável pintor de alegrias terrenas se percebe a consciência permanente, assentada, amadurecida através de muitas experiências, de que a vida não está toda aqui. Em toda a sua obra será difícil encontrar uma só página melancólica, e no entanto Rabelais conhece a miséria humana; cala sobre ela porque, bom médico mesmo quando escreve, não a aceita, quer curá-la:

> *Mieulx est de ris que de larmes escrire*
> *Pour ce que rire est le propre de l'homme.*[1]

---

[1] "Melhor escrever sobre o riso do que sobre o pranto/ Pois rir é próprio do homem." (N. T.)

A lua e nós[1]

Mais complexa, mais precisa e mais cara que um exército moderno, a grande máquina do Cabo Kennedy se prepara com imponência para o momento decisivo. Dentro de oito dias, em horário e local predeterminados, dois homens pisarão o solo lunar, assinalando uma data singular no calendário da humanidade e traduzindo em realidade aquilo que em séculos passados era considerado não apenas uma impossibilidade, mas o paradigma, o sinônimo habitual da impossibilidade.

Será necessário (ou melhor, seria: a fala comum é conservadora, ainda se diz "falar pelos cotovelos", "comer bola", quando ninguém mais sabe resgatar as antigas alusões que essas metáforas encerram), será necessário então renunciar ao "mundo da Lua" entendido como símbolo de fantasias vãs, como não lugar; mas é divertido recordar como, apenas vinte anos atrás, se falava da "outra face da Lua" como um exemplo típico de realidade inacessível, não observável por sua essência. Discutir sobre isso era pura perda de tempo: era como discutir sobre o sexo dos anjos ou do

---

[1] Artigo publicado um dia antes da primeira viagem humana à Lua (Aldrin e Armstrong, 21 de julho de 1969).

pássaro talmúdico de que fala Isaac Deutscher, que voa ao redor da Terra e cospe em cima dela a cada setenta anos.

Portanto, estamos prestes a dar um grande passo: se maior ou menor que nossas pernas, ainda não sabemos. Sabemos o que estamos fazendo? É lícito duvidar, por causa de muitos sinais. Com certeza conhecemos, e contamos uns aos outros, o significado literal, eu diria quase esportivo, do empreendimento: é o mais ousado e ao mesmo tempo o mais meticuloso que o homem tentou até hoje; é a viagem mais longa, o ambiente mais estranho. Mas por que o fazemos, não sabemos: os motivos citados são muitos, interligados entre si e, ao mesmo tempo, mutuamente exclusivos.

Acima de tudo, na base de tudo, é possível vislumbrar um arquétipo; sob o emaranhado do cálculo, talvez surja a obscura obediência a um impulso nascido com a vida e necessário a ela, o mesmo que leva as sementes dos álamos a se embrulhar no algodão para voar longe no vento, e as rãs após a última metamorfose a migrar obstinadas de lagoa em lagoa, correndo risco de vida: é o impulso de se disseminar, de se dispersar o máximo possível num vasto território; uma vez que, notoriamente, o "jardim do vizinho" nos torna violentos, e a aproximação do nosso símile provoca também em nós, homens, como em todos os animais, o mecanismo atávico da agressão, da defesa e da fuga.

Sabemos menos ainda, a despeito da nova e orgulhosa ciência do "futurível", aonde esse passo nos levará. As grandes descobertas tecnológicas dos dois últimos séculos (as novas metalurgias, a máquina a vapor, a energia elétrica, o motor de combustão interna) provocaram mudanças sociológicas profundas, mas não abalaram as bases da humanidade; ao contrário, pelo menos quatro novidades dos últimos trinta anos (a energia nuclear, a física do estado sólido, os pesticidas e os detergentes) levaram a consequências muito mais amplas e de natureza muito diversa de tudo aquilo que qualquer um ousara prever. Destas, ao menos três ameaçam gravemente o equilíbrio vital do planeta e estão nos obrigando a repensar rapidamente as coisas.

Apesar dessas dúvidas, e apesar dos desastrosos problemas que preocupam o gênero humano, dois homens pisarão o solo da Lua. Muitos de nós, do público, estamos aficionados, como crianças viciadas: a rápida sucessão dos prodígios espaciais está apagando em nós a faculdade de nos maravilharmos, que é própria do homem, indispensável para que nos sintamos vivos. Poucos de nós saberão reviver, no voo de amanhã, a expedição de Astolfo ou o estupor teológico de Dante, quando sentiu seu corpo penetrar a diáfana matéria lunar, "lustrosa, espessa, sólida e imaculada". É uma pena, mas a nossa não é uma época de poesia: não sabemos mais criá-la, não sabemos destilá-la dos fabulosos eventos que se desenvolvem sobre nossa cabeça.

Talvez seja cedo, temos que esperar, será que o poeta do espaço ainda aparecerá? Nada nos assegura isso. A aviação, o penúltimo grande salto, aconteceu já faz sessenta anos e não nos deu outros poetas além de Saint-Exupéry e, numa escala menor, Lindberg e Hillary: todos os três buscaram inspiração na precariedade, na aventura, no imprevisto. A literatura marítima morreu com a navegação à vela; nunca nasceu, nem parece imaginável, uma poesia ferroviária. O voo de Collins, Armstrong e Aldrin é muito seguro, muito programado, muito pouco "louco" para que um poeta encontre ali sua inspiração. Com certeza estamos pedindo muito, mas é que nos sentimos enganados. Mais ou menos conscientemente, queríamos que os novos navegadores tivessem também esta virtude, além das muitas outras que os tornam notáveis: que soubessem nos transmitir, comunicar, cantar tudo aquilo que virem e experimentarem.

É difícil que isso ocorra, amanhã ou depois. Do negro leito do rio primitivo sem alto nem baixo, sem princípio e sem fim, da região do *Tohu* e do *Bohu*,[2] não nos chegou até agora nenhuma palavra

---

2 Do Gênesis: em hebraico, *Tohu* designa a matéria sem forma, enquanto *Bohu* seria o vazio, condição que antecederia o processo da Criação. (N. T.)

de poesia, excetuando-se talvez umas poucas frases ingênuas do pobre Gagarin: nada além dos sons nasais, desumanamente calmos e frios, das mensagens de rádio trocadas com a Terra, de acordo com um rigoroso programa. Não parecem vozes de homem: são incompreensíveis como o espaço, o movimento e a eternidade.

Tartarin de Tarascon

Tenho que admitir: esta é uma "releitura" incompleta. Depois de ter posto as mãos, quase por acaso, no *Tartarin de Tarascon*, do qual na verdade eu lembrava com alguma precisão, não tive coragem de reabrir os outros dois livros da trilogia: *Tartarin sur les Alpes* (que hoje deveria ser uma espécie de reportagem singular sobre costumes hospitaleiros da *belle époque*) e o hipocondríaco e reumático *Port Tarascon*. O *Tartarin* completou em 1969 um século de vida: raro limite entre os livros que os séculos fortificam e aqueles que os séculos enterram sob as novas e incessantes estratificações impressas, acho que *Tartarin* não merece a notoriedade de que ainda desfruta; devia permanecer aquilo que era: uma obra engraçada, fácil e substancialmente pobre. É hora de afirmar: esse livro muito célebre, com bastante frequência oferecido às crianças como primeiro vislumbre da língua francesa, deve sua sorte a nada mais que uma veia humorística incerta e vulgar. O lugar em que (com não pouca presunção) Daudet coloca seu herói, a meio caminho entre dom Quixote e Sancho, é claramente roubado: falta a Tartarin a coerência, a universalidade ou até mesmo a dignidade dos dois filhos de Cervantes, que nasce da forte consciência que cada um deles (a seu modo) tem do próprio valor: basta uma leitura superficial para nos darmos conta disso, para sentirmos que Tartarin é ignóbil e de pequena estatura.

Da mesma forma, percebemos rapidamente que "algo está errado" no núcleo, no germe do livro, ou seja, na relação que une o escritor a sua personagem. Daudet não ama seu Tartarin, muito pelo contrário: despreza-o e o odeia. Trata-se, acho, de um caso bastante raro em todas as literaturas, uma vez que o amor do qual se fala é necessário e indispensável para a criação poética. É um amor pela sua espécie, por meio do qual Dante pode amar Malacoda; Manzoni, o Griso; e Pasolini, Tommasino Puzzilli; um amor desinteressado e puro, o amor de Pigmalião, que liga o criador à sua criatura perfeita ou em vias de se tornar perfeita; e que não pode faltar, porque sem amor não se cria nada. Quero dizer: não se criam personagens, *pierres vives*,[1] homens; e sim fantasmas, marionetes mantidas de pé graças à grande força das palavras. De tal estofo me parece ser esse Tartarin.

Tartarin é uma personagem do repertório infantil: tem dois defeitos opostos, é esquemático e ao mesmo tempo incoerente. Não se sabe, e nem mesmo é possível imaginar, o passado e o "húmus" desse homenzinho nebuloso, rico mas ocioso já aos 40 anos, sem amigos, sem bom senso, sem mulheres. Sua paixão, a caça, é muito pouca coisa para lhe dar uma alma: sendo vazio, é um substrato para lugares-comuns e aventuras tristemente previsíveis. Ao mesmo tempo, é indefinido na sua caracterização, como o bufão em quem se confia que qualquer gesto sirva para nos arrancar uma gargalhada barata. É um personagem de conveniência: às vezes demonstra possuir um minucioso treinamento de caça, mas não sabe onde vivem os leões; é um burguês de província alimentado com alho e se pavoneia em Argel vestido de turco; é um

---

1 Referência à passagem de *Gargântua e Pantagruel*, de Rabelais: "*Je ne bâtis que pierres vives, ce sont hommes*". [Só construo pedras vivas; são homens.] (N. T.)

visionário medroso, mas não hesita em chamar para a briga os marinheiros do navio, que confunde com piratas.

Não há dúvida de que o livro é de nível infantil, e a natureza do público que angariou em um século de vida confirma profusamente esse fato; mas é infantil contra sua vontade, não pelo assunto, mas pela impotência: um exemplo disso, entre outros, é o episódio desastrado e deselegante da aventura sentimental de Tartarin com a cantora moura. Nem ao menos se pode dizer que seja "também" infantil: infantis pela exuberância, pela universalidade, infantis "também" são livros como *Gulliver* ou *Robinson Crusoé*, que podemos oferecer a todas as idades; mas um leitor maior de idade que obtenha satisfação de Tartarin não pode ser mais que inculto ou simplório.

Ou um racista. Essa dúvida, essa suspeita de um sutil e inconsciente ódio de Alphonse Daudet, não apenas contra Tartarin, mas contra seu doce país e seus conterrâneos, acompanhou-me durante toda a releitura. Além do mais, acho que essa aversão faz parte de um estado de ânimo mais amplo, de uma confusa e indistinta rebelião e incômodo que os escritores de Nimes armam contra a própria terra e contra si mesmos: talvez um eco de sua própria insatisfação de artistas? Ou sementes imperceptíveis daquele *animus* subversivo, daquele frenesi reacionário que deve ter governado tão mal seu filho León, desagradável instrumento da direita monárquica e da "Action Française"?

Quaisquer que sejam os motivos profundos, a ironia com a qual Daudet pinta Tartarin, os tarasconeses e os "Méridionaux", bem-humorada em superfície, é intimamente hostil. "[...] o homem do Sul não mente, engana-se [...] sua mentira não é mentira [...] é uma espécie de miragem": são afirmações que hoje não escutamos, não toleramos facilmente; se aprendemos alguma coisa nesses últimos quarenta anos na Europa, é isto: que qualquer generalização sobre defeitos (ou também sobre virtudes) deste ou daquele grupo humano é perigosa e leviana; que, quando se fala dos "tarasconeses", dos negros, dos russos ou dos italianos em geral, corre-se o risco de errar e com certeza soará ofensivo. Tartarin, por mais rudimentar e malsucedido que seja, tem direito de ser defendido contra seu próprio criador: se era covarde, mentiroso e estúpido, era por si mesmo, e não por culpa do sangue nas suas veias ou do sol da Provença que "transforma tudo".

Enfim, ainda não demonstrei que *Tartarin de Tarascon* é um mau livro: mas ele é, sob qualquer ângulo que se queira considerá-lo; não acho que para meu julgamento negativo tenha contribuído um fenômeno que se observa com frequência, segundo o qual os livros lidos por obrigação escolar (e em geral se trata, infelizmente, das obras mais sublimes que a inteligência humana criou) se tornam para nós permanentemente descoloridos, ou mesmo intoxicados e ilegíveis. É ruim quase por inteiro, quase a cada página; se alguma delas deveria ser salva, para uma desnecessária antologia, não haveria dúvida: a descrição do porto de Marselha, que é visto com olhos diligentes e vivos e delineados sem pressa, com vivacidade incomum, e o curioso e rápido encontro com o caçador "verdadeiro", com o sr. Bombonnel, o único personagem louvável do livro (mas que não permanece em cena além de uns poucos minutos).

No restante do livro, a composição é esfarrapada, sem vigor e fantasia: Alger e a Argélia são de segunda mão, todas as figuras humanas parecem de papelão, as aventuras do desafortunado caçador se repetem ao longo de duzentas páginas. E aqueles desordenados e cansativos ataques de períodos! "Por exemplo", "Imagine", "Perceba" (o leitor nunca deve imaginar nada: cabe ao escritor obrigá-lo a imaginar). "É inútil dizer-lhes", "Oh, estupor", e uma infinidade de reticências. Além disso, estamos na França, e nos anos de Flaubert e Zola: *Tartarin de Tarascon* é irmão gêmeo de *A educação sentimental*.

Tampouco se pode alegar como atenuante o caráter humorístico da obra. Sua comicidade se concentra toda nas primeiras páginas e no assunto, e declina rapidamente quando parte da descrição para a narração. Não há uma só cena que convide ao riso aberto, liberador; ao contrário, ao redor de Tartarin (e talvez essa seja a maior surpresa de minha releitura) vê-se adensar uma aura lúgubre de fracasso, de naufrágio, de frustração cada vez maior; o que nos leva a pensar que, se Daudet tivesse tido consciência dessa vocação trágica de seu homem em vez de se obstinar a ver nele um cômico *miles gloriosus*, talvez tivéssemos um livro diferente e melhor.

Voltar à escola

Superei as barreiras da timidez e da preguiça e, ao completar 60 anos, me inscrevi num curso de um instituto muito sério onde se ensina uma língua estrangeira que não conheço muito bem. Queria conhecê-la melhor, por pura curiosidade intelectual: tinha aprendido seus elementos de ouvido, em condições desfavoráveis, e depois a usara durante anos por questões de trabalho, só o essencial, ou seja, para entender e me fazer entender, e não prestando atenção a seus pormenores, à gramática e à sintaxe.

A entrada na classe para a primeira aula foi traumática: sou um alógeno, um marciano; este não é meu lugar. Éramos cerca de vinte alunos, dos quais apenas três homens; duas mulheres aparentavam ter passado dos trinta, todos os outros eram estudantes na casa dos vinte. O professor, também ele jovem, era culto, simpático, inteligente, muito hábil em vencer as barreiras e a timidez dos alunos, especialista na arte de ensinar e bom conhecedor dos obstáculos que se interpõem ao fluxo da aprendizagem.

Ele começou a aula com um discurso franco e honesto. Pode-se estudar uma língua estrangeira com muitos objetivos diferentes, e por isso essa língua pode ser ensinada com métodos diversos; a rigor, o ensino deveria ser feito sob medida, modelado sobre as aspirações, as capacidades e os conhecimentos prévios de cada aluno; uma vez que isso não pode ser feito, os compromissos devem ser seguidos. Há quem queira (ou precise) aprender uma língua apenas para poder lê-la, ou para conhecer sua literatura, ou para falá-la como turista, ou para tratar de negócios, ou para escrever cartas comerciais, ou para ter uma conversa técnica com um colega técnico; porém, dentre essa infinidade de objetivos, pode-se traçar uma linha demarcatória entre a aprendizagem passiva (receber sem transmitir) e a ativa (receber e transmitir). E então, não alimente ilusões: os mais dotados dentre vocês chegarão a entender passivamente, *quase* por inteiro, a língua falada ou escrita; apenas um gênio, na sua idade (e estava se referindo evidentemente à idade da maioria), pode chegar a falá-la ou escrevê-la sem erros: a menos que possa passar um tempo no exterior, no mínimo seis meses de "imersão total", ou seja, sem ouvir nem pronunciar uma só palavra em italiano.

No final da primeira aula me dei conta de como é cruelmente distinto aprender aos 20, aos 40 ou aos 60 anos. Eu achava que tinha um ouvido normal: ele é, mas só para o italiano. Uma coisa é escutar um discurso na própria língua, em que, mesmo se você perder uma sílaba ou uma palavra, não tem dificuldade de inseri-la inconscientemente ou adivinhá-la com um rápido raciocínio por exclusão. Mas se a língua não lhe pertence, perder uma sílaba é perder o ônibus: o discurso prossegue enquanto você se esforça para construir o elo que falta. Para perturbar sua compreensão basta o eco das paredes ou um trem que passa na estrada, mas seus condiscípulos jovens não demonstram estar incomodados.

Outra dificuldade vem da vista. Eu seria injusto se reclamasse da minha; na vida diária talvez me atrapalhe apenas nos museus, onde se é obrigado a mudar constantemente o foco para ver ora de perto, ora de longe. Isso ocorre também na escola; a agilidade da mudança de foco é uma necessidade constante, o olho deve pular infinitas vezes do caderno à lousa e ao rosto do professor. Se você usa óculos bifocais, tudo bem; se não os usa, sua mão esquerda se empenha numa cansativa ginástica de "põe e tira".

Há dificuldades mais graves, pois são mais profundas. Sabe-se que no processo de aprender é possível distinguir três fases: gravar a lembrança, mantê-la e recordá-la quando ocorre. As duas últimas se conservam bastante bem; uma vez que o conceito é gravado, permanece assim indefinidamente; recordá-lo não é difícil: com os anos, acabamos aprendendo certos artifícios pelos quais o fenômeno da palavra ou do conceito que temos "na ponta da língua" se torna menos frequente. Mas registrar a lembrança, ao contrário, é sempre mais difícil. É necessário "aprender a aprender": não basta deixar que a noção chegue por conta própria ao depósito e ali se instale. Ela não permanece conosco, ou não por muito tempo: entra e sai de imediato, se volatiliza, deixando atrás de si só um rastro irritante e indistinto. Deve-se aprender a intervir com força, encaixá-la em seu nicho a marteladas; isso acontece, mas leva tempo e é cansativo. É preciso tomar nota sistematicamente e reler quantas vezes for necessário, no intervalo de semanas ou meses. E há mais: percebemos que, paradoxalmente, é muito difícil apagar, ou seja, desaprender as noções erradas. Tudo acontece como se uma hipotética cera se tornasse cada vez mais dura: dura de registrar, dura de desmanchar. Aqueles erros de léxico ou de gramática que são muito fáceis de adquirir estudando de modo amador requerem depois método, paciência e muita energia para ser desbastados.

Por outro lado, a idade não traz apenas desvantagens. Qualquer armadilha ao longo do caminho é facilmente percebida; é mais fácil distinguir o peso bruto e o peso líquido, ou seja, quais noções são aceitas e armazenadas com cuidado, quais podem ser verificadas e deixadas de lado. Há mais tempo, mais calma e menos distração; você possui (talvez sem se dar conta) um corpo orgânico de conhecimentos no qual os saberes novos irão se inserir como a chave na fechadura. Há velhas curiosidades que esperam há dez ou vinte anos para ser satisfeitas, e as noções esperadas e desejadas se fixam melhor.

Acima de tudo, os objetivos pretendidos são diferentes. Mesmo nos casos mais afortunados, o estudante, depois do ensino obrigatório (em que a motivação é geralmente escassa), tem apenas uma motivação indireta. Não estuda para aprender, mas para ter um título que lhe dê possibilidades de prosseguir nos estudos ou de ganhar a vida; é raro que se torne plenamente capaz de fazer correlações que liguem o aprendizado à competência linguística; até porque, infelizmente, muitas vezes essa correlação não existe. Mas, mesmo quando ele está racionalmente convencido da utilidade de seus estudos a longo prazo, o interesse genuíno pode ser frágil. Por outro lado, o idoso que decide empreender um estudo com plena liberdade de escolha, sem limitações de horário, sem obrigatoriedade de presença, sem medo de controles, de exames, ou mesmo apenas de um julgamento desfavorável, experimenta tal sensação de leveza, de livre-arbítrio, que as deficiências descritas anteriormente e a dureza das cadeiras não bastam para fazê-lo desistir.

Trata-se de estudo, de melhorar e aprender mais, mas também se trata de brincadeira, teatro e luxo. A brincadeira, isto é, o exercício por si só, mas regulado e ordenado, é própria da criança; mas brincando de voltar à escola reencontramos um sabor de infância, delicado e esquecido. A competição com os colegas, vitoriosa ou não, é um contato com os jovens em condições de igualdade, uma disputa leal e aberta que é impossível de ser feita em outro lugar. As barreiras entre as gerações caem; somos forçados a abandonar a entediante autoridade dos idosos e prestar homenagem aos recursos mentais superiores dos jovens, que se sentam ao nosso lado sem zombaria, comiseração nem desprezo, e nos tornamos amigos. Acima de tudo, apropriar-se de uma atividade agradável e sem objetivo imediato é um luxo que custa pouco e rende muito: é como receber, de graça ou quase de graça, um objeto raro e belo.

Por que se escreve?

Frequentemente um leitor, na maioria das vezes jovem, pergunta a um escritor, com toda a simplicidade, por que ele escreveu certo livro, ou por que o escreveu daquela maneira, ou ainda, mais comumente, por que escreve e por que os escritores escrevem. A essa última pergunta, que contém as outras, não é fácil responder: nem sempre um escritor tem consciência dos motivos que o induzem a escrever, nem sempre é levado por um só motivo, nem sempre os mesmos motivos se conservam do início até o fim da mesma obra. Acho possível configurar ao menos nove motivações, e passarei a descrevê-las; mas o leitor, seja ele do ofício ou não, não terá dificuldade em desencavar outros. Por que, então, se escreve?

1) Porque se sente o impulso ou a necessidade. Essa é, numa primeira aproximação, a motivação mais desinteressada. O autor que escreve porque alguma coisa ou alguém fala em seu íntimo não age com vistas a um fim; de seu trabalho podem resultar fama e glória, mas serão um acréscimo, um benefício, não conscientemente desejado: um subproduto, enfim. Evidentemente, esse caso é um extremo, teórico, padronizado; duvida-se que tenha existido um escritor, ou em geral um artista, tão puro assim de coração. Assim se viam a si mesmos os românticos; não por acaso,

acreditamos reconhecer esses exemplos dentre os grandes escritores mais distantes no tempo, de quem sabemos pouco, e que, portanto, são mais fáceis de ser idealizados. Pelo mesmo motivo as montanhas distantes nos parecem todas da mesma cor, que frequentemente se confunde com a cor do céu.

2) Para divertir ou divertir-se. Por sorte, as duas variantes quase sempre coincidem: é raro que quem escreve para divertir seu público não se divirta escrevendo, e é raro que quem encontra prazer no ato de escrever não transmita ao leitor ao menos uma parte do seu divertimento. Ao contrário do caso anterior, existem os "divertidores" puros, com frequência não escritores de profissão, alheios a ambições literárias ou não, sem grandes certezas e rigidez dogmática, leves e límpidos como crianças, lúcidos e sábios como quem viveu por muito tempo e não inutilmente. O primeiro nome que me vem à mente é o de Lewis Carroll, o tímido decano e matemático de vida íntegra, que fascinou seis gerações com as aventuras de sua Alice, primeiro no país das maravilhas e depois através do espelho. A confirmação do seu gênio afável se encontra na simpatia que seus livros provocam, depois de mais de um século de vida, não apenas entre as crianças, às quais ele idealmente se dedicava, mas também entre os cartesianos e psicanalistas, que não cessam de encontrar em suas páginas significados sempre novos. É provável que esse ininterrupto sucesso de seus livros se deva exatamente ao fato de que eles não encobrem nada: nem lições de moral nem esforços didáticos.

3) Para ensinar algo a alguém. Fazer isso, e fazê-lo bem, pode ser preciso para o leitor, mas os acordos devem ser claros. Com raras exceções, como o Virgílio das *Geórgicas*, a intenção didática corrói a tela narrativa a partir de baixo, degrada-a e a polui: o leitor que procura a narrativa deve encontrar a narrativa, e não uma lição que não deseja receber. Mas há exceções, e quem tem sangue de poeta sabe encontrar e exprimir poesia mesmo falando de

estrelas, átomos, criação de gado e apicultura. Não quero causar nenhum debate recordando aqui *La scienza in cucina e l'arte di mangiar bene*, de Pellegrino Artusi, outro homem de coração puro, que não esconde a boca atrás da mão: não se finge de literato, ama com paixão a arte da cozinha desprezada pelos hipócritas e dispépticos, pretende ensiná-la, declara isso e o faz com a simplicidade e a clareza de quem conhece a fundo sua matéria e chega espontaneamente à arte.

4) Para melhorar o mundo. Como se vê, estamos nos afastando cada vez mais da arte com fim em si mesma. Será oportuno observar que aqui as motivações que estamos discutindo têm bem pouca relevância, no final, para o valor da obra à qual possam dar origem; um livro pode ser belo, sério, duradouro e agradável por razões diversas daquelas pelas quais foi escrito. Pode-se escrever livros ignóbeis por razões nobilíssimas, e também, porém mais raramente, livros nobres por razões ignóbeis. Contudo, tenho pessoalmente certa desconfiança por quem "sabe" como melhorar o mundo; com frequência – mas nem sempre – é um indivíduo tão apaixonado por seu método que se torna impermeável à crítica. Resta-nos torcer para que não possua uma vontade muito forte, do contrário será tentado a melhorar o mundo nos fatos e não só nas palavras: assim fez Hitler depois de ter escrito *Minha luta*, e frequentemente pensei que muitos outros utopistas, se tivessem tido energia suficiente, teriam desencadeado guerras e massacres.

5) Para difundir as próprias ideias. Quem escreve por esse motivo representa apenas uma variante mais reduzida, e portanto menos perigosa, do caso precedente. De fato, a categoria coincide com a dos filósofos, sejam esses geniais, medíocres, presunçosos, amantes do gênero humano, diletantes ou loucos.

6) Para se livrar de uma angústia. Muitas vezes o ato de escrever representa o equivalente à confissão ou ao divã de Freud. Não

tenho nenhuma objeção a quem escreve impulsionado pela tensão: ao contrário, parabenizo-os por conseguirem se tornar livres por meio da escrita, como aconteceu comigo em anos passados. Peço-lhes, porém, que se esforcem em filtrar sua angústia, em não atirá-la assim como é, áspera e bruta, na cara de quem lê: dessa forma, arrisca-se a contagiar os outros sem afastá-la de si.

7) Para se tornar famosos. Acredito que apenas um louco possa se comprometer a escrever apenas para se tornar famoso, mas acho também que nenhum escritor, nem mesmo o mais modesto, nem mesmo o menos presunçoso, nem mesmo o angélico Carroll mencionado antes foi imune a essa motivação. Ter fama, ler a respeito de si mesmo nos jornais, ouvir falar de si é sublime, sem dúvida; mas poucas dentre as alegrias que a vida pode dar custam tanto esforço, e poucos esforços têm resultado tão incerto.

8) Para se tornar rico. Não entendo por que alguns se indignam ou se surpreendem quando descobrem que Collodi, Balzac e Dostoiévski escreviam por dinheiro, ou para pagar as dívidas de jogo, ou para tapar os buracos de empreendimentos comerciais falidos. Parece-me justo que a escrita, como qualquer outra atividade útil, seja recompensada. Mas acho que escrever apenas por dinheiro é perigoso, pois leva quase sempre a um estilo fácil, muito dependente do gosto do público mais amplo e da moda do momento.

9) Por hábito. Deixei por último essa motivação, que é a mais triste. Não é bela, mas acontece: às vezes o escritor esgotou seu vigor, sua carga narrativa, seu desejo de dar vida e forma às imagens que idealizou; não concebe mais imagens; não tem mais desejos, nem mesmo de glória ou de dinheiro; e continua escrevendo, por inércia, por hábito, para "manter a assinatura viva". Ele deve tomar cuidado com aquilo que faz: indo por esse caminho não irá longe, terminará fatalmente por copiar a si mesmo. O silêncio é mais digno, seja temporário ou definitivo.

O *ar-congestionado*

O italiano, costuma-se dizer há muito tempo, é uma língua rica e nobre, e ao mesmo tempo rígida e impermeável, relutante em aceitar vozes novas para as coisas novas. Contudo, de cinquenta anos para cá, e hoje com vertiginosa frequência, coisas novas em número cada vez maior elevam-se acima do horizonte, entram na vida cotidiana e devem ser batizadas ou homologadas. Em sua grande maioria, as coisas e as ideias novas vêm do mundo científico e tecnológico; ora, no nosso país parece que falta a fantasia simplificadora dos anglo-saxões, muito talentosos em condensar conceitos complexos numa só palavra delineada em linguagem comum (*jet, clutch, gear, kit, bit,* o recente *big bang*), ou até mesmo a cunhar monossílabos extremamente significativos que se tornam rapidamente de uso universal. Para tal objetivo, utilizam os procedimentos linguísticos mais audaciosos: analogias, metáforas, onomatopeias etc. Um exemplo bem conhecido é *smog*, a névoa urbana provocada pela fumaça industrial ou doméstica, que foi criado fundindo os termos de seus componentes (*smoke* e *fog*). As palavras obtidas assim, que em inglês não são poucas, se chamam *portmanteau-words*, palavras-valises, aludindo àquelas malas destinadas a guardar roupas e que se abrem em duas metades simétricas. De algumas se conhece o ato de nascimento: *galumph*, que significa galopar (*gallop*) em triunfo (*triumph*), foi cunhada por Lewis Carroll, o famoso autor de *Alice no país das maravilhas*.

Ao contrário, para nós (mas não apenas para nós), as coisas acontecem de outro modo. Perseguindo com esforço e sem discrição o caminho humanístico, recorremos a línguas velhas – o latim e o grego – para coisas novas. Ora, parece que os resultados não são sempre bem-aceitos pelos usuários, ou seja, por todos aqueles que falam, os quais se encontram diante de vocábulos evidentemente "inaturais" impostos de cima, pré-fabricados, muito longos e pouco claros, privados de quaisquer sugestões de analogia e muitas vezes carregados de sugestões e analogias falsas. A julgar pelos efeitos, conhecidos por qualquer um que tenha frequentado um ambulatório, um laboratório químico ou um escritório, parece evidente a repugnância com a qual o falante acolhe as palavras que é forçado a usar mas que lhe soam novas. Representam para ele verdadeiros corpos estranhos, introduzidos à força em sua língua ou seu dialeto, e o forçado usuário procura inconscientemente ajustá-las: comporta-se como a ostra que, inseminada com um grãozinho de areia de arestas afiadas, não o tolera e o expele, ou o modifica, alimenta-o, lixa-o, e pouco a pouco o transforma numa pérola. Tipicamente, o falante se esforça para reconstruir o "verdadeiro" significado da palavra, deformando-a mais ou menos profundamente: esse fenômeno, a chamada falsa etimologia ou etimologia popular, é um mecanismo validado pelo tempo, presente em todas as línguas, ilustrado com exemplos antigos (*melancolia*, isto é, "bile negra", alterado para *malinconia* por falsa aproximação a "mal"), e com dúzias de outros exemplos esplêndidos e avidamente compilados por Giuseppe Gioacchino Belli (*brodomédico* por *protomédico*, *murmurial* por *memorial*, *formigar* por *fornicar*, *arroubo* por *roubo*), até os mais recentes, que todo dia nascem ao nosso redor ou mesmo dentro de cada um de nós.

Destes, alguns são de origem humilde e demonstram uma elaboração inconsciente, óbvia e elementar; outros são mais ousados e revelam associações num nível mais alto; outros, enfim, contêm um lampejo de poesia, de sarcasmo ou de riso. *Riflettario, mobildeno, acqua portabile*, são de origem artesanal e surgiram por puro bom senso. *Riflettario* (por *refrattario* à ação da chama) é de tal maneira apropriado, por exemplo nos fornos refratários, que poderia tranquilamente ser adotado, e talvez o seja no futuro. *Mobildeno* (por *molibdeno*) é afetado por *mobile* [móvel], por causa do uso desse metal nos aços especiais e pelo desgosto do falante italiano pela aproximação *bd*, a qual ele acha que precisa ser consertada. A *acqua portabile* [água portável] contém um implícito ato de acusação contra os violentadores da linguagem. Já que o verbo latino *potare* ("beber") em italiano não existe mais, por que a burocracia do século passado exumou esse termo obscuro, desconhecido dos clássicos, de origens alquímicas (*aurum potabile*)? Não bastava *acqua da bere* [água de beber], que era até mais curto? Daí decorrem a incompreensão e a sensata correção: a *acqua portabile* é aquela que chega à sua casa por meio de um entregador, sem nenhum esforço de sua parte.

Com frequência, e sobretudo quando se trata de palavras que pertencem à medicina, o neologismo recusado carrega uma forte carga afetiva, de desprezo, mas não mais pela palavra, e sim pela coisa; ou de desconfiança ou de zombaria. Muitos desses termos "errados" refletem uma situação típica: a do paciente de boca aberta diante do médico que fala difícil, como dom Abbondio e o dr. Azzeccagarbugli,[1] e depois ainda cobra; e é inevitável a suspeita de que fale difícil de propósito, para mascarar sua ignorância e impotência, e portanto o pagamento é demasiado, algo que não deveria ser feito. No fundo quem sofre é ele, o paciente, e não o oráculo incompreensível; a indenização, o preço da dor, seria dele.

Raggi ultraviolenti [raios ultraviolentos]. A deformação alude ao conhecidos efeitos de uma exposição muito prolongada; e também os raios não são de fato violeta. *Puz* [fedor], no lugar de *pus*, explica-se dolorosamente por si mesmo. *Iniezioni indovinose*

---

[1] Personagens do romance *Os noivos*, de Alessandro Manzoni. (N. T.)

[injeções de cartomante, em lugar de *endovenose*, endovenosas]: porque é necessário adivinhar [*indovinare*] a veia, e nem sempre se consegue na primeira tentativa; e é preciso lembrar, com relação a isso, que na linguagem corrente "diagnosticar" está ligado a *indovinare la malattia* [adivinhar a doença], e que o médico é visto como um adivinho. *Intercolite* (por *enterocolite*) parece conter um conceito bastante difundido e arcaico de patogênese, segundo o qual cada doença é uma confusão, uma mistura, uma intercomunicação aberrante de fluidos que deveriam estar separados: a bile no sangue, o sangue na urina e assim por diante. Do mesmo modelo, naturalmente em nível subconsciente, advém *mescolazioni* [misturas]. O verme *solitario* [solitária] frequentemente é chamado de *salutario* [salutário] ou *sanitario* [sanitário], pois parece mais sensato aproximá-lo do conceito de saúde que ao de solidão: de uma lógica análoga nasceu o termo *tifo pidocchiale* [tifo piolhento] (em vez de *petecchiale* [petequial]: as petéquias são as erupções características da doença), pois ele se propaga através dos piolhos que se escondem nas roupas.

Flautolenze ["flautulência"], bastante comum, contém uma pitada de comicidade ao mesmo tempo grosseira e sutil, suja e inocente. Dir-se-ia que é obra não coletiva e anônima, mas de um poeta espirituoso e maluco. As *dolori areonautici* [dores aeronáuticas] aludem à conhecida influência das condições atmosféricas sobre o reumatismo (menos clara é a forma gêmea *dolori aromatici* [dores aromáticas]). É evidente a marca da negação em *tintura d'odio* [tintura de ódio, em vez de *tintura di iodio*, iodo].

Rejeições análogas aparecem em muitos termos da química, que designam substâncias nocivas ou consideradas tais: *cloruro demonio* [cloreto do demônio] por *cloruro d'ammonio* [cloreto de amônia], *stelerato* por *stearato* [estearato]. Do mesmo modo, no tempo das Cruzadas, o nome de Maometto [Maomé], o grande inimigo da cristandade, foi distorcido em *Malcometto*, e, no fim do século XV, as pestes [*pestilenze*] eram popularmente ditas *pistolenze* [pistolências], quase reconhecendo a nocividade de uma arma.

Voltando à química, em *bacalite* [*bachelite*, baquelite] é evidente a aproximação entre a veterana das matérias plásticas, a rígida amarelada e malcheirosa, e o peixe de preço baixo [bacalhau], de tal forma encharcado pelo sal em que é embebido que merece o nome de "peixe bastão" (*Stockfisch* em alemão, do qual, também por etimologia popular e insistindo na rigidez, veio o italiano *stocafisso*). Note-se, ainda, a expressão estereotipada "duro como um bacalhau".

Leprite [lebrite] está por *iprite* [iperita, gás mostarda], o agressivo gás testado em Ypres na Primeira Guerra Mundial. O termo não teria podido nascer na Itália do Norte, onde tanto a iperita quanto a lebre são conhecidos apenas pelo nome. Foi cunhado nos anos 1930 numa fábrica dos Abruzos, onde era secretamente produzida essa sinistra substância e onde a lembrança da também sinistra doença [lepra], que dá origem a pragas vagamente similares, ainda não foi esquecida.

Em algumas minas do Canavese, a pirita se chama *perite*. Note-se que em piemontês *pera* significa "pedra": também a pirita, com todo o seu falso brilho que a torna similar ao ouro, não é nada mais que uma pedra.

Adelaide, por *aldeide* [aldeído], é um exemplo curioso, pois, ao contrário de todos os citados até agora, parece nascido de um erro de leitura, e não de escuta. Mas se diria que contra o termo *aldeide* existe uma espécie de hostilidade preconcebida, devido talvez a seu som incomum e pouco italiano: numa fábrica em que trabalhei durante muito tempo, o formaldeído (aldeído fórmico) era geralmente chamado *Forma Dei*, esplêndido termo de sabor teológico. Ainda a um erro de leitura se deve a distorção de Prosérpina em *Prosperína*: de fato, a mocinha representada nos afrescos é rósea e roliça [*prosperosa*], e não há nada nela que recorde uma serpente [*serpe*]. O deslocamento do acento demonstra que o guia que pronunciava dessa forma o nome da deusa o havia lido mal em algum texto e nunca tinha escutado alguém pronunciá-lo.

Também *bestemmia* é fruto de falsa etimologia. Foi derivado do latim e grego *blasfemia*, que significa mais ou menos injúria, por transparente aproximação com *bestia* [besta], tratando-se de uma ação considerada mais digna do animal que do homem.

Lingua sinistrata [língua desastrada] (por *salmistrata* [salgada]) não se escuta mais: é do tempo da guerra e exprime a desconfiança pelos enlatados autárquicos então disponíveis. *Aria congestionata* [ar-congestionado] é mais recente, fruto de uma atitude de rejeição às diabruras do progresso dos blocos de edifícios, aos arquitetos inovadores, às casas com muitos andares e às janelas que não se abrem. *Concedenza* [concedência] está por *coincidenza* [coincidência] (ferroviária). A coincidência entre a chegada de um trem e a partida de outro é garantida em termos enigmáticos pelo horário das ferrovias. Frequentemente isso não acontece: assim, quando é respeitada, é um dom do destino, uma benévola concessão.

Em *anellina, amitrina, borotalcol* não há uma rejeição, mas simplesmente a tentativa de interpretar as palavras aproximando-as do termo italiano que está mais perto: ocupam o lugar, respectivamente, de *anilina, anidride* e *borotalco*.

Sanguis é quase universal para "sandwich", sanduíche, para os puristas. O sanduíche tem pouco a ver com sangue (talvez através de "bife malpassado"), mas sim com as sílabas ásperas que compõem o nome do seu inventor, lorde Sandwich, que, segundo a lenda, era de tal forma obcecado pelo jogo de cartas que nunca dormia e comia apenas sanduíches, continuando a jogar com a mão livre. Aliás, a "correção" de palavras estrangeiras é um fenômeno muito comum em todas as línguas. O nome latino de Milão, *Mediolanum*, e portanto (provavelmente) "em meio ao plano", não foi compreendido pelos invasores de estirpe e língua germânica, sendo retificado para *Mailand*, ou seja, "terra de maio", termo gentil que os alemães conservaram. No século XV, diante do termo italiano *partigiana* (um tipo de punhal), os franceses não hesitaram em mudá-lo para *pertuisane*, aproximando-o de *pertuis, pertugio* [buraco], uma vez que um punhal é feito para perfurar. Ainda na França, o nome alemão do repolho azedo, *Sauerkraut*, dada a conhecida tendência francesa a pronunciar as palavras estrangeiras segundo sua própria fonética, foi pronunciado mais ou menos como *sorcròt*; mas, uma vez que afinal se tratava de repolho, esse último nome foi distorcido em *choucroûte*, ou seja, literalmente "crosta de repolho", se bem que de crosta não tenha nada.

Não sei se Defoe conhecia o italiano ou o espanhol; com certeza atribui a ignorância das duas línguas a seu herói Robinson, a quem faz escrever *runagate* em lugar de *renegade* (palavra, por sinal, de origem italiana e espanhola): ora, a um ouvido inglês *runagate* quer dizer alguma coisa como "corra para o portão". O "verdadeiro" sentido do termo é assim restabelecido.

Viturinari e *fastudi*, por *veterinário* e *fastidio* [fastio], são tentativas engenhosas do dialeto piemontês de dar um sentido a dois termos pouco inteligíveis, aproximando-os respectivamente de *vettura* [remessa] e *studio* [estudo]: com os quais, segundo a etimologia correta, não têm nada a ver. Gostaria de recordar enfim que Mauthausen, o nome do triste campo de concentração, na Itália soa exclusivamente como *Matàusen*, provavelmente em aproximação com *mattatoio* [abatedouro]; e que no inesquecível livro memorial de Piero Caleffi, *Se fa presto a dire fame* [É fácil falar da fome], conta-se que o termo *Stubendienst*, "(empregado do) serviço de quarto", era transformado pelos italianos que não conheciam o alemão em *stupidino* [bobo] ou *stupendino* [excelente].

Meias de algodão-pólvora

O salário que me ofereciam dava apenas para sobreviver, mas a disposição logística, devido aos tempos e sobretudo ao lugar do qual eu vinha, me parecia principesca. A fábrica de tintas na qual eu trabalharia era velha, esquálida, cheia de entulho e de lama; mas quase ao lado, encerrada entre dois montes verdejantes, antes havia uma cervejaria que durante a guerra fora modernizada. Nos dormitórios da fábrica, foi-me oferecido um quarto lindo e iluminado com vista para as montanhas; eu teria direito de fazer as refeições no refeitório. Ainda estava em vigor o racionamento da carne e da manteiga: aquele direito não era um privilégio pequeno.

Poucos meses antes, a cervejaria não tinha sido um lugar tranquilo. Sofrera ataques aéreos, incursões dos *partisans* cheios de explosivos, investidas de alemães (justamente para eles, antes, haviam sido equipados os quartos: hospedar-se ali me parecia de todo modo uma compensação), mercado negro, inspeções, furtos e um triste rosário de acidentes de trabalho, ou seja, explosões. Os vestígios ainda eram visíveis, não apenas sobre os edifícios e instalações: muitos funcionários e operários, e todos os porteiros e mensageiros, eram mutilados ou tinham cicatrizes.

Agora a tempestade havia passado e se respirava um ar cemiterial de paz e de esquecimento. O refeitório era administrado por um casal de meia-idade, os dois eficientes, dignos e discretos; ela cozinhava, ele andava para lá e para cá pelos vales com um furgãozinho estropiado, e voltava com gêneros alimentícios legais e ilegais. Era alto, magro e imponente, e me lembrava o engenhoso mordomo Jeeves dos romances de Wodehouse; mas de uma das narinas lhe saía um fio, preso na bochecha com um esparadrapo. "Aquilo é que segura sua traqueia", disse-me com naturalidade um vizinho de mesa. Voltei-me para o outro vizinho, que era o médico da fábrica; mas este ignorou meu olhar e não teceu comentários. Pensei que nos anos precedentes ele devia ter visto coisas piores.

Certa tarde, em vez da cozinheira, veio servir à mesa uma mulher por volta dos 30 anos, mas com o corpo já deformado: era pálida, alourada e não olhava os comensais nos olhos. O doutor, corado, jovial, grande glutão e beberrão, com fama de mulherengo cortejador, saudou-a em dialeto, com um trovejante "Olha ela aqui!". A garota respondeu com um fio de voz e se apressou a desaparecer com os pratos vazios. "É Marisa", disse-me com o ar gananciosos de quem se prepara para contar uma bela história. "Aquela que fez meias de algodão-pólvora."

"Aqui não há segredos profissionais", continuou. "O senhor mal chegou, mas essa história a fábrica inteira conhece, ou melhor, todo o país. Então deve saber que aqui produzíamos algodão-pólvora: nitrocelulose, enfim. Era um trabalho do cão, aceitavam-no só os desesperados, os loucos e aqueles que não sabiam de que se tratava. As precauções eram poucas; pelo que sei, um tanque de água fria sobre a cuba de nitração: se a reação escapava das mãos, era preciso abrir o cadeado e sair correndo bem rápido. Nunca dormíamos com muita tranquilidade, nem mesmo nos dormitórios. Não, hoje é diferente, agora desmontamos apenas granadas e restos de balas. À vista e ao toque, o algodão-pólvora não se distingue do algodão comum: é apenas um pouco mais áspero e mais quente ao tato. Explode só se estiver bem seco e comprimido; se não, queima num instante, com uma bela chama amarela.

"Fazia um tempo que Milio estava atrás de Marisa: trazia-lhe presentes e fazia-lhe promessas. Marisa o mantinha sob controle e lhe dizia ora sim, ora não, porque Milio era rico mas bebia, e também tinha um problema com a justiça por conta de certo material roubado que ele tinha comprado. Depois, um belo dia, Marisa começou a ser vista com Clemente, que era um bonito rapaz, mas tímido, e como ele mancava um pouquinho não tinha se tornado soldado. Aqueles não eram tempos favoráveis ao casamento, mas Marisa e Clemente se casaram mesmo assim: havia quem dissesse que tinham pressa. Casaram-se e formaram um lar, e a partir de então Milio começou a beber cada vez mais. Milio e Clemente eram colegas: os dois trabalhavam na fábrica de nitrocelulose.

"Faltava tudo; o armazém do algodão que devia ser nitrado era vigiado dia e noite por duas sentinelas, que, porém, roubavam o algodão e o vendiam no mercado negro. Apenas Clemente não roubava, não se sabe por quê: talvez não tivesse coragem, ou tinha princípios, ou apenas não era ágil para escapar. 'Você é um tonto', disse-lhe Milio, 'todos levam o algodão para as mulheres para que o fiem: apenas a sua não tem, e dá até pena, pois as meias dela estão todas furadas.' Clemente disse que ia tentar, mas não se decidia nunca. Então Milio disse que havia pensado nele; mas como queria se vingar, em vez de roubar o algodão roubou uma meada de algodão-pólvora e a deu a Clemente, que de boa-fé a presenteou com toda a pompa a Marisa: 'Pegue a roca e o fuso e a fie; e faça um par de meias para o inverno'.

"Marisa fiou e tricotou, e fez para si um par de meias compridas. Davam-lhe um pouco de coceira mas a mantinham quente. Durante todo o inverno não aconteceu nada; no final de fevereiro, Marisa se agachou diante da lareira para atiçar o fogo, um toco caiu, saiu uma nuvem de faíscas. Num instante, as meias desapareceram numa chama amarela e Marisa desmaiou de dor e de susto. Clemente a encontrou quando voltou para casa depois do trabalho e se assustou mais que ela. Das meias não havia mais vestígio, nem mesmo dentro dos sapatos, porque a nitrocelulose queima mesmo sem oxigênio.

"Levaram-na ao ambulatório, e eu nunca tinha visto uma queimadura parecida. Ela tinha as pernas em carne viva, da ponta dos pés até a virilha: ali a queimadura terminava bruscamente, como um limite geográfico. Mandei-a para o hospital de Turim; por sorte o médico era amigo meu, assim não tive muita dificuldade para encobrir o caso; naquele tempo, na fábrica, havia inspetores alemães, e, quando aconteciam furtos de explosivos, eles tinham a mão pesada: Milio seria provavelmente mandado ao pelotão de fuzilamento. É claro que merecia uma punição, mas não a tal ponto. Não fez de propósito, eu o interroguei. Não tinha se dado conta do perigo, queria apenas fazer uma brincadeira."

"E como a coisa terminou?", perguntei.

"A moça se recuperou em três meses, mas nunca mais foi a mesma. Come pouco, não dorme, às vezes foge de casa e a encontram andando pelos bosques, e não se lembra de seu nome. Acha que a enfeitiçaram, como dizem aqui; ou que Deus a puniu por seus pecados. Além disso, as pessoas são cruéis: quando ela passa pela estrada, apontam-lhe o dedo, riem, e ela percebe. Quanto aos dois homens, eu os convenci que para eles a melhor coisa era se afastarem até a guerra terminar; assim, foram embora com os *partisans*, mas em dois bandos diferentes."

Contra a dor

Muitos adolescentes, talvez todos, são atingidos em cheio por uma dúvida angustiante: "Recebi tudo o que sei do mundo por meio dos sentidos: mas e se os sentidos me enganassem, como acontece nos sonhos? E se as estrelas, o céu, o passado que reconstruí através de sinais e testemunhos, o presente do qual me recordo, as pessoas que amo e as que odeio, as dores que sinto, tudo isso fosse fruto de uma invenção involuntária, e eu nem existisse? Se eu fosse o centro de um nada infinito, inutilmente povoado de fantasmas que eu invoco? Então, fecho os olhos e tampo os ouvidos, e o universo se anula".

Como se percebe, essa hipótese não é logicamente contestável. É coerente em si mesma, não é contraditória, foi sustentada por filósofos (mas a quem eles queriam convencer, a partir do momento que cada um acreditava ser o verme solitário de uma enorme maçã?) e até recebeu o nome ilustre de solipsismo. Seus inúmeros inventores terminaram cedo ou tarde por abandoná--la (ou esquecê-la) por motivos práticos; de fato, ela levaria a um comportamento bastante nocivo para o sujeito e para seu próximo, e, portanto, à inércia, à abdicação de influir sobre a realidade na qual estamos imersos. Além disso, percebemos logo que essa hipótese, embora sustentável, é extremamente improvável:

é improvável, por exemplo, que apenas por acaso meu corpo seja sempre idêntico àquele dos indivíduos que povoam o "sonho" dos meus encontros diários. Do mesmo modo não é contraditória, mas improvável, a hipótese de que a Terra seja o centro imóvel do cosmo.

Essas considerações centrípetas me vieram à mente ao ler um artigo em defesa dos animais na obra de E. Chiavacci, teólogo moral. Concordo entusiasticamente com suas conclusões, mas alguns argumentos me deixaram perplexo. Seria permitido um certo grau de sofrimento infligido aos animais só porque "cada animal está a serviço do homem"; com efeito, a natureza é "dom de Deus ao homem". Também as Plêiades? E a nebulosa de Órion? Um dom concedido ao homem 15 bilhões de anos antes que ele nascesse e destinado a subsistir pelo menos outro tanto depois que seja extinta até mesmo a memória de nossa espécie?

Os animais são respeitados porque "Deus acha todas as criaturas boas", "dá seu alimento, protege-as": como ignorar as pacientes e cruéis emboscadas das aranhas, a refinada cirurgia por meio da qual (mais que vivissecção!) certas vespas paralisam as lagartas, depositam dentro delas um único ovo e vão para outro lugar a fim de morrer, deixando que a larva devore pouco a pouco o hospedeiro ainda vivo? Pode-se sustentar que mesmo aqui Deus "prepara (para os animais) um lugar onde repousar"? O que dizer dos felinos, esplêndidas máquinas assassinas? E da astúcia traiçoeira do cuco, assassino dos seus meios-irmãos assim que sai do ovo? Não é que essas criaturas sejam "más": mas parece necessário admitir que as categorias morais, o bem e o mal, não são adequadas aos sub-humanos. A gigantesca e sanguinária competição que nasceu com a primeira célula e que a todo momento se desenvolve à nossa volta está fora do alcance – ou abaixo – dos nossos critérios de comportamento.

É claro que os animais devem ser respeitados, mas por motivos diversos. Não porque são "bons" ou úteis para nós (nem todos são), mas porque uma norma escrita dentro de nós, e reconhecida por todas as religiões e legislações, intima-nos a não criar dor, nem em nós nem em nenhuma criatura capaz de senti-la. *"Arcano é tutto/ fuor che il nostro dolor"*;[1] as certezas do leigo são poucas, mas a primeira é esta: é admissível sofrer (e fazer sofrer) apenas se for para evitar um sofrimento maior para si ou para os outros.

É uma norma simples, mas suas consequências são complexas, e todo mundo sabe disso. Como comparar a dor dos outros com a própria dor? Mas o solipsismo é uma fantasia pueril: os "outros" existem, e entre eles os animais, nossos companheiros de viagem. Não acho que a vida de um corvo ou de um grilo valha tanto quanto uma vida humana; até se duvida que um inseto sinta a dor da mesma forma que nós, mas a sentem provavelmente os pássaros e com certeza os mamíferos. Cada homem tem a difícil tarefa de diminuir ao máximo a tremenda dimensão dessa "substância" que polui cada vida, a dor em todas as suas formas; e é estranho, mas belo, que se chegue a esse imperativo até mesmo a partir de pressupostos radicalmente diversos.

---

1 "Tudo é misterioso/ exceto nossa dor": Giacomo Leopardi, "Ultimo canto di Saffo". (N. T.)

Da escrita obscura

Nunca deveríamos impor limites ou regras à escrita criativa. Quem faz isso geralmente obedece a tabus políticos ou a temores atávicos: na realidade, um texto escrito, registrado no papel, é menos perigoso do que comumente se pensa; o famoso julgamento a respeito de *Le mie prigioni* [Minhas prisões], de Silvio Pellico, que teria causado à Áustria "mais de uma batalha perdida", é hiperbólico. Constata-se por meio da experiência que um livro ou um conto, quer suas intenções sejam boas ou más, é objeto essencialmente inerte e inócuo; mesmo nas suas categorias mais ignóbeis (por exemplo, os híbridos sexo-nazismo ou patologia-pornografia), podem provocar apenas uns poucos danos, com certeza inferiores aos produzidos pelo álcool, pelo cigarro ou pelo estresse corporativo. Para sua debilidade intrínseca concorre o fato de que hoje cada texto é sufocado em poucos meses pela multidão de outros escritos que o suplantam. Além disso, as regras e os limites, sendo historicamente determinados, tendem a mudar com frequência: a história de todas as literaturas é cheia de episódios em que obras ricas e valiosas foram combatidas em nome de princípios que se mostraram depois bem mais ultrapassados que as próprias obras. Disso se pode deduzir que muitos livros preciosos devem ter desaparecido sem deixar vestígios, tendo sido derrotados na competição sem fim entre quem escreve e quem prescreve como se deve escrever. Do alto da nossa época permissiva, os processos (verdadeiros processos, em tribunais) contra Flaubert, Baudelaire, D. H. Lawrence parecem grotescos e irônicos como o de Galileu, tão grande parece hoje o desnível entre os julgados e os julgadores: estes presos a seu tempo, aqueles abertos para qualquer futuro imaginável. Em suma, aprisionar o narrador é no mínimo inútil.

Dito isso, e renunciando enfaticamente a qualquer pretensão normativa, proibitiva ou punitiva, gostaria de acrescentar que acho que não se deveria escrever de modo obscuro, pois um texto tem muito mais valor, e muito mais esperança de ser difundido e se tornar eterno, quanto melhor for compreendido e quanto menos se prestar a interpretações equívocas.

É evidente que um texto perfeitamente claro pressupõe um escritor totalmente consciente, o que não corresponde à realidade. Somos feitos de Ego e de Id, de espírito e de carne, e também de ácidos nucleicos, de tradições, de hormônios, de experiências e traumas antigos e atuais; por isso somos condenados a arrastar conosco, do berço ao túmulo, um *Dopelgänger*,[1] um irmão mudo e sem sombra, que também é correspansável por nossas ações, e portanto também pelas nossas páginas. Como se sabe, nenhum autor entende a fundo aquilo que escreveu, e todos os escritores tiveram oportunidade de se surpreender com as coisas belas e feias que os críticos encontraram em sua obra e que eles não sabiam que tinham escrito; muitos livros contêm plágios, conceituais ou verbais, dos quais os autores se declaram, de boa-fé, inconscientes. É um fato contra o qual não se pode lutar: essa fonte de desconhecimento e de irracionalidade que cada um de nós carrega deve ser aceita, até mesmo autorizada a se exprimir em sua

---

[1] Na lenda germânica, é um ser fantástico com a habilidade de fazer-se uma cópia idêntica àquele a quem persegue ou acompanha. Cada pessoa teria o seu próprio Dopelgänger. (N. T.)

(necessariamente obscura) linguagem, mas não pode ser considerada ótima ou a única fonte de expressão. Não é verdade que a escrita autêntica é apenas aquela que "vem do coração", pois efetivamente ela vem de todos os outros ingredientes da consciência citados acima. Essa opinião, além disso validada pelo tempo, funda-se no pressuposto de que o coração que "sussurra dentro de nós" é um órgão diferente da razão e mais nobre que ela, e que a linguagem do coração é igual para todos, o que não é verdade. Longe de ser universal no tempo e no espaço, a linguagem do coração é caprichosa, mutante e instável como a moda, da qual faz parte: nem mesmo se pode dizer que a moda seja igual a si mesma num mesmo país e numa mesma época. Dito de outra forma, não é propriamente uma linguagem, nem mesmo um vernáculo, uma gíria, e sim uma invenção individual.

Por isso, pode ser que quem escreva na linguagem do coração se torne indecifrável, e então é válido perguntar-se com que objetivo ele escreveu: de fato (parece-me que esse é um postulado amplamente aceito), a escrita serve para comunicar-se, para transmitir informações ou sentimentos de mente a mente, de lugar a lugar e de época a época, e quem não é entendido por ninguém não transmite nada, grita no deserto. Quando isso acontece, o leitor de boa vontade deve ser tranquilizado: se não entende um texto, a culpa é do autor, não sua. Depende do escritor fazer-se entender por quem quer entendê-lo: é seu ofício, escrever é um serviço público e o leitor entusiasmado não deve ser decepcionado.

Admito que idealizei um pouco esse leitor, o qual tenho a curiosa impressão de que está a meu lado enquanto escrevo. Ele é como os gases perfeitos da termodinâmica, perfeitos apenas porque seu comportamento é perfeitamente previsível com base em leis simples, enquanto os gases reais são mais complicados. Meu leitor "perfeito" não é um erudito, mas também não é nenhum ignorante; não lê por obrigação ou por passatempo, nem para causar boa impressão nos outros, mas porque tem curiosidade por muitas coisas, quer escolher entre elas e não deseja delegar essa escolha a ninguém; conhece os limites de sua competência e preparo, e orienta suas escolhas de acordo com esses limites; nesse caso, escolheu com prazer meus livros, e sentiria desconforto ou dor se não entendesse linha por linha aquilo que escrevi, ou melhor, escrevi *para ele*; de fato escrevo para ele, não para os críticos, nem para os poderosos da Terra, nem para mim mesmo. Se ele não me entendesse, se sentiria injustamente humilhado, e eu seria culpado de inadimplência contratual.

Aqui temos que fazer um parêntese: às vezes escrevemos (ou falamos) não para comunicar, mas para descarregar uma tensão pessoal, uma alegria ou uma angústia, e então gritamos também no deserto, gememos, rimos, cantamos, berramos.

Devemos compreender aqueles que gritam, desde que haja motivos válidos para fazê-lo: o pranto e o luto, sejam estes contidos ou teatrais, são benéficos quando aliviam a dor. Jacó grita sob o manto ensanguentado de José; em muitas civilizações, o grito no luto é ritual e prescrito. Mas o grito é um recurso extremo, tão útil para o indivíduo quanto as lágrimas, incoerente e bruto se entendido como linguagem, pois, por definição, ele não o é: o inarticulado não é articulado, o rumor não é som. Por esse motivo, fico aborrecido com os louvores concedidos a textos que (cito de memória) "soam no limite do inefável, do não existente, do gemido animal". Estou cansado das "densas massas magmáticas", de "recusas semânticas" e de velhas inovações. As páginas em branco são brancas, e é melhor chamá-las brancas; se o rei está nu, é honesto dizer que está nu.

Pessoalmente, estou cansado também dos elogios feitos, tanto em vida como na morte, a Ezra Pound, que talvez tenha sido um grande poeta, mas que para ter certeza de não ser compreendido às vezes escrevia até em chinês, e estou convencido de que sua obscuridade poética tinha a mesma raiz de seu complexo de "super-homem", que o levou primeiro ao fascismo e depois às marginalizações: um e outras germinavam do seu desprezo pelo leitor. Talvez o tribunal norte-americano que julgou Pound mentalmente incapaz tivesse razão: escritor por instinto, devia ter um péssimo raciocínio, o que se confirma por seu comportamento político e seu ódio maníaco pelos banqueiros. Ora, quem não sabe raciocinar deve ser curado, e no limite do possível respeitado, mesmo se, como Ezra Pound, faz propaganda nazista contra o próprio país em guerra com a Alemanha de Hitler: mas não deve ser louvado nem indicado como exemplo, pois é melhor ser são que insano.

O descritível é preferível ao indescritível; a palavra humana, ao gemido animal. Não é por acaso que os dois poetas alemães menos decifráveis, Trakl e Celan, tenham ambos se suicidado, à distância de duas gerações. Seu destino comum faz pensar na obscuridade de uma poética como um pré-suicídio, um não querer ser, uma fuga do mundo, cujo coroamento foi a morte desejada. Devem ser respeitados, pois seu "gemido animal" era terrivelmente motivado: para Trakl, devido ao naufrágio do Império dos Habsburgo, no qual ele acreditava, no vórtice da Primeira Guerra Mundial; para Celan, judeu alemão que escapou por milagre dos massacres alemães, devido à erradicação e à angústia irremediável diante da morte triunfante. Sobretudo em relação a Celan, porque é nosso contemporâneo (1920-1970), o discurso deve ser mais sério e responsável.

Percebe-se que seu canto é trágico e nobre, mas confuso: penetrá-lo é uma tarefa desesperadora, não só para o leitor comum, mas também para o crítico. A obscuridade de Celan não é desprezo pelo leitor nem insuficiência expressiva ou abandono preguiçoso aos fluxos do inconsciente: é verdadeiramente um reflexo da escuridão de seu destino e de sua geração, e vai crescendo cada vez mais em torno do leitor, apertando-o como num torno de ferro e de gelo, da crua lucidez de *Fuga da morte* (1945) ao caos sombrio, sem abertura, das últimas composições.

Essas trevas que crescem página a página, até o último desarticulado balbucio, nos consternam como o estertor de um moribundo, e de fato não são nada além disso. Enredam-nos como enredam os abismos, mas ao mesmo tempo nos enganam por algo que devia ser dito e não foi, e por isso nos frustram e nos afastam. Penso que o Celan poeta deva ser de preferência meditado e lamentado, e não imitado. Se ele tem alguma mensagem, esta se perde nos "ruídos de fundo": não é uma comunicação, não é uma linguagem, ou no mínimo é uma linguagem escura e mutilada, como é aquela de quem está para morrer e está sozinho, como todos estaremos no momento da morte. Mas já que, quando vivemos, não estamos sós, não devíamos escrever como se estivéssemos sós: devíamos responder por tudo aquilo que escrevemos, palavra por palavra, e fazer que cada palavra seja compreendida.

Além disso, falar ao próximo numa linguagem que ele não pode entender pode ser um mau hábito de alguns revolucionários, mas não é realmente um instrumento revolucionário: ao contrário, é um antigo artifício repressivo, conhecido de todas as Igrejas, vício típico de nossa classe política, fundamento de todos os impérios coloniais. É um modo sutil de impor a própria hierarquia: quando o padre Cristóforo diz *"Omnia munda mundis"* [aos puros, tudo parece puro] em latim a frei Fazio, que não sabe latim, este último, "ao ouvir aquelas palavras carregadas de um sentido misterioso, e proferidas tão resolutamente [...] achou que nelas devia estar contida a solução de todas as suas dúvidas. Então se acalmou e disse: 'Chega! Ele sabe mais que eu'."

Também não é verdade que só através da obscuridade verbal se possa exprimir aquela outra obscuridade da qual somos filhos e que repousa em nosso íntimo. Não é verdade que a desordem seja necessária para descrever a desordem; não é verdade que o caos da página escrita seja o melhor símbolo do caos derradeiro ao qual nos devotamos: acreditar nisso é típico do nosso século inseguro. Uma vez que estamos vivos, e qualquer que seja a sorte que nos coube ou que escolhemos, sem dúvida seremos muito mais úteis (e agradáveis) aos outros e a nós mesmos, além de muito mais lembrados, quanto melhor for a qualidade da nossa comunicação. Quem não sabe se comunicar ou se comunica mal, num código que é só seu e de poucos, é infeliz e espalha infelicidade em torno de si. Comunica-se mal deliberadamente, é perverso ou ao menos uma pessoa descortês, pois obriga seus admiradores ao cansaço, à angústia ou ao aborrecimento.

É óbvio que, para que a mensagem seja válida, ser claro é condição necessária, mas não suficiente: é possível ser claro e tedioso, claro e inútil, claro e mentiroso, claro e vulgar, mas essa é outra história. Se não se é claro, não há nenhuma mensagem. O gemido animal é aceitável quando articulado pelos animais, os moribundos, os loucos e os desesperados: o homem saudável e íntegro que o adota é hipócrita ou ingênuo e está condenado a não ter leitores. O discurso entre homens, em língua de homens, é preferível ao gemido animal, e não se vê por que deva ser menos poético que este.

Mas, repito, estas são minhas preferências, não normas. Quem escreve é livre para escolher a linguagem ou a não linguagem que mais lhe convém, e tudo pode acontecer: que um texto obscuro para seu próprio autor seja luminoso e aberto para quem o lê; que um texto não compreendido por seus contemporâneos se torne claro e ilustre décadas ou séculos mais tarde.

"Ler a vida"

Há línguas em que a gramática e o léxico seguiram evoluções diferentes de acordo com o nível social de quem fala; em que existe uma variante culta e cortês e outra inculta e popular, sem que a segunda seja necessariamente uma simplificação da primeira. Há outras línguas em que, ao contrário, o sexo de quem fala é determinante: construções e vocábulos geralmente usados pelos homens são vergonhosos, inusitados ou até mesmo religiosamente proibidos para as mulheres, e vice-versa. Notam-se alguns vestígios dessas diferenciações (ou se notava até poucos anos atrás) também nas línguas ocidentais, em que muitas palavras cruéis, e a maior parte das blasfêmias, ainda pertencem ao universo masculino.

Por outro lado, soa fortemente feminina uma expressão cujo uso, limitado à Itália setentrional, mas não estritamente dialetal, está aos poucos se extinguindo. "Ler a vida" de qualquer um significa falar mal dele, caluniar, fofocar, contar sobre suas más ações, reais ou imaginárias. Emprega-se somente na segunda e terceira pessoas: *eu* nunca li a vida de ninguém. Nunca ouvi essa expressão ser pronunciada por um homem e, se alguém me obrigasse a fazê-lo, confesso que sentiria certa inibição, de evidente caráter atávico. É claro que não pretendo afirmar que apenas as mulheres "leem a vida": fazem-no e sempre o fizeram também os homens, mas não falam dessa maneira.

Pode-se pensar que a frase aluda ao "ler a vida sobre a mão", como fazem os quiromantes, mas é bem difícil que seja isso: na palma da mão se leem sempre características e previsões positivas e felizes. Contudo, é possível que essa interpretação tenha contribuído para a fortuna do modo de dizer, como se, divulgando as transgressões de alguém, realmente se "lesse", clara e profundamente, a natureza e o objetivo de sua vida, reconhecendo-lhe a intrínseca maldade: há muito tempo se sabe que a alma da linguagem é pessimista.

A verdadeira origem da frase é outra. Lendo um belo romance alemão de Luise Rinser (*Der schwarze Esel*, "O asno negro"), encontrei uma expressão que não conhecia, *die Leviten zu lesen*, ou seja, "ler os levitas", num episódio com que os levitas e o Levítico não tinham qualquer ligação e num contexto que fazia, ao contrário, pensar em "xingar, fazer um escândalo". A passagem me deixou curioso, talvez porque envolvesse de alguma maneira meu nome, e procurei esclarecer as ideias: prometia ser uma tarefa modesta, mas agradável, como todos os trabalhos que se empreendem não por obrigação profissional nem para conquistar mérito e prestígio, mas pela gratuita curiosidade do amador inexperiente; pela alegria e pela brincadeira, para brincar de "filólogo", como as crianças brincam de "médico" ou de "casinha". Comecei a folhear dicionários e glossários.

O dicionário alemão, inesperadamente, registrava a locução. Sob o vocábulo "Levit", levita, acrescentava laconicamente: *jemandem die Leviten lesen* ("ler o Levítico a alguém"): fazer uma reprimenda a alguém. Pitorescas, mas de pouca ajuda, eram as indicações do venerável *Gran Dizionario Piemontese-Italiano* de V. di Sant'Albino, que transcrevo textualmente:

Lese la vita a un: cantar-lhe a solfa, o mesmo que dar uma bronca ou repreender alguém, ou seja, repreendê-lo, fazer-lhe um belo sermão; e também simpl. falar-lhe com muita franqueza.

E um pouco mais adiante:

Apeña chità un, lesie la vita apress: subir as escadas de Santo Ambrósio. Modo prov. Portanto, censurar alguém, criticá-lo, falar mal da pessoa.

Brevíssimo, mas elucidativo, foi o *Dizionario Etimologico del dialetto piemontese* de A. Levi, edição da Paravia, recentemente reimpresso pela Bottega de Erasmo. No vocábulo *Vita (leze la)*, lê-se:

"culpar". Do costume claustral de ler o Levítico pela manhã: A.xvi.367.

Seguindo essa última indicação bibliográfica, descobri que já no início do nosso século diversos linguistas se esforçaram para entender esse modo de ler a vida, e que também segundo sua opinião as duas expressões, a italiana e a alemã, têm a mesma origem: de manhã, e frequentemente também a altas horas da noite, em muitos conventos era costume que, depois do canto dos salmos e dos hinos, e depois da leitura da Sagradas Escrituras e sobretudo do Levítico, o prior se voltasse então aos monges individualmente, elogiando-os pelos seus acertos e com mais frequência reprovando-os pelas suas faltas; em suma, quando "se lia o Levítico", as injúrias estavam para começar. Ora, para ouvidos italianos, a passagem de "ler o Levítico" para "ler a vida" é breve.

É de se pensar que, em algumas ordens monacais de regras particularmente severas, essa leitura sempre repetida nas noites gélidas, percorrida pelo amargo remédio das reprovações, suscitasse entre os frades mais jovens uma angústia intensa, tanto que seus reflexos, embora distorcidos e quase indecifráveis, chegaram até nós, sob o fluxo secular da linguagem cotidiana. Do mesmo modo, à foz de um rio, vemos flutuar arrastados pela corrente os fragmentos não mais reconhecíveis de objetos familiares, que foram levados rio acima, vindos de algum vale distante ignorado.

Sinais sobre a pedra

Adhaesit pavimento anima mea, minha alma está prostrada no pó: assim diz o Salmo 119, que Dante cita no *Purgatório*, e que também pode ser traduzido de outras maneiras. Prostrei-me no pó por vários motivos e por um breve tempo, e esse contato não foi totalmente inútil: foi uma espécie de exploração. As calçadas são uma instituição muito civil: sabem disso os romanos de hoje, que não as têm e que quando andam a pé devem percorrer labirintos enervantes entre os automóveis estacionados muito próximos dos muros. Sabiam disso os romanos do passado, que ao contrário as construíram bem largas em Pompeia; e sabia disso também o frei Cristóforo de *Os noivos*, que havia se tornado frade justamente porque não existia uma certa calçada, ou ela era enlameada, ou muito estreita, tanto que ele foi obrigado a um encontro desagradável que o fez mudar de nome e de destino.

As calçadas da minha cidade (e, não tenho dúvida, as de qualquer outra cidade) são cheias de surpresas. As mais recentes são de asfalto, e isso é uma loucura: quanto mais nos dirigimos ao caminho da sustentabilidade, mais parece estúpido usar compostos orgânicos para que caminhemos em cima deles. Talvez não esteja longe o dia em que o asfalto urbano seja exumado com as cautelas adotadas para remover os afrescos; será colhido, classificado, hidrogenado, redestilado para obter as frações nobres que ele potencialmente contém. Ou talvez as calçadas de asfalto sejam sepultadas sob novos estratos de algum outro material, esperançosamente menos pródigo, e então os futuros arqueólogos encontrarão ali, como os insetos do Plioceno foram encontrados no âmbar, tampinhas de Coca-Cola e lacres da latinha de cerveja, obtendo então dados sobre a qualidade e a quantidade das nossas escolhas alimentares. Irá se repetir aqui o fenômeno que tornou interessantes aos nossos olhos, e mesmo nobres, os *Kökkenmöddingen*, aquelas dunas feitas exclusivamente de conchas de moluscos, espinhas de peixes e ossos de gaivota que os arqueólogos de hoje desenterram na costa da Dinamarca; eram montes de lixo que cresceram lentamente, cerca de 7 mil anos atrás, em torno de vilas miseráveis de pescadores, e agora são fósseis ilustres.

As calçadas mais velhas e mais comuns são, ao contrário, feitas de lajotas de pedra dura, pacientemente desbastada e cinzelada à mão. O grau do seu desgaste nos permite fazer uma grosseira datação: as lajotas mais antigas são suaves e polidas, trabalhadas pelos passos de gerações de pedestres, e assumiram o aspecto e a pátina quente das rochas alpinas suavizadas pelo monstruoso atrito das geleiras. Nos lugares em que a rocha de xisto era percorrida por um fio de quartzo, que é muito mais duro que sua matriz, esta veio a rachar, às vezes irritando os pedestres de pés delicados. Onde, por outro lado, o atrito foi menor ou nulo, distingue-se ainda a aspereza original da pedra e, frequentemente, os singulares golpes do cinzel: isso se vê bem ao longo dos muros, por uma distância de um palmo, e particularmente bem na calçada que fica diante do Palazzo Carignano; o percurso retilíneo tangente à entrada principal foi corroído normalmente, enquanto as reentrâncias da fachada barroca abrigam lajotas ásperas, porque não passou quase ninguém por ali durante mais de três séculos.

Foi muito mais intenso o desgaste do mármore, que é um material menos resistente: muitas soleiras de velhas lojas são de mármore e no espaço de poucas décadas foram profundamente rebaixadas.

Essa erosão das soleiras é vista em certas igrejinhas ou capelas do campo, onde por gerações os fiéis entravam usando sapatos com cravos. Com frequência, não apenas a soleira é desgastada, mas se nota também, em direção ao interior, uma segunda zona esburacada a cerca de cinquenta centímetros: ela assinala o ponto quase obrigatório dado pelo segundo passo.

Diante de muitos pórticos, observa-se que a lajota produz uma incisão característica. Dos dois umbrais partem dois sulcos retos ou curvilíneos, divergentes entre si; entre estes, paralelos aos muros e distantes entre si uma dúzia de centímetros, são traçados outros sulcos, por toda a largura da calçada. Serviam como ponto de apoio à ferradura dos cavalos de passeio, animais pré-históricos: quando a carroça estava para soltar as corrediças que faziam a ligação entre a rua e a calçada, as patas posteriores do cavalo precisavam fazer um grande esforço e derrapavam se a lajota fosse lisa. As mais antigas dentre essas lajes marcadas mostram também os sinais do desgaste provocado pelos aros e pelos cascos ferrados.

Em vários pontos da cidade, as lajotas de pedra conservam os traços das incursões aéreas da Segunda Guerra Mundial. As lajotas despedaçadas pelas bombas foram substituídas, mas conservaram-se aquelas que eram perfuradas pelos explosivos incendiários. Esses detonadores eram prismas de aço lançados às cegas dos aviões e projetados de modo a cair verticalmente, com tal força que perfuraram tetos, pisos e telhados; alguns deles, caídos sobre as calçadas, furaram bruscamente a pedra de dez centímetros de espessura, como ferretes de tosquia. É provável que, se alguém se desse ao trabalho de levantar as lajes perfuradas, encontrasse apenas o explosivo; encontram-se, por exemplo, duas dessas perfurações, a poucos metros de distância uma da outra, diante do número 9/bis da Avenida Re Umberto. Ao vê-las, voltam à mente as vozes macabras que circulavam em tempos de guerra, de pedestres que não tiveram tempo de se esconder e foram perfurados da cabeça aos pés.

Outros sinais são menos nocivos e mais recentes. Em toda parte, porém mais numerosos nos trechos mais frequentados, notam-se sobre as lajotas pontos redondos, de poucos centímetros de diâmetro, esbranquiçados, cinzas ou pretos. São gomas de mascar, grosseiramente cuspidas no chão e testemunhos das excelentes propriedades mecânicas do material do qual são constituídas: de fato, se não forem removidas (porém, removê-las não é fácil: custa tempo e esforço, além de ser repugnante, e são poucos os comerciantes que têm o cuidado de limpar as calçadas diante de sua loja), são praticamente indestrutíveis. Sua cor se torna cada vez mais escura conforme sua superfície absorve pó e terra, mas elas não desaparecem nunca.

Constituem um bom exemplo de um fenômeno que se apresenta frequentemente na técnica: o esforço que busca otimizar as propriedades de resistência e de solidez de um determinado material pode levar a graves dificuldades quando se trata de eliminar os materiais mesmo depois que cumpriram suas funções. Por exemplo, foi muito trabalhoso demolir as fortificações de concreto armado da Segunda Guerra Mundial; é quase impossível destruir o vidro e a cerâmica, materiais criados para resistir aos séculos; os vernizes protetores cada vez mais duráveis requeridos pela indústria fizeram nascer uma geração de solventes e produtos desenvernizantes medonhamente agressivos. Do mesmo modo, a solicitação de uma goma de mascar que resista, deformando-se mas sem se destruir ao tormento da mastigação, feito de pressão, umidade, calor e enzimas, levou a um material que resiste muito bem ao esmagamento, à chuva, ao gelo e ao sol do verão.

Essas gomas de mascar, de atuação inutilmente boa, encontraram vários empregos secundários, todos mais ou menos nocivos: e também este é um fato recorrente. Pode-se dizer que nenhum dentre os instrumentos pacíficos inventados pelo homem fugiu ao destino de ser usado no mais nocivo dos modos, ou seja, como arma: tesouras, martelos, foices, ancinhos, picadores de gelo; até as pequenas pás das trincheiras, como conta terrivelmente

Remarque em *Nada de novo no front*. A goma de mascar não foi usada como arma, e sim como instrumento para sabotar as máquinas de bilhetes dos transportes urbanos, nos meses mais exaltados da contestação juvenil.

Como eu disse, as gomas de mascar estão em toda parte, mas, se olhamos com atenção, notamos que elas aparecem mais perto dos bares e dos cafés mais frequentados: de fato, os mastigadores que para lá se dirigem têm de jogá-las fora para liberar a boca. Consequentemente, uma pessoa que não conhecesse a cidade poderia encontrar esses lugares indo na direção com maior densidade de chicletes, da mesma maneira que os tubarões encontram suas presas feridas nadando no sentido da maior concentração de sangue.

Junto a outros elementos mais óbvios e triviais, são esses os sinais que podem ser reconhecidos sobre as lajotas quando nelas se adere a goma de mascar, devido ao ócio, à preguiça ou ao cansaço.

Romances ditados pelos grilos

Num elegante ensaio de quase quarenta anos atrás, Aldous Huxley recomendava a um jovem, que pretendia se tornar escritor e se dirigira a ele para obter conselhos, que comprasse um casal de gatos, que os observasse e os descrevesse. Dizia, se não me engano, que os animais, e os mamíferos em especial, e ainda mais particularmente os animais domésticos, são como nós, mas "sem revestimento". Seu comportamento é semelhante àquele que seria o nosso se não tivéssemos inibições. Por isso, observar os gatos é preciso para o romancista que se prepara para explorar as motivações profundas de seus personagens.

Talvez as coisas não sejam assim tão simples. Nesse meio-tempo, surgiu e se rapidamente tornou-se adulta a etologia, e nos ensinou que os animais são diferentes entre si e diferentes de nós, que cada espécie animal segue suas leis, e que essas leis, até onde podemos entender, estão de acordo com as teorias evolutivas, ou seja, são favoráveis à conservação da espécie, mesmo que nem sempre à do indivíduo. Etólogos e pavlovianos nos aconselharam com veemência a não atribuir aos animais mecanismos mentais humanos, a não descrevê-los com linguagem antropomórfica. Geralmente foram satisfeitos, e até mesmo prevaleceu a tendência oposta, isto é, descrever o homem em termos zoológicos, procurar e encontrar a todo custo os animais no homem (como fez, de modo um pouco brusco, Desmond Morris em *O macaco nu*). Acho que nem todas as ações humanas podem ser interpretadas dessa forma, portanto o método não leva muito longe. Sócrates, Newton, Bach e Leopardi não eram macacos nus.

Dito isso, devo acrescentar que Huxley estava errado na explicação, mas estava coberto de razão em dar aquele conselho a seu discípulo. Além disso, quem olha com um pouco mais de atenção suas obras mais famosas não pode deixar de perceber que ele mesmo deve ter sido um atento e genial observador dos animais, em cujo comportamento reconhecia hipóstases e símbolos de virtude, vícios e paixões do homem. Certamente deve tê-lo ajudado nesse sentido a proximidade do irmão Julian, famoso biólogo e esmerado divulgador da ciência.

Se eu pudesse, obedeceria com entusiasmo às recomendações de Huxley e preencheria minha casa com todos os animais possíveis. Faria muito esforço não apenas para observá-los, mas também para me comunicar com eles. Não faria isso com objetivos científicos (não tenho, para tanto, cultura nem competência), mas por simpatia e por ter certeza de que obteria um extraordinário enriquecimento espiritual e uma visão mais completa do mundo. Na falta de algo melhor, leio com prazer e surpresa sempre renovados muitos livros antigos e atuais que falam de animais, e acho que obtenho deles um sustento vital, independentemente de seu valor literário ou científico. Podem também ser cheios de mentiras, como no velho Plínio: não tem importância, seu valor reside nas sugestões que fornecem.

É uma observação antiga, conhecida desde os tempos de Esopo (que devia saber bem dessas coisas), o fato de que nos animais se encontram todos os extremos. Há animais enormes e minúsculos, extremamente fortes e extremamente fracos, audazes e fugitivos, velozes e lentos, astutos e tolos, esplêndidos e horrendos: o escritor tem apenas de escolher, não deve se preocupar com as verdades dos cientistas, basta-lhe penetrar livremente nesse universo de metáforas. Saindo da ilha humana, encontrará qualquer qualidade humana multiplicada por cem, uma selva de hipérboles pré-fabricadas.

Destas, muitas são ultrapassadas, esmorecidas pelo uso de todas as linguagens: as tão faladas qualidades do leão, da raposa e do touro não servem mais. Mas as descobertas dos naturalistas modernos, variadas e maravilhosas nesses últimos anos, abriram aos escritores um filão de ideias cujo aproveitamento está apenas em seu tímido começo. Nos textos da *Nature* e da *Scientific American*, nos livros de Konrad Lorenz e seus discípulos, aninham-se as sementes de uma nova maneira de escrever, ainda a ser descoberta, que espera seu demiurgo.

Todos nós já escutamos, nas tardes de verão, os duetos dos grilos. São de várias espécies, e cada um canta com seu próprio ritmo e sua própria nota: o macho chama e a fêmea, mesmo que esteja a duzentos metros e totalmente invisível, responde "no tom". O dueto, paciente e casto, prossegue por horas e horas, e pouco a pouco o casal se aproxima lentamente e chega ao contato e ao acasalamento. Mas é indispensável que a fêmea responda certo: uma resposta fora do tom, mesmo apenas um quarto de tom, interrompe o diálogo e o macho vai em busca de outra companheira mais adequada ao seu inato modelo. Parece que essa condição de sintonia acústica exata é uma garantia contra os cruzamentos entre espécies diversas, que seriam estéreis e portanto inúteis no final dos *multiplicamini*.[1] Ao mesmo objetivo acredita-se que tendam os complicados, graciosos ou grotescos rituais de cortejo que se observam em animais extremamente diversos entre si, como as aranhas, os peixes e os pássaros (e aqui se supõe que os mesmos etólogos foram levados a introduzir em sua linguagem o termo "cortejo", que é uma metáfora humana).

---

1 Da citação do *Gênesis*: "*crescite et multiplicamini*", "crescei e multiplicai-vos". (N. T.)

Ora, um arguto observador verificou que há uma maneira de alterar de modo conhecido e reprodutível a tonalidade do canto do grilo: sua frequência (e, portanto, o tom da nota emitida) depende de maneira bastante clara da temperatura ambiental.

É evidente que em condições naturais o macho e a fêmea têm a mesma temperatura; mas, se a da fêmea (ou a do macho) subir, mesmo que apenas dois ou três graus, seu canto sai de um semitom e o parceiro não responde mais: não reconhece mais nela (ou nele) um possível companheiro sexual. De uma minúscula causa ambiental nasceu uma incompatibilidade. Não é o germe de um romance?

As aranhas, sobretudo, são uma inexaurível fonte de maravilhas, meditações, estímulos e calafrios. São (nem todas) geômatras metódicas e fanaticamente conservadoras: a aranha comum de jardim, a aranha-diadema, constrói por dezenas de milhões de anos sua teia rajada, simétrica e baseada num rígido modelo. Não suporta imperfeições: se a teia for danificada, não a conserta. Ela a destrói e tece uma nova. No decorrer de uma pesquisa sobre drogas, um biólogo ministrou a uma aranha uma pequena dose de LSD. A aranha drogada não permaneceu ociosa, e, segundo os hábitos de sua espécie, na mesma hora começou a construir sua teia, mas teceu uma teia monstruosa, torta, disforme como as visões dos drogados humanos: pontuda e emaranhada em algumas zonas, interrompida por lacunas em outras. Terminado o trabalho, a aranha delirante ficou à espreita num ângulo dessa teia, à espera de uma improvável presa.

Sabe-se como muitas aranhas fêmeas devoram o macho, imediatamente depois ou mesmo durante o ato sexual; também assim o fazem as fêmeas de louva-a-deus, e as abelhas massacram com meticulosa ferocidade todos os zangões da colmeia depois que um deles partiu para o voo nupcial com a futura rainha: e são todos temas cheios de um tenebroso significado, que despertam ressonâncias surdas nas profundezas de nossas consciências de civilizados.

O uxoricídio, entre as aranhas, é quase normal. A fêmea é geralmente maior e mais forte que o macho, e, mal a fecundação ocorre, ela tende a se comportar com ele como qualquer outra presa. Nem sempre os machos opõem resistência ou tentam fugir: em várias espécies, dir-se-ia que eles consentem no cínico desenho evolucionista da Natureza, segundo o qual, uma vez cumprida a tarefa da reprodução, cessa sua razão de ser e então também se apaga neles o instinto de conservação. Mas, quando as aranhas-machos se defendem, entra-se num mundo dramático e deformado, que encontra seu análogo humano apenas nas classes criminais ou psicopatas de nossa sociedade; ou realmente não o encontra, mas leva a inventá-lo, a visualizar situações nunca sonhadas nem por nossas tragédias.

Há aranhas que iniciam o cortejo oferecendo à fêmea um presente: uma presa viva, mas paralisada pelo veneno, e atada e amordaçada por um invólucro de fios. Não é um presente desprovido de interesse. A fêmea o aceita, sacia-se enquanto o macho aguarda, e depois não estará mais com fome, portanto o acasalamento não terminará em assassinato. Outros machos, dançando em torno à fêmea num cortejo ritual, enredam-na pouco a pouco numa teia de fios robustos e a fecundam apenas quando a violenta companheira, ambivalentemente desejada e temida, é reduzida à imobilidade. Outros ainda (e aqui quem pode resistir à tentação de uma, talvez abusiva e barroca, interpretação humana?) se portam com precaução incrível e com impura falsidade.

Na temporada em que os ovos eclodem, partem em busca de fêmeas imaturas, e, portanto, ainda fracas, e cada macho se apossa e sequestra uma delas. Prende-a com o prodigioso fio de mil utilidades e a mantém prisioneira, alimentando-a pouco (para que não se fortaleça muito) e defendendo-a contra os eventuais agressores, até que esteja sexualmente madura: então a fecunda e a abandona. Quando alcançou forças plenas, a fêmea não tem dificuldade de livrar-se dos fios que a prendem. Estamos no incerto limite entre a crônica negra e a ópera bufa. É difícil deixar de pensar nas relações ambíguas e no estereótipo entre professor e aluna, entre o bisbilhoteiro carcereiro dom Bartolo, orgulhoso das suas tardias luxúrias, e a meiga Rosina, fechada entre quatro paredes, mas futura "víbora": "ambos estão amarrados".

Muitos animais, de estruturas bastante diversas, ostentam cores vivas e têm carne de sabor desagradável, ou então são venenosos: por exemplo, os peixes dourados e as joaninhas, ou, no segundo caso, as vespas e certas serpentes. As cores vistosas servem como sinal e aviso, de modo que os predadores os reconheçam de longe e, escaldados por experiências anteriores, abstenham-se de atacá-los. Existe um comportamento humano similar? Em geral, o homem nocivo tende frequentemente a misturar-se à multidão, para escapar à identificação; mas não se comporta assim quando é ou se sente superior às leis.

Seria preciso pensar um pouco mais na aparência dos espertalhões, tal como descritos por Manzoni; no uso (comum até 1900) de divisas militares de cores vibrantes; e em certos modos característicos de vestir-se e exprimir-se que tornam fácil a identificação dos pertencentes a determinadas classes do submundo ("o apache",[2] o mafioso). Além desses exemplos, eu adoraria inventar e descrever um personagem-joaninha, reconhecível talvez em certas páginas de Gógol: hipocondríaco, descontente consigo mesmo, com seu próximo e com o mundo, choroso e desagradável, que usa um uniforme reconhecível de longe (ou tem um tique, ou um vício de linguagem) para que o seu próximo, que ele detesta, se dê conta a tempo da sua presença e não seja enredado.

---

2 Em italiano, gíria que equivale a "bandido", "vagabundo".

Domum servavit

O "canal" está entre as imagens mais felizes retiradas da linguagem cotidiana para satisfazer às necessidades sempre novas da linguagem especializada. Todos sabem o que é um canal: ele força a água a escorrer de uma origem a uma desembocadura, entre dois diques substancialmente impenetráveis, mas o termo funciona bem para descrever outro fenômeno de fluxo, em que "qualquer coisa" (um fluido, um bando de partículas, o tráfego de uma estrada, uma multidão humana, mas também uma soma de dinheiro, uma carga energética, uma informação) se coloca numa só dimensão e direção, forçada a ela por obstáculos materiais ou simbólicos. Nesse sentido, não há dúvida de que uma estrada seja um canal, como também o é uma comunicação telefônica; um pouco menos se fala de canais televisivos, porque aqui a origem é uma, mas a desembocadura (as telas de TV) são milhões. Um canal de TV é portanto um canal firmemente ramificado, canal só no sentido de que o programa transmitido flui exclusivamente em direção aos usuários predispostos a acolhê-lo, sem interferir nos outros.

Um discurso à parte merece o "canal" postal. Desde sua origem (na China, talvez há 6 mil anos), considerava-se essencial que a mensagem fluísse entre boas margens, ou seja, que a notícia chegasse ao destinatário sem ser interceptada por estranhos. Para assegurar a impermeabilidade do canal postal foram idealizados vários artifícios bem conhecidos, como as simpáticas tintas e os códigos criptográficos, e outros mais fantasiosos, como escrever a mensagem no crânio previamente raspado do mensageiro, esperar que o cabelo nascesse de novo e depois fazê-lo partir; o destinatário raspava o cabelo e lia a mensagem. Contudo, o modo mais prático de garantir o segredo era e ainda é constituído pelo lacre e por seus modernos equivalentes. Fabricar um material adequado para funcionar como lacre é simples: deve poder receber uma impressão nítida, endurecer rapidamente, conservar a marca entre um bom intervalo de temperatura, não ser muito frágil. Como se vê, essa é uma das características das matérias plásticas, e realmente o material clássico dos lacres em todos os tempos é o mais antigo dos materiais plásticos, o lacre. Em sua composição, utiliza-se pouca ou nenhuma cera: seu componente fundamental é a goma-laca, material ilustre e estranho do qual iremos falar.

A goma-laca é fruto do encontro de duas fantasias inventivas, aquela muito lenta da evolução, ou seja, da natureza, que a criou, e aquela rápida e flexível do homem, que a tornou adequada a vários empregos. O verdadeiro inventor da goma-laca é um inseto de hábitos enfadonhos: seu currículo, linear e despojado, é uma paródia da utopia do garantismo da qual hoje tanto se fala. Os machos e as fêmeas da criatura em questão começam sua carreira sob a forma de larvas avermelhadas, quase invisíveis a olho nu; em enxames inumeráveis, exploram com lentidão os ramos de certas árvores exóticas até encontrar uma fenda a partir da casca que lhes permita inserir a probóscide até espetá-la na madeira suculenta: nesse momento, fixam-se e se garantem: não terão mais problema por toda a vida, mas tampouco experiências, emoções, sensações. Seu número é indeterminado, milhões de indivíduos numa simples árvore, e realmente "laca", termo pelo qual todas as línguas designam o produto que eles secretam, deriva de uma antiga palavra sânscrita que significa "cem mil".

Os cem mil minúsculos parasitas bombeiam linfa e engordam em silêncio, mas até as criaturas mais seguras devem ter ou desenvolver uma arte para cobrir as costas. A deles é uma arte química do maior respeito: transformam o suco vegetal numa resina de propriedades extraordinárias e incomuns, exatamente a goma-laca. Exsudam-na dos poros, recobrindo não apenas as costas, mas todo o corpo; é tão espessa que o invólucro de um indivíduo termina por fundir-se e soldar-se com o dos vizinhos, de modo que os galhos infestados se encontram revestidos de uma crosta compacta e lustrosa que deve ter chamado a atenção do homem desde os tempos remotos. Sob essas crostas jaz, protegido e aprisionado, o exército dos sugadores. Os machos se comunicam com o exterior apenas por meio de um pequeno buraco que lhes permite respirar; as fêmeas mantêm aberto também um segundo buraquinho, prolongamento do seu orifício genital, através do qual ocorrerá a fecundação.

Depois de algumas semanas se atinge a maturidade sexual, e então os destinos divergem. A fêmea continua a não se mexer e muitas vezes até perde as pernas, já que não lhe servirão mais para nada. Como a matrona exemplar da Antiguidade, *domum servavit, lanam fecit*: "viveu em casa fiando lã"; em nosso caso, exsudando resina. O macho se lança a uma única e fugaz iniciativa: atingida a maturidade, sai do cárcere e fecunda diversas fêmeas, sem um contato direto, mas utilizando o buraco destinado a isso; depois morre. As fêmeas fecundadas, praticamente todas, não abandonam seu posto e continuam a secretar resina; dentro da cela depositam os ovos, sobrevivem até sua eclosão, depois morrem elas também, e as larvas que saíram dos ovos dão início a um novo ciclo. Procurar obter uma moral humana do comportamento dos animais que nos rodeiam é um vício antigo e ilógico; saciá-lo é arriscado, mas divertido. É tentador dizer, como Esopo: "a fábula ensina" que o preço da abundância sem riscos pode ser alto e que a aposentadoria precoce pode ser mortal.

A goma-laca é uma resina nobre; é transparente, resiste aos choques e à luz solar, tem um aroma agradável, é lustrosa e apresenta ainda outra virtude curiosa e única, com certeza útil a seu inventor-inseto: quando exposta à umidade, sua permeabilidade à água diminui, em vez de aumentar como a de quase todos os outros materiais orgânicos; em suma, ela se comporta, em escala molecular, como um guarda-chuva que se abre espontaneamente no início de um temporal.

O descobridor da goma-laca é desconhecido: deve ter sido um dos milhares de Darwins e Newtons ignorados que pontilharam toda as eras e ainda pontilham a nossa, e que desperdiçam seu talento numa sociedade que não os compreende, condenados a um trabalho repetitivo e enfadonho. Enfim, alguém deve ter notado que as propriedades protetoras da goma-laca se prestavam a proteger qualquer outra coisa além do parasita poltrão e ganancioso que a secreta. Especialmente, poderiam proteger o lacre postal, ou seja, tapar os vazamentos dos canais percorridos pelas mensagens escritas, porque exatamente para isso é que os lacres servem desde tempos remotos; mas a resina tem também outros usos. Em tempos remotos já era derretida, misturada com pigmentos de várias cores, depois colocada para endurecer em blocos. Estes eram pressionados com força contra peças de madeira durante o torneamento: o calor do atrito fazia fundir novamente a goma-laca colorida, que se distribuía uniformemente sobre a madeira "na espessura da unha de um homem", reavivando-lhe o aspecto e defendendo-a da umidade. Esse singular método de envernizamento estava ainda em uso na Índia no início do século e foi descrito por Kipling.

Hoje a goma-laca é empregada principalmente como liga nos vernizes com álcool. É claro que com o sistema descrito acima pode-se revestir apenas pedaços que apresentem uma simetria cilíndrica e dimensões adequadas ao torno. Para ser utilizado como verniz, seria preciso encontrar um solvente que dissolvesse a resina e uma tecnologia que a reduzisse a uma forma facilmente solúvel. O solvente foi encontrado no início do século XIX, e é o álcool etílico comum; a tecnologia, hoje em desuso, era surpreendente.

A resina era derretida e filtrada numa peneira para eliminar os insetos e os fragmentos de madeira. Deixava-se solidificar sob a forma de blocos planos, de dois ou três quilos, que eram depois fervidos para que a resina se tornasse pastosa. Entravam então em cena as "estendedoras", que na maioria das vezes eram jovens espalhadoras: da aurora ao pôr do sol, elas se agachavam na terra, apertavam o bloco em cinco pontos, com as mãos, os dentes e os dedos do pé, e se levantavam rapidamente, abrindo os braços; o bloco era assim estendido numa folha de contorno pentagonal, alto como a espalhadora, transparente e frágil como o vidro, que era depois esmagado em flocos finos e, portanto, facilmente solúveis. Nesse gesto repetido infinitas vezes, as crianças-máquinas passavam da posição fechada do germe à posição aberta da flor. Devia ser um balé cômico, cruel e gentil: percebe-se aqui uma inteligência tão cínica quanto aquela que havia privado das pernas as fêmeas-inseto; uma inteligência que não hesitava em reduzir o homem a instrumento, a fazê-lo regredir ao ato animalesco no qual a boca, oficina da palavra, tornava-se de novo uma ferramenta para morder.

O punho de Renzo

Confesso sem nenhum orgulho, antes com vergonha: tenho um apetite cada vez mais escasso pelos livros novos e tendo a reler aqueles que já conheço. Do mesmo modo que se atenua com os anos o desejo (ou a capacidade?) de fazer novas amizades, sendo preferível aprofundar as antigas: talvez notando alguma ruga a mais ou então alguma virtude que antes não se notara.

As leituras sucessivas de um livro já conhecido podem ser feitas, por assim dizer, com ampliações crescentes, como certas belíssimas sequências de fotografias nas quais se vê uma mosca, depois sua cabeça com as antenas delicadas e os olhos múltiplos, depois um único olho similar a uma cúpula de cristal, e finalmente sua complicada mas necessária estrutura íntima; ou as mesmas leituras podem também ser feitas, se quisermos falar em linguagem fotográfica, com luz diversa ou sob um diferente ângulo de visão. Para dizer a verdade, nem todos os textos podem ser lidos com a lente: em outras palavras, nem todos apresentam uma "estrutura final"; mas, para aqueles que a apresentam, a tarefa é bem aplicada, e estes são os textos que eu prefiro.

Acabei de reler, em *Os noivos*, a célebre cena em que Renzo, curado da peste, volta a Milão para procurar Lúcia. São páginas esplêndidas, poderosas, ricas de uma sabedoria humana forte e triste que o enriquecem e que você acha que são válidas para todos os tempos: não só para aquela época em que a história se desenrola, mas também para a de Manzoni e para a nossa. Depois de muitas perguntas infrutíferas, Renzo consegue obter o endereço da casa em que Lúcia deveria estar hospedada, mas não encontra alívio, ao contrário, está profundamente perturbado: naquele momento definitivo diante da alternativa crua e imediata, Lúcia viva ou Lúcia morta, "ele gostaria de encontrar-se ainda na escuridão de tudo, de estar no início da viagem, que agora chegava ao fim". Quem não experimentou semelhante perturbação, por exemplo diante do consultório de um médico? Mas apenas um conhecedor profundo da alma humana sabe condensá-la em poucas palavras e restituir-lhe a veracidade.

Logo depois, no famoso e conciso episódio (pouco mais de uma página) da mãe que se recusa a confiar aos *monatti*[1] a garota morta "mas muito bem arrumada [...] como [...] enfeitada para uma festa", e a enfia ela mesma no carro, esboça-se a maior das dúvidas que aflige as almas religiosas, o problema dos problemas, o porquê dos males. É o enigma a respeito do qual se atormentam Jó e Ivan Karamázov, e a mácula mais negra da Alemanha de Hitler: por que os inocentes? Por que as crianças? Por que a Providência se detém diante da maldade humana e da dor do mundo? Esse pensamento, sugerido e não expresso, esse momento de grande piedade, destaca-se no cenário sombrio das ruas de Milão despovoadas pelo massacre; aqui, o único sinal de vida é a presença arrogante e sinistra dos *monatti*: "alguns com a divisa vermelha, outros [...] com [...] plumas e arcos de várias cores, que aqueles desgraçados levavam como sinal de alegria, em meio a tanto luto público".

---

[1] Um *monatto* era um servidor público que nos períodos de epidemia da peste ficava encarregado de transportar os doentes e os cadáveres. Com frequência, os *monatti* eram pessoas condenadas à morte, presos ou indivíduos atingidos pela doença e imunes a ela. (N. T.)

Como o diabo de Malebolge, os *monatti* são um grupo; desenvolveram uma filosofia e uma moral de grupo. Sua conversa com Renzo, que encontrou abrigo em seu carro e que eles confundem com um espalhador da peste, é memorável: "Você veio se colocar sob a proteção dos *monatti*: faça de conta que está na igreja"; "Você faz bem em infectar esses canalhas [...] pois, para recompensar a vida que levamos [...] vivem dizendo que, terminada a mortandade, o que querem é enforcar todos nós"; um pouco antes, para dom Rodrigo, que pegou a peste e que resiste à captura, um *monatto* tinha gritado com raiva e zombaria: "Ah, espertalhão! Contra os *monatti*! Contra os ministros do tribunal! Contra aqueles que fazem as obras de misericórdia!". Procuram se justificar aos olhos dos outros e a si mesmos: são "oficiais públicos", indispensáveis e incontestáveis.

É singular como Manzoni, tão auspicioso em criar imagens e metáforas essenciais para a pintura de estados de ânimo e paisagens (ou melhor, estados de ânimo inscritos nas paisagens), seja ao mesmo tempo incerto e desajeitado quando se trata de representar o gesto humano. Não sei se a observação é inédita e nem mesmo legítima, mas, exatamente no episódio recordado acima e na mesma página, encontro dois "gestos" no limite do crível, ou mesmo do possível. Renzo, cercado por uma multidão de pedestres ameaçadores, abre o caminho aos empurrões e escapa "a galope, com o punho no ar, fechado, apertado, pronto para qualquer coisa que lhe aparecesse à frente". Ora, é totalmente antinatural correr com o punho no ar. É antieconômico, mesmo que por poucos passos: a pessoa perde muito mais tempo do que deveria gastar se apertasse e levantasse o punho uma segunda vez. Vem à mente uma engraçada piada toscana. Uma mãe, na sacada, diz à sua vizinha: "Senhora, já que está com a boca aberta, pode chamar o meu Gianni, que está lá embaixo no quintal?".

Logo depois, o fugitivo Renzo decide se esconder num dos carros dos *monatti*: "Olha ao redor, dá um salto; está ali, plantado no pé direito, com o esquerdo no ar e com os braços levantados". Essa é realmente uma fotografia malsucedida, ou mesmo inventada. Em nenhuma das fases de um salto pode existir uma posição estatuária como a descrita: mas talvez isso seja mais evidente para nós, habituados desde a infância às fotografias esportivas, do que para os contemporâneos de Manzoni.

Há no romance outras imagens como essas, irreais, rebuscadas; fazem-nos pensar num processo mental indireto, como se o autor, diante de uma atitude do corpo humano, se esforçasse para construir uma ilustração ao gosto da época, e posteriormente, no texto escrito, procurasse demonstrar a própria ilustração em vez do dado visual imediato. Renzo, tomado de uma ira para ele insólita, mas plenamente justificada pelas reticências de dom Abbondio, trancou este último em seu quarto; ele quer saber o nome da autoridade que se opõe ao casamento, "e estava curvado, com a orelha inclinada sobre a boca dele, com os braços esticados e os punhos apertados à sua volta".

A caracterização do gesto é precisa, mas o gesto em si mesmo é pouco plausível, enfático, excessivo. Recorda o código expressivo do cinema mudo, que para nós hoje é bizarro e cômico, mas em sua época era aceito por todos; era precisamente um código, fruto de uma convenção, segundo o qual o gesto era encarregado de substituir a palavra que a tela não sabia ainda transmitir ao espectador, e podia portanto ser muito diferente dos gestos cotidianos.

Renzo, mal aconselhado por Agnese, está indo ao dr. Azzeccagarbugli, e, como precaução, leva a ele quatro capões, porque "a esses senhores" não se deve nunca ir de mãos vazias. Na economia da página, esses capões são importantes e tratados de modo discreto e com maestria. Foram engordados para os banquetes nupciais: "Olhe aqueles quatro capões, pobrezinhos! Tenho que lhes torcer o pescoço para o banquete de domingo". Aqueles "pobrezinhos" são a marca do gênio literário e psicológico: sintetizam aquela mistura de piedade, tolerância e cinismo tipicamente italiana. Os capões não são dignos de pena porque serão estrangulados: esse é seu indiscutível destino como vítimas domésticas. Não:

Agnese fez uma translação e reconheceu neles um valor simbólico, os capões são os inocentes que sofrem pelos pecados alheios: não eles, mas Renzo e Lúcia, e ela mesma, são os "pobrezinhos".

Não por acaso, poucas frases adiante, os capões são explicitamente humanizados, numa comparação famosa que se tornou proverbial: enquanto Renzo os segura, balançando-os vigorosamente, suas cabeças pendentes "se debatiam, uma bicando a outra, como acontece com muita frequência entre companheiros de infortúnio". Mas, mesmo aqui, nesse texto exemplar devido à pessimista clarividência, o gesto humano é artificial: mesmo em tempos de carestia, quatro capões pesam pelo menos cinco quilos e apenas um Hércules teria sido capaz de abatê-los, levantá-los e agitá-los com uma só mão, como descrito no texto; e deveria ser um Hércules ator e mímico, em vez de um simples fiador de seda.

Na introdução de *Os noivos* da edição da Einaudi, Alberto Moravia propôs que havia um "realismo católico" paralelo ao "realismo socialista" dos soviéticos, e portanto um ofício literário egrégio subserviente aos fins propagandísticos, mesmo se frequentemente, por sua própria excelência, esse ofício ultrapasse e anule os fins. A hipótese me deixa perplexo, mas justamente algumas descrições de gestos poderiam confirmá-la.

No capítulo VI, o padre Cristóforo fica indignado com a insolência de dom Rodrigo: solicitado a desistir da sua intriga em detrimento de Lúcia, Rodrigo propõe ao padre que a induza a ficar sob sua proteção. "'Sob sua proteção!', exclamou [o padre Cristóforo], dando em direção a ele dois passos, postando-se ferozmente no pé direito, levando a mão direita ao quadril, levantando a esquerda com o indicador apontado para dom Rodrigo e cravando no rosto dele dois olhos inflamados: 'Sob sua proteção!'" Aqui não há mais o frei, mas o monumento barroco do frei; mais uma vez, diríamos que o autor chegou à imagem por um caminho inverso: não passando diretamente da representação à palavra, mas intercalando entre as duas uma cena recitada por um ator; e, diga-se de passagem, um ator medíocre.

Curiosamente, nota-se que, poucas páginas à frente, uma gesticulação bastante similar é atribuída a Renzo com outras finalidades. Na presença de Lúcia e de Agnese, Renzo, tomado pela ira, ameaça fazer justiça com as próprias mãos, mesmo se perdesse o amor de Lúcia. As duas mulheres procuram acalmá-lo. "Ele ficou imóvel e pensativo, por alguns momentos, a contemplar o rosto suplicante de Lúcia, depois, bruscamente, a olhou com dureza, deu um passo para trás, esticou o braço e o indicador em direção a ela e gritou: 'Você! Sim, ele quer você! Ele tem que morrer!'" Talvez este seja o ritmo menos feliz do romance: tem-se a impressão de que o gesto teatral tenha contagiado a "trilha sonora" com brutalidade.

Mas aqui Manzoni se justifica: para Renzo, naquele momento, podia ser útil incutir pavor em Lúcia, que até então tinha rejeitado a solução extrema do casamento forçado; Renzo talvez pudesse ter "usado um pouco de astúcia para fazê-lo crescer, para fazê-lo frutificar (o medo de Lúcia)". Manzoni parece disposto a admitir certas soluções recitativas apenas "quando duas paixões clamam juntas no coração de um homem"; mas naquele "clamor" se vê justamente a aversão católico-estoica do autor pelas paixões das quais o personagem, embora tão amado, é escravo.

Como se vê, a leitura minuciosa é um exercício impiedoso. Infeliz do escritor que a pratica em seus próprios textos: se o faz, sente-se condenado a reescrever sem cessar cada página, e cada livro seu se torna uma obra aberta.

Trinta horas no Castoro Sei

As trinta horas que passei no Castoro Sei[1] em abril de 1980 foram um presente raro para um homem da terra como eu, um homem para quem o mar é aquele dos feriados na Ligúria, ou aquele transfigurado que aparece nas páginas de Coleridge, Conrad, Verne e Melville. Justamente esses dois últimos estavam continuamente em meus pensamentos durante aquela minha brevíssima estadia: mais precisamente, as *Vinte mil léguas submarinas*, e em especial a "visita guiada" que o capitão Nemo oferece a monsieur Aronnax às vísceras mecânicas do Nautilus, e uma frase (que depois de trinta anos eu ainda guardava na memória) de Cesare Pavese, o tradutor, no prefácio de *Moby Dick*: "Melville [...] conhece mais coisas na vida além das [bibliotecas] do Vaticano e bancas de livro, e sabe que os melhores poemas são aqueles que os marinheiros iletrados contam no castelo de proa".

As duas citações, ou, melhor dizendo, os dois ganchos literários, valem apenas o quanto valem todas as citações. Os marinheiros do Castoro podem ser tudo, menos iletrados: ao contrário, são marinheiros-engenheiros, uma espécie humana que não existia na época de Melville e que, por outro lado, Verne tinha previsto

---

[1] Guindaste marítimo semissubmersível construído em 1978.

e antecipado com aquele seu misterioso faro de vidente tecnológico que lhe permitira prever, cinquenta ou cem anos antes, o uso bélico dos helicópteros, a televisão, o míssil lançado à Lua (justamente do Cabo Canaveral!) com sua tripulação humana, e um submarino bastante plausível.

O capitão Pietro Costanzo que me perdoe se eu o comparei aqui ao capitão Nemo, misantropo, vingativo e luciferino; e, além disso, o Castoro nem é um submarino. Mas, como o Nautilus, seu ventre é recheado de maravilhas. Como os submarinos (por outro lado, ele é definido em termos técnicos como um "semissubmarino"), e como os baleeiros de tempos antigos e modernos, é um navio não navio, um navio para o qual a navegação é uma tarefa implícita e lateral, mas que em essência é destinado a outros objetivos mais definidos. Os dispositivos que ele contém causam admiração exatamente pelo extremo requinte com que buscam um objetivo preciso e insólito: lançar ao fundo do mar, da Tunísia à Sicília, a profundidades até então nunca alcançadas, um tubo rígido de aço revestido de cimento, manuseando-o como se fosse leve e flexível como um tubo de borracha.

A história da tecnologia mostra como, diante de novos problemas, a cultura científica e a precisão são necessárias, mas insuficientes. Ocorrem ainda duas outras virtudes, que são a experiência e a fantasia inventiva, mas, no ofício da exploração de gás natural, que é muito recente, a experiência não se estende ao longo dos séculos ou milênios: está compreendida entre algumas décadas, ou mesmo períodos mais breves. É muito mais curta que uma vida humana, e os pais não têm nada a ensinar aos filhos; não podem contar com aquela lenta evolução quase darwiniana que modelou as armas de fogo no decurso de cinco séculos e o automóvel no transcorrer de um. As provas e os erros são necessários para a experiência, mas aqui não há tempo para errar e corrigir, e deve prevalecer a fantasia, que age aos saltos, em curtos espaços de tempo, através de mudanças radicais e rápidas. Mas das experiências válidas nada se perde, mesmo das mais antigas; da mesma forma que nosso corpo herdou o mecanismo genético e a arquitetura proteica dos organismos monocelulares, e assim como o automóvel incorpora o desenho das carroças puxadas por cavalos, também no Castoro Sei se reconhecem curiosas e ilustres ideias inovadoras que remontam ao início de nossa civilização: a casa suspensa em cima das palafitas, o duplo casco do catamarã. Também devemos pensar nisto: como as grandes ideias e os grandes problemas da filosofia (se a matéria é infinitamente divisível; se o universo é finito ou infinito, eterno ou perecível; se nossa vontade é livre ou escrava), da mesma maneira as grandes invenções da técnica se transformam, mas não morrem. A alavanca, a roda, o telhado, sobrevivem aos milênios; nenhum metal caiu em desuso, ao contrário, inúmeros novos usos foram encontrados pelos metais mais antigos; seria difícil denominar uma matéria plástica obsoleta, enquanto as mais antigas entre estas, as resinas fenólicas e o poliestireno, não perderam um pingo de sua importância.

Um discurso análogo pode ser feito em relação aos homens a bordo do Castoro. Assim como o meio é singular, único no mundo, também desse gênero é a tripulação; ou melhor, as tripulações, pois se trata de três esquadras de 150 homens cada uma, que fazem um rodízio, duas a bordo (durante 28 dias, domingos e feriados inclusos, com doze horas por dia de trabalho e doze de descanso) e uma em terra, de férias por quatorze dias. É uma tripulação heterogênea: compreende soldadores, mecânicos, eletricistas, técnicos eletrônicos, operadores de guindaste, maquinistas, reparadores, operários, além dos empregados nos serviços e na navegação. Todavia, a divisão (a "interface") entre os marinheiros e os operários, e num nível mais alto entre oficiais e engenheiros, não está clara, pois a navegação do Castoro é estranha.

De um navio propriamente dito se exige que navegue rapidamente, em direção longitudinal, e só excepcionalmente em marcha a ré. O Castoro, ao contrário, navega apenas para a frente quando está se deslocando, mas, na verdade, em relação ao Castoro, dizer para a frente e para trás não tem muito sentido: não há uma proa real; ali chama-se proa, por convenção, à extremidade pela qual o tubo desce na água e em seguida recua durante o trabalho de deposição. O Castoro pode se mover em todas as direções, pois há quatro hélices giratórias dispostas nos quatro ângulos dos cascos inferiores. Normalmente, não ultrapassa a velocidade de seis ou sete nós; para esse navio, que na verdade é uma sofisticada oficina flutuante, muito mais que a velocidade, são importantes a estabilidade e o posicionamento. Em outras palavras: ele deve ser capaz de manter-se firme no fundo do mar, ou seja, no tubo, dentro de limites de poucos decímetros, não deve oscilar com as ondas, não deve ser afetado pelo vento e pelas correntes, e quando se move para depositar o tubo, deve fazê-lo com uma velocidade totalmente controlada. Para conseguir fazer que tudo isso ocorra com a devida confiabilidade, utiliza-se um refinado sistema de automação que, a cada "lançamento" do tubo, determina aos doze guinchos das doze âncoras (formidáveis âncoras, de vinte e vinte e cinco toneladas cada) e aos quatro grupos motores os movimentos necessários para que o tubo desça na água sem receber cargas superiores às consentidas pelas especificidades e pela resistência dos materiais. O momento de "lançamento", ou seja, do avanço do tubo, que se repete (se tudo ocorre normalmente) a cada dez minutos, é um espetáculo que não se esquece: ao comando de cérebros eletrônicos que supervisionam a operação, os colossais guinchos são postos simultaneamente em movimento, retirando os cabos da popa, liberando os da proa, e as 40 mil toneladas do Castoro Sei se movem pesadamente em direção à costa siciliana por exatos doze metros, ou seja, pelo comprimento de um pedaço do tubo: mas o movimento é tão suave e sem rupturas que quem está a bordo nem o percebe. Vê apenas o tubo avançar, e parece que ele se move e o navio está parado. É uma ilustração concreta da relatividade de Galileu, e nos lembramos da Garisenda de Dante, que parece se inclinar em direção à terra quando atrás dela se movem as nuvens arrastadas pelo vento.

A automação é uma arte jovem, e é natural que seus empregados sejam homens jovens; mas, mesmo os mais velhos, frequentemente se revelam preciosos. Não apenas pelos ofícios tradicionais, pela navegação e pelos serviços: sua experiência, acumulada ao longo dos anos em trabalhos às vezes muito diferentes, tem se revelado de grande valia quando devem lidar com imprevistos. Realmente, seria ingenuidade pensar que num sistema tão complexo e destinado a trabalhar em condições quase inusitadas tudo possa ser previsto e nunca ocorram incidentes. Contaram-me dois episódios, dois imprevistos, para ser exato, que demonstravam quanto ainda valem a experiência e a imaginação inventiva quando se trata de resolver rapidamente, e "com os meios possíveis", um problema novo.

A base do trabalho do Castoro é a soldagem. Essencialmente, o navio é uma oficina de soldagem de quase 150 metros de comprimento; ao longo do tubo, que avança aos poucos, sucedem-se oito estações de soldagem, e a junção das partes do tubo é realizada em parte automaticamente, em parte manualmente, de acordo com técnicas de soldagem altamente sofisticadas. Antes do lançamento, e logo depois das operações de soldagem, deve-se executar um controle radiográfico: se a soldagem está perfeita, o tubo continua a avançar; se apresenta defeitos, estes são rapidamente resolvidos. O gerador de raios X está dentro de um carrinho que flui através do tubo, ou melhor, que está em posição fixa em relação ao navio e em torno do qual passa o tubo; essa aparelhagem é mantida por um cabo e, devido a seu formato longilíneo, foi denominada o "leitão". Ao longo do trabalho, por algum motivo misterioso, o leitão desapareceu de repente: o cabo se rompeu, o carrinho ficou pendurado no tubo e o caríssimo aparelho desceu a uma profundidade de 300 metros. O dano era grave: além da interrupção forçada das operações de lançamento (me disseram que um *minuto* de trabalho do Castoro Sei custa 280 mil liras!), o leitão obstruía o tubo quase completamente e tinha de ser rapidamente removido, de qualquer maneira.

Reuniu-se um vértice de técnicos e várias propostas foram feitas, dentre as quais a mais pitoresca era a seguinte: contatar a Tunísia, introduzir no tubo uma bola de borracha ou de qualquer outro material deslizante e bombear dentro dele ar comprimido, como se faz nos tubos pneumáticos. A bola deveria alcançar o leitão no fundo do Mediterrâneo e atirá-lo longe. Ainda estavam discutindo quando um dos tripulantes tomou a palavra; era um ex-pescador, e para ele estava claro que o leitão devia ser pescado. Sua proposta não parecia tão fácil de ser executada, mas era simples, rápida e não custava mais que mil liras; o homem foi levado à oficina, onde se preparou um grande gancho, que foi lastreado com um peso. Ele introduziu gancho e peso na boca do tubo, e depois de poucos minutos de tentativas pacientes e firmes conseguiu enganchar o leitão e o puxou para fora.

O segundo episódio ocorreu em escala ciclópica. Como se disse, o posicionamento e o avanço do Castoro repousam sobre um complexo sistema de ancoragem. As doze âncoras gigantescas são dispostas radialmente em torno do navio e normalmente o navio "caminha" sobre as doze âncoras: quando, movendo-se arrastado pelos cabos, ele fica muito perto das âncoras da parte siciliana, estas são retiradas e se afundam outras, e aquelas da parte tunisiana se aproximam do navio. Tempos, ângulos e distâncias do reposicionamento das âncoras são ditados pelo computador de bordo, e a operação é executada por rebocadores que seguem e circundam o Castoro como servidores zelosos. Os cabos de atracação (de aço, com diâmetro de três polegadas) têm 2.700 metros de comprimento: o Castoro, com suas âncoras assinaladas pelas respectivas boias, os rebocadores e os *supply boats* que comutam com o continente e lhe fornecem tubos, combustíveis etc., abrange vários quilômetros quadrados de mar.

Numa noite de horrível mau tempo, uma das boias citadas desapareceu, tornando impossível localizar com precisão a âncora que estava abaixo dela, e, portanto, lançá-la quando fosse sua vez. Aparentemente, a boia tinha sido danificada: era do tipo que não afunda, mas sua flutuabilidade havia sido reduzida, e o peso do cabo que a ligava à âncora a mantinha num ponto impreciso, meio boiando, meio afundada. Esse também era um problema de pesca, mas de pesca às cegas; e a âncora que jazia no fundo pesava 25 toneladas, além de outras 10 toneladas de correias. O problema foi resolvido como o teria resolvido um cego, isto é, às apalpadelas. Num dos rebocadores colocou-se um gancho grosso sob o cabo, visível por poucos metros, que ia do Castoro à âncora; em seguida o rebocador começou a se movimentar, num mar tenebroso, deixando afluir o gancho ao longo do cabo, mas mantendo sempre tensionada a corda à qual o gancho estava preso. O gancho foi mantido obliquamente, seguindo a catenária do cabo por quase dois quilômetros, até as enormes malhas da correia que ligavam o cabo à âncora: comprometeu-se na primeira malha, e a grua poderosa do rebocador levantou âncora e correia o suficiente para que a boia danificada reaparecesse.

São esses os "poemas" aos quais aludia Pavese falando de Melville. Não me foram narrados no castelo de proa (que no Castoro Sei acho que não existia), mas sim na mesa do refeitório, diante de taças de bom vinho; e não por marinheiros iletrados, mas pelo capitão Costanzo e os outros homens da tripulação, jovens e mais velhos, engenheiros cibernéticos em seu primeiro encontro com o mundo profissional, maquinistas orgulhosos de cada simples parafuso de suas máquinas, marinheiros-operários que nessa obra insólita e colossal reencontraram as antigas virtudes da competência posta à prova e do trabalho bem-feito. Espero que não se surpreendam nem se escandalizem se suas histórias me pareceram poéticas. Na verdade, em suas palavras, concisas, educadas, precisas e sem afetação, reconheci o eco da voz de um outro navegador e narrador cujas aventuras antigas são hoje poesia eterna: aquele que navegou por dez anos por mares estranhos e cujas principais virtudes, além da coragem que nunca lhe faltava, foram a paciência e a complexa inteligência.

Inventar um animal

Inventar do nada um animal *que possa existir* (quer dizer, que possa existir fisiologicamente, crescer, alimentar-se, resistir ao ambiente e aos predadores, reproduzir-se) é uma tarefa quase impossível. É um projeto que supera em grande medida nossas capacidades racionais e mesmo a criatividade de nossos melhores computadores: conhecemos ainda muito pouco dos mecanismos vitais existentes para ousar criar outros apenas no papel. Em outras palavras, a evolução sempre se demonstrou mais inteligente que os melhores evolucionistas. Cada ano que passa confirma que os mecanismos da vida não são exceção às leis da química e da física, mas ao mesmo tempo se alarga cada vez mais a fenda que nos separa da total compreensão dos fenômenos vitais. Não é que os problemas não sejam resolvidos e as perguntas, respondidas, mas cada problema solucionado gera dúzias de novos, e o processo não tem fim.

Contudo, a experiência de 3 mil anos de narrativa, de pintura e de escultura nos mostra que inventar do zero um animal, caprichosamente, um animal sobre o qual realmente não interessa saber se existe ou não, mas cuja imagem estimule de qualquer maneira nossa sensibilidade, não é uma tarefa fácil. Todos os animais inventados pela mitologia, em todos os lugares e em todas as épocas, são *pot-pourris*, rapsódias de traços e membros de animais conhecidos. O mais famoso e bem-composto era a quimera, híbrido de cabra, serpente e leão, tão impossível que seu nome é hoje sinônimo de "sonho vão", mas também foi adotado pelos biólogos para indicar os monstros que eles criam – ou gostariam de criar – em seus laboratórios graças a transplantes entre animais diversos.

Os centauros são criaturas fascinantes, portadores de símbolos múltiplos e arcaicos, mas Lucrécio já tinha se dado conta de sua impossibilidade física e procurou demonstrá-la com um argumento curioso: aos 3 anos de idade, o cavalo está no auge de suas forças, enquanto o homem é criança e "frequentemente buscará em sonhos o mamilo" no qual foi amamentado; como poderiam conviver duas naturezas que não *"florescunt pariter"*[1] e que, aliás, não ardem pelos mesmos amores?

Em épocas mais recentes, e num belo romance de ficção científica, P. J. Farmer apontou as dificuldades respiratórias dos centauros clássicos e as resolveu fornecendo-lhes um órgão suplementar "parecido com um fole, que inspirava o ar através de uma abertura parecida com uma garganta"; outros insistiram no problema da alimentação, fazendo notar que uma pequena boca humana seria insuficiente para permitir a passagem da grande quantidade de forragem necessária para nutrir a parte equina.

Em suma, dir-se-ia que a fantasia humana, mesmo quando não esbarra em problemas de verossimilhança e de estabilidade biológica, hesita em tomar novos rumos e prefere recombinar elementos construtivos já conhecidos. Se se examina em detalhes o belíssimo *Manual de zoologia fantástica* de Borges, é difícil encontrar desenhado um só animal realmente original: não há nenhum que se aproxime nem mesmo de modo vago das incríveis soluções inovadoras que se encontram, por exemplo, em certos parasitas, como o carrapato, a pulga, o equinococo.

---

[1] Em latim no original. "Florescem juntas." (N. T.)

Numa classe de sexto ano, perto de Turim, realizou-se a experiência de fazer as crianças descreverem um animal inventado e o resultado confirmou esse limite da imaginação. Foram descritos animais substancialmente mitológicos, ou seja, heterogêneos; conglomerados de membros diversos, como o Pégaso e o Minotauro, ou referências ao colossal e ao exagerado que recordam o Leviatã de Jó, os gigantes humanos e bestiais de Rabelais, Argo dos cem olhos, Shiva dos oito braços, Cérbero com três cabeças e o cão da Eni com seis pernas. Mas entre esses limites afloraram intuições audazes, alegres e assustadoras.

O *Carrasco* vive embaixo da terra, pois tem medo dos horríveis animais que foram descritos pelas outras crianças, e dorme 22 horas por dia, das 24 totais. Alimenta-se apenas de carne humana e de árvores frutíferas, e alcança na corrida a velocidade de duzentos quilômetros por hora. A fêmea é extremamente fecunda: "dá à luz quase oito ou nove vezes ao mês, e sempre cinquenta ou sessenta carrasquinhos", mas o parto também acontece no subterrâneo, pelas razões de segurança mencionadas antes.

O *Linfadinossauro* vive na adega, dentro de uma caixa cheia de papel e palha. A autora não cita suas dimensões, que não devem ser muito grandes, mas a narração do encontro com o animal desperta um tênue sentimento de angústia: pediu-se à menina que fosse à adega buscar vinho e ela ouviu barulhos estranhos, mas em casa não disse nada, "como sempre". Portanto está só, no escuro e na sujeira da adega, lugar de medos atávicos, versão urbana e moderna do Inferno; e eis que a besta aparece e a menina grita "porque era muito feio". A conclusão revela uma angústia genuína: "Nunca mais quero ver aquele animal".

O *Pescoço-gigantesco* é multiforme, como os dois anteriores ("tem a cabeça de um peixe-espada [...] e é pesado como um buldogue"), mas se distingue por uma característica surpreendente: "Os lenhadores o usam para cortar madeira". Ainda que não se afirme explicitamente, deve ser fruto de uma contaminação tecnológica, pois "tem seis divisões no pescoço" (que podem ser vistas na ilustração sumária, mas precisa, fornecida pelo autor: são substancialmente seis vértebras), "que se quebram de vez em quando e por isso, quando vai ao mecânico, gasta muito dinheiro e é pobre".

Existe um animal de nome impronunciável de dezoito sílabas "cuja característica é comer com a cauda, de modo que a cabeça fique longe de perigos". Uma busca por racionalidade ainda mais impulsiva é mostrada pelo autor do *Leptorontibus*, que é descrito com inusitado desejo de verossimilhança. Tem três olhos, 1,80 metro de altura e "tem medo de todos". Não tem ossos e "fica de pé através de um complicado sistema nervoso". Nesse zoológico estrábico talvez seja o único exemplar "econômico", cujo autor não propôs despertar apenas maravilhas ou horrores; "tem um só pulmão e respira através de um buraco na altura do estômago": mas se trata de um estômago particular; o animal, "nem bem terminou de mastigar, joga para baixo a comida, que não desce por um tubo, mas cai diretamente numa espécie de saco que seria o estômago". O autor se ocupou também do embaraçoso problema da excreção: "para botar para fora as coisas que não lhe servem, utiliza um buraco que tem sob os pés (que são dez)". Quem, ao menos uma vez na vida, não teve inveja do pudor e da discrição do Leptorontibus?

O *Mostrumgaricos*, ao contrário, é totalmente fora dos eixos. Devora bisontes e elefantes: ataca-os no voo, jogando-se de cabeça das árvores e "cravando seus dentes afiados no cérebro da presa"; respira também embaixo da água; pesa 4 mil toneladas; sua fêmea dá à luz sessenta filhotes por mês; tem ossos mais duros que o aço, e "quando cai de uma montanha alta, digamos de 5 mil metros, não lhe acontece nada"; tem doze corações e sessenta costelas, e poderia ser temido como invencível e imortal, não fosse o fato de que "tem medo apenas de uma doença, a *glomatite*, que o mata". Nesse último detalhe reside um arquétipo: não há mal sem remédio, não há invulnerabilidade sem tendão de aquiles.

Descreve-se, muito sumariamente, outro animal sem nome, mas muito inteligente e forte. "Quando procura sem parar e não encontra nada, é capaz de picar em pedaços até um pequeno animal inocente." "Tem belíssimos pelos e as mulheres compram sua pele." Sua morte é repleta de trágica e solene dignidade: "Pode viver por certo número de anos e, quando sabe que naquele dia deve morrer, começa a comer com grande voracidade para não esquecer as refeições que fazia".

O *Coco* é surreal, suave e modesto (tem apenas três olhos e não passa dos vinte centímetros). Tenho inveja ao pensar em como seu autor deve ter se divertido ao descrevê-lo. "Come as pedras, ramos, flores e gatos"; vem da China, mas "mora na rua Archimede, n. 2" e brinca com as crianças da vizinhança; contudo, "muitas vezes ele vive em todas as partes do país, porque muda todos os dias". "Agora tem 40 anos e fuma cachimbo a cada cinco minutos", mas também para ele a morte é dramática: na verdade, Coco "vive até os 100 anos e depois morre correndo, é uma tradição desses estranhos animais", e a essa altura não posso resistir à tentação de mencionar Tennyson, traduzido e citado por Borges como grande pintor de mortes estranhas: ele fala do Kraken, outro animal inventado, gigantesco molusco de uma milha e meia de comprimento: "Sob os trovões da superfície [...] o Kraken dorme seu antigo sono sem sonhos. [...] Jaz ali há séculos, e continuará jazendo, alimentando-se adormecido de imensos vermes marinhos, até que o fogo do Juízo Final não aqueça o abismo. Então, para ser finalmente visto pelos homens e pelos anjos, surgirá rugindo e morrerá na superfície" (Borges, *Manual*, op. cit., p.99).

A resenha seria incompleta se não citássemos o *Cibercus*. Sua descrição começa de modo enfadonho: tem as habituais seis pernas, mas são finas "como um fio de grama", as habituais orelhas quadradas, os olhos são um triangular e vermelho, o outro quadrado e negro, mas depois vem o choque: "Tem uma cauda de dois metros e é feito de creme". A partir daí o texto decola, atingindo coerentemente consequências extremas. O Cibercus "vive numa floresta fria, caso contrário, se ficasse ao sol, derreteria"; "é frágil e, se for atingido por uma flecha, se desmancha como ninguém, então há uma lenda [...] uma manada desses animais saiu ao sol para atacar os homens, mas assim que saíram, derreteram todos". Consciente da sua força cômica, o autor nos informa que o Cibercus se alimenta de ratos e de chocolate, e morre com um golpe de espada: "Este animal corre muito devagar".

O esquilo

Há alguns anos, apresentei a duas tias minhas, já idosas, que viviam no interior, um senhor chamado Perrone. Elas imediatamente traduziram o sobrenome para Prùn, e durante toda a conversa continuaram a se referir a ele como *Munssü Prùn*: este último, para falar a verdade, achou a coisa bem natural.

Os sobrenomes de origem dialetal são comuns em toda parte, e de muitos deles se perdeu a chave do significado. Contudo, no Piemonte, sobrenomes como Bergesio, Cravetto, Masoero, Schina, Sùita, Pentenero são imediatamente reconhecidos como próximos, e, no contexto de uma conversa em dialeto, suas formas originais são restauradas (*Bergé* = pastor; *Cravèt* = miúdo; *Masué* = arrendatário; *Schin-a* = de volta; *Süita* = seca; *Pentné* = penteeiro), revelando um inconsciente, ou até consciente, incômodo pelas formas mal italianizadas. Como caso extremo, e segundo um dos titulares, o nome Sùita, se pronunciado com o *u* italiano, soa ainda hoje afetado e falso.

O caso que contei me surpreendeu, pois a distância fonética entre Perrone e Prùn é grande e porque eu, que moro na cidade, não sabia que *prùn* significava "esquilo". De fato, em vários lugares do Piemonte, chama-se com esse nome também o rato e mesmo o coelho, e isso explica muito bem por que os sobrenomes derivados são tão numerosos e difundidos: Prone, Prono, Pron, Prunotto, Pronello, Prunetti, além do já citado Perrone. Segundo o *Dizionario dei cognomi italiani* de E. De Felice, Perrone seria um dos muitos derivados de Pietro, mas prefiro confiar no ouvido "local" das duas tias.

Na opinião de alguns linguistas, mas condenada por outros (todos alemães: é incrível o cuidado com o qual os filólogos alemães do século passado penetraram nas raízes do italiano, os seus dialetos e as suas expressões mais obscuras), *prùn* derivaria diretamente do latim *pronus*, que tem todos os significados da palavra italiana correspondente e mais alguns. A alusão é evidente: o dorso do esquilo nunca fica horizontal. Quando o animalzinho está sob as quatro patas, fica *"prono"* [inclinado] em direção ao solo, pois as patas dianteiras são mais curtas que as posteriores; ao contrário, quando está ereto sob os quadris, em posição quase humana, agarrando entre as patinhas dianteiras as nozes que está roendo, se inclina para a frente, pois o corpo tem de fazer um contrapeso à sua célebre cauda. Essa cauda aparece, mais ou menos reconhecível, nos nomes que o esquilo tem em quase todas as línguas europeias, a partir do grego. Seu nome grego é *skiùros*, composto de duas palavras que significam sombra e cauda: realmente, é uma crença bastante difundida que nos dias quentes o esquilo se protege do sol à sombra da sua própria cauda, e ficarei muito feliz se Mario Rigoni Stern, que manteve com os esquilos uma relação de boa vizinhança e de confiança (justamente retribuída), me explicasse se se trata de uma graciosa lenda ou da verdade.

De *skiùors* se obteve o nome científico *Sciurus*, mas os latinos do povo, para os quais a aproximação *iu* não era agradável (mas eles gostavam, coisa abominável, da carne do animalzinho, que não pesa mais que 300 ou 400 gramas), transformaram seu nome em *scurius*. Daqui a *scoiattolo* [esquilo] a passagem é rápida: chega-se a ela através de um duplo diminutivo, e na verdade são poucos os animais aos quais melhor se atribui o diminutivo: o *scoiatollo* é um diminutivo vivaz. E de *scurius* e mais um diminutivo vêm *squirrel* e *écureuil*, e deste parece derivar o alemão *Eichhorn*, mais comum sob a forma *Eichhörnchen*, que, por sua vez, também é um diminutivo. *Eiche* é carvalho, e *Horn* significa corno; ora, o carvalho não se relaciona muito com o esquilo (os esquilos fazem o ninho em carvalhos, mas também em muitas outras árvores, e comem bolotas mas também uma infinidade de outras sementes e frutas) e o corno não se relaciona de jeito nenhum: trata-se de uma falsa etimologia, de uma tentativa popular de dar sentido a um nome de origem estrangeira que (aparentemente) não tem significado.

Encontrei poucos esquilos na minha vida, e torço para conhecer mais alguns. Vi alguns deles nos bosques, saltando de um ramo ao outro e se servindo do rabo como se fosse um timão ou um estabilizador. Outros, menos medrosos e mais mercenários, nos parques de Genebra e de Zurique, vêm pegar o alimento das nossas mãos e é como se nos cumprimentassem. Vi alguns outros na prisão, mas não pareciam menos vivazes nem menos alegres que seus colegas da floresta. Eram cerca de uma dúzia, confinados numa grande gaiola: dentro desta havia outra gaiolinha, justamente no formato de "gaiola de esquilo", ou seja, cilíndrica, achatada e com eixos horizontais, sem traves de um lado e girando livremente em torno do próprio eixo.

Um dos animaizinhos tinha inventado um jogo: entrava na gaiolinha, e correndo ali dentro a mantinha em rápida rotação; depois parava de repente, porém a gaiola, mais pesada que ele, continuava a girar, arrastando-o por algumas voltas; então ele abandonava a presa e se punha a escoicear de modo oblíquo e transversal o lado livre da gaiola, como uma pedra lançada de uma funda. Não voava aleatoriamente; tinha tomado suas precauções e pousava onde voava, por exemplo sobre um pequeno balanço localizado a um metro e meio de distância, onde permanecia depois a se balançar com visível prazer.

Deparei-me com outro prisioneiro muitos anos depois, num laboratório de bioquímica. Ele também estava numa "gaiola de esquilo", mas dessa vez a gaiola era fechada dos dois lados e se mantinha em lenta rotação através de um motor elétrico: o esquilo era obrigado a caminhar continuamente dentro da gaiola para evitar ser arrastado. Naquele laboratório se realizavam experimentos sobre o problema do sono; imagino que do animalzinho se retirassem periodicamente amostras de sangue, para procurar toxinas produzidas pela insônia prolongada.

O esquilo estava exausto: trotava pesadamente naquela estrada sem fim e me fazia lembrar dos remadores das galés e de outros forçados, na China, que eram obrigados a caminhar por dias e dias dentro de gaiolas parecidas com aquelas para elevar a água destinada aos canais de irrigação. Não havia ninguém no laboratório; eu desliguei o interruptor do motor, a gaiola parou e o esquilo dormiu no mesmo instante. Portanto, pode ser culpa minha se sabemos ainda muito pouco a respeito do sono e da insônia.

O livro dos dados estranhos

Assim como Francesco Berni teve a audácia de escrever versos em louvor à peste e aos urinóis, da mesma forma me atreverei a afirmar que também a inflação teve pelo menos um mérito: mostrar a todos quanto vale um milhão, cifra que agora, ao contrário dos tempos do sr. Boaventura, está ao alcance de quase todos os bolsos. Realmente nossa capacidade de representação é escassa, e quem deseje ou queira demonstrar quão grandes são as coisas muito grandes e quão pequenas são as pequenas se depara com uma antiga surdez nossa, além da insuficiência da linguagem comum. Perceberam isso desde o início os precursores de ciências como a Astronomia e a Física Nuclear, e procuraram compensar essa insuficiência recorrendo ao paradoxo e à proporção: se o Sol fosse reduzido à grandeza de uma maçã... se um bilhão de anos fosse compreendido em um dia...

O valor didático desses artifícios pode variar entre limites muito amplos e depende sobretudo de sua elegância: se esta falta, renasce no leitor o mesmo sentimento de frustração que tinha experimentado ao ler os dados reais. Desafiando esses perigos, um idoso cientista holandês embarcou com ousadia juvenil na estrada do paradoxo, do brilho comparativo além dos limites do absurdo, motivado pelo desejo de mostrar quão estranho é o universo que nos rodeia, mesmo nos aspectos cuja estranheza é disfarçada pelo hábito.

Num livro publicado muitos anos atrás, mas ainda atual, R. Houwink (um dos nossos estudiosos mais conhecidos no campo dos polímeros e da borracha) se lançou à divertida compilação de algumas centenas de curiosidades tiradas da astronomia, da física das partículas, da biologia, da economia; é "o livro dos dados bizarros" (*The old book of data*, Elsevier, Amsterdã, 1965), que nos aconselha desde a introdução a prestar atenção às ordens de grandeza: os nanossegundos, sobre os quais se discorre hoje com muita desenvoltura por causa da informática, são unidades de tempo breves; há tantos em um segundo quantos são os segundos em trinta anos.

A astronomia é o domínio dos "números astronômicos" e todos nós sabemos, ao menos qualitativamente, que as estrelas são muito numerosas, mas a imagem de Houwink é bem mais eloquente e mais fácil de recordar: apenas em nossa galáxia, cada ser humano que "quisesse ir embora" teria à sua escolha trinta sistemas solares. Ver uma estrela cadente nos parece um espetáculo bastante raro, e ficamos surpresos quando se diz que a maior parte dessas "estrelas" são na verdade grãos metálicos ou rochosos menores que um grão de milho; e também que a Terra recebe a cada dia 15 mil toneladas delas: se essa invisível "chuva seca", que provavelmente é constante desde que nosso planeta existe, não fosse continuamente lavada pelas chuvas, teria constituído uma estrada de pó cósmico de mais de vinte metros.

Somos também incapazes de conceber tanto a enormidade dos astros quanto a pequenez das partículas: por isso ajuda saber que uma colher de chá de água do mar contém tantas moléculas quantas as colheres de chá de água são contidas no Oceano Atlântico. Os elétrons giram em torno dos núcleos atômicos com uma velocidade dez vezes maior que a dos mísseis lançados pelo homem, mas, quando um fio condutor com espessura de um milímetro quadrado é percorrido pela corrente de um ampere, a velocidade atingida pelos elétrons é risível: 25 centímetros por hora, muito inferior ao progresso de uma fila nos Correios. Qual o diâmetro desses elétrons? É quase inútil citar cifras ao não especialista: é mais pitoresco dizer-lhe que se Noé, em 3000 a.C., tivesse começado a enfiar elétrons num barbante, durante oito horas por dia, hoje o colar teria dois décimos de milímetro de comprimento.

Sabe-se que os vegetais crescem extraindo o carbono do qual necessitam não da terra, e sim do ar, aproveitando os vestígios de dióxido de carbono presentes na atmosfera, mas é surpreendente saber que o carbono assim utilizado a cada ano, que depois só é disponível como alimento pelos animais e pelo homem, é quarenta vezes mais abundante que o carbono que na mesma quantidade de tempo é extraído dos minérios de carbono fóssil.

O futuro da humanidade residir, em última análise, no modo (racional, irracional ou louco) pelo qual se cultivam os campos e se alimenta o gado é algo que resulta de alguns dados esclarecedores. Para cada ser humano, existem cinco hectares de superfície terrestre, mas destes um é muito frio para ser aproveitado, um é muito montanhoso, um muito estéril e um muito árido. Sobra apenas um hectare, mas deste, hoje, apenas meio é cultivado. Um único agricultor norte-americano produz cerca de cem quilos de cereal por hora (mas não se diz com quais investimentos); para chegar a esse resultado são necessários 17 agricultores chilenos, 24 paquistaneses e 50 japoneses: não se relatam dados comparativos da Itália e de outros países europeus. Uma vaca dinamarquesa produz a cada ano o décuplo do próprio peso em leite; uma vaca indiana apenas o dobro, mas, como é muito magra, não fornece nem um décimo do leite da primeira.

É provável que certas coincidências numéricas não sejam fortuitas: calcula-se que, sob a superfície de um pasto fértil, o peso das bactérias existentes em cada hectare seja igual ao peso dos animais que o pasto pode manter. Um centímetro cúbico desse solo contém um número de microrganismos comparável à população humana do mundo: a qual, suficientemente amassada, encontraria lugar no Lago Windermere, na Inglaterra (semelhante ao nosso Lago d'Orta).

Para a decepção dos seguidores da macrobiótica e consolo dos esfomeados, ficamos sabendo que dezessete voluntários nos Estados Unidos foram alimentados durante vários meses apenas com alimentos obtidos através de síntese, ou seja, por química, excluindo-se os produtos de origem animal e vegetal; no fim do experimento todos os indivíduos estavam em ótimas condições de saúde. Portanto, bastaria uma fábrica de modestas dimensões para alimentar uma grande cidade. A notícia nos tranquiliza apenas em parte; seria desejável conhecer o êxito de uma experiência de mais longa duração, pois as doenças por carência se manifestam lentamente.

Visto através das lentes de Houwink, nosso corpo ganha traços surreais, ora éter, ora argila. Uma mulher que apoia seu peso num salto agulha exerce sobre o terreno uma pressão semelhante àquela de um gerador de vapor de alta pressão. A corrente de ar que atravessa nosso nariz numa inspiração normal corresponde a um vento "magnitude 2" da escala Beaufort, mas as energias em jogo nos "serviços auxiliares" (nos órgãos dos sentidos e comunicação) são incrivelmente baixas. A soma de energia gasta por um indivíduo para falar durante três horas por dia durante toda a vida bastaria apenas para ferver uma xícara de chá, e a energia que se poderia obter de uma ervilha que cai da altura de três centímetros, se totalmente convertida em luminosa, bastaria para estimular o nervo óptico de todos os seres humanos que existiram até hoje.

Nosso cérebro é o objeto mais complexo que existe no universo, mas, para que funcione, não necessita de mais energia que a utilizada por uma lâmpada de 100 watts. A essa afirmação podemos acrescentar que, assim como para a lâmpada, a maior parte dessa energia é dissipada pelo calor; a quantidade que é efetivamente utilizada para as operações mentais é mínima, e não acredito que tenha sido medida até hoje.

Cada um dos dados tirados da economia é um pequeno eletrochoque. Um dólar investido com juros compostos de 4% no ano do nascimento de Cristo valeria hoje cerca de 100 mil globos terrestres de ouro maciço. Aliás, hoje é impróprio se referir ao ouro como a substância preciosa por excelência: o plutônio vale trinta vezes mais, e o neutrônio, um milhão de vezes. Porém, se me permitem dar um conselho, eu não recomendo um entesouramento desses dois materiais: o plutônio é radiativo e muito tóxico, e os neutrônios seriam um péssimo investimento porque têm um tempo de redução pela metade de cerca de dezesseis minutos. É como dizer que quem comprasse um quilo de neutrônio teria quinhentos gramas depois de quinze minutos, 250 gramas depois de meia hora, 125 gramas depois de 45 minutos e assim por diante.

Nossa civilização de consumo é na realidade uma civilização do desperdício. Um empregado de escritório "produz" hoje dois quilos de papel desperdiçado por dia, que contêm mais calorias do que ele precisaria para seu sustento e o da sua mulher. Nos países industrializados, os caminhões mandados para o desmanche não perderam mais que um milésimo de seu peso. Custa aproximadamente o mesmo, em termos de tinta e respectivamente de combustível, um quilômetro escrito com uma caneta esferográfica e um quilômetro percorrido de automóvel, descontados os esforços do motorista e do escritor.

O livro tem cerca de duzentas notícias desse tipo. Há as elegantes, as frívolas, as grotescas, mas nenhuma é inútil: todas querem que entendamos o mundo no qual vivemos, ou seja, desejam nos fornecer uma ideia concreta dele. Mas, em muitos casos, "entender" quer dizer perceber que não nos foi permitido construir uma imagem de alguns objetos e fenômenos (o mesmo acontece com Deus, de acordo com algumas religiões). Nossa imaginação tem nossas dimensões, e não podemos pretender que ela as supere. Mesmo a física clássica tem nossas dimensões: para penetrar no coração dos átomos ou para sair aos espaços intergalácticos é necessária uma outra física, à qual a intuição nunca ajuda e até mesmo impede. Para os leigos como nós, o único instrumento que permite lançar uma olhadela para além dos nossos limites são os "dados estranhos". Não são ciência, mas um estímulo para conquistá-la.

O salto da pulga

No Museu do Kremlin está exposta a majestosa armação em fio metálico de uma saia que pertence a uma desconhecida dama da corte czarista. Na cintura, ou melhor, na impressionante borda metálica que funciona como cintura, penduram-se dois tubinhos de porcelana, do mesmo formato e modelo dos tubos de ensaio usados pelos químicos; lê-se sob a didascália que eram armadilhas para as pulgas. Punha-se no fundo deles uma colherzinha de mel; as pulgas, em suas peregrinações entre pano e pano, eram atraídas pelo cheiro do mel, entravam no tubinho, deslizavam pelas paredes lisas, caíam no fundo e permaneciam presas.

Esse é um capítulo do romance que descreve a interminável luta entre duas astúcias: a astúcia consciente, a curto prazo, do homem, que deve se defender dos parasitas e inventa seus estratagemas no intervalo de poucas gerações, e a astúcia evolutiva dos parasitas, que evolui ao longo de milhões de anos, mas que traz resultados surpreendentes.

Entre os animais, são justamente os parasitas aqueles que devemos admirar mais, pela originalidade das invenções inscritas em sua anatomia, em sua fisiologia e em seus hábitos. Não os admiramos porque são irritantes ou nocivos, mas, uma vez superado esse preconceito, abrimo-nos para um campo no qual, na verdade, a realidade substitui a fantasia. Basta pensar nos vermes intestinais: eles se nutrem, à nossa custa, de um alimento tão perfeito que, únicos na criação, exceto talvez pelos anjos, não precisam de ânus; ou nas pulgas dos coelhos, cujos ovários, graças a um complicado jogo de mensagens hormonais, trabalham em sincronia com os ovários do hospedeiro: assim, coelho e hospedeiro dão à luz ao mesmo tempo, de modo que cada coelhinho recebe no nascimento sua porção de minúsculas larvas e sairá do ninho já cheio de pulgas, suas coetâneas.

São astúcias necessárias. Deve-se recordar que o ofício de parasita ("aquele que come ao seu lado") não é fácil, nem no mundo animal nem no humano. Um bom parasita deve desfrutar de um hospedeiro mais gordo, mais forte, mais veloz (ou, na versão humana, mais rico e mais poderoso) que ele, mas é indispensável que o faça sofrer o mínimo possível, sob risco de ser expulso; e não deve fazê-lo morrer (humanamente: falir), porque levará o próprio parasita à ruína. Pense-se nos mosquitos e nos morcegos-vampiros, que entre ambos, mesmo tão diversos entre si, inventaram a anestesia e fazem uso dela para não perturbar muito o sono do hospedeiro durante a modesta retirada de sangue. Um análogo humano dessa anestesia pode ser encontrado na adulação do poderoso que distribui benefícios, mas o paralelo entre parasitas humanos e animais não pode ser levado muito mais adiante: em nossa sociedade complexa, o comensal sanguessuga cedeu amplamente lugar às classes e aos rendimentos parasitários, dos quais é mais difícil se defender.

Permanece firme uma diferença essencial entre parasitas humanos e animais. O parasita humano à moda antiga devia ser inteligente, pois era desprovido de instintos apropriados: para ele, o parasitismo era uma escolha, e os próprios artifícios deviam ser inventados por ele. O parasita animal, até onde se sabe, é todo instinto, é totalmente programado, e seu cérebro é minúsculo ou mesmo ausente. Há nisso uma razão econômica; a caça ao hospedeiro, enorme e rápido, tem resultados tão incertos que a espécie preferiu investir a própria inventividade não no cérebro nem no aparelho digestivo, tampouco nos órgãos do sentido, mas sim num aparato reprodutivo prodigioso: a tênia, privada de cérebro, de canais digestivos e de aparelho locomotor, produz na vida adulta vários milhões de ovos. Essa enorme fecundidade compensativa nos diz que a "mortalidade infantil" da tênia é altíssima e que a probabilidade de uma larva vingar é da ordem de grandeza de uma em um milhão.

As pulgas do homem, das quais falamos no início, estão fora de moda e ninguém lamenta por isso, mas assistimos nesses anos a um misterioso ressurgimento dos piolhos, e por isso é necessário ficar atento. É sempre bom recordar que a pulga, além de ser veículo de epidemias, apenas poucas décadas atrás fazia parte da civilização e do folclore europeu, frequentava todas as classes sociais (como demonstra a saia descrita anteriormente) e com frequência era citada pelos literatos. Bernardino de Saint-Pierre, que tinha uma ilimitada fé na providência, afirmava que as pulgas, escuras, são atraídas por panos claros para que o homem possa pegá-las: "Sem o instinto pelo branco desses animaizinhos negros, ligeiros e noturnos, seria impossível vê-los e capturá-los". Giuseppe Gioacchino Belli, num soneto de 1835, pinta a miniatura estranhamente sensual da *"purciaròla"*, que não encontra delícia igual àquela de espulgar-se:

Todos têm suas predileções.
Eu tenho preferência por pulgas, e gosto
De caçá-las e sentir aquelas estocadas.[1]

Nos *Contos picarescos* de Balzac, as freiras do alegre mosteiro de Poissy explicam a uma cândida noviça como se fazia para distinguir se a pulga capturada era macho, fêmea ou virgem, mas

---

1 *"Ognuno ha li su' gusti appridiletti./ Io ho cquelo de le purce, ecco, e mi piace/ D'acciaccalle e ssentí cqueli schioppetti."* (N. T.)

encontrar uma pulga virgem é raríssimo, "pois essas bestas são desavergonhadas, são todas putas muito lascivas, que se entregam ao primeiro que aparece".

Na consciência popular a pulga, como também a mosca, é aparentada com o diabo. No *Fausto*, na taverna de Auerbach, Mefistófeles é aplaudido por todos quando entoa a canção do rei que tinha uma pulga gorda, amava-a como a um filho (não como uma filha: *Floh*, em alemão, é masculino) e lhe fizera um vestido de seda e veludo.

Na verdade, o aspecto que a pulga apresenta sob o microscópio é tão insólito que parece diabólico, e diabólica é sua virtude de escapar à captura com um salto tão rápido que o animal foge bruscamente dos nossos olhos e parece desaparecer. Justamente desse salto se ocupou durante decênios uma estudiosa cheia de paciência e de criatividade, a sra. M. Rothschild. Não deve surpreender que um naturalista ignore nossas repugnâncias e nossos tabus: desse estudo surgiram fatos tão insólitos que merecem que até o leigo os conheça.

O salto da pulga é proporcionado pela necessidade: o das pulgas da toupeira, e de todos os animais que habitam regularmente uma toca, é escasso ou frequentemente nulo, pois o embarque no hospedeiro, lento ou sedentário, não apresenta problemas. Quando, ao contrário, o hospedeiro se movimenta velozmente, como o gato, o cervo ou o homem, é essencial que o inseto, apenas terminada a muda, tenha sucesso no acontecimento fundamental de sua vida, ou seja, no salto que do chão o leva a seu destino. Da pulga humana foram medidos saltos de 30 centímetros de altura, ou seja, pelo menos cem vezes o comprimento da própria pulga.

Ora, a força necessária para um salto similar não pode ser fornecida por nenhum músculo, e muito menos pelo músculo de um inseto: os insetos são quase inertes quando estão sob baixa temperatura, e a pulga deve saltar "a frio", pois termina sua muda em ambientes nem sempre quentes, tais como o chão de certos cômodos humanos, e assim que sai do estado larval tem necessidade de sangue.

Posto assim o problema, a elegante solução que a evolução elaborou ao longo de tentativas e erros por milhões de anos é a seguinte: a potente musculatura que era empregada no voo das antenas voadoras da pulga foi convertida e ligada a um sistema de acúmulo elástico de energia mecânica. Substancialmente, um mecanismo de tensão, lançamento e impulso parecido com aquele da antiga balestra ou o do rifle primavera usado hoje por mergulhadores.

O órgão deformável elasticamente, análogo à mola do rifle e ao arco da balestra, é constituído de uma proteína quase única no reino animal, parecida com a borracha, mas de rendimento muito maior. Desse modo, a energia necessária para o salto instantâneo e prodigioso é acumulada durante uma fase preparatória mais demorada: entre um salto e outro, a pulga deve "recolher-se", reacumular energia em suas molas: mas, mesmo para essas pausas, bastam-lhe poucos décimos de segundo. É esse o segredo que permite ao inseto saltar mesmo em ambientes frios, e de pular tão alto e tão longe.

A sra. Rothschild e seus colaboradores entenderam e reconstruíram esses fenômenos sutis fabricando instrumentos engenhosos, por exemplo máquinas fotográficas rápidas acionadas pelo próprio impulso da pulga. Alguns leitores podem se perguntar para que servem essas pesquisas: uma alma religiosa poderá responder que até mesmo na pulga se espelha a harmonia da criação; um espírito laico prefere observar que a pergunta não é pertinente e que um mundo no qual se estudassem apenas as coisas que têm utilidade seria mais triste, mais pobre e talvez mais violento que o mundo que nos foi reservado pelo destino. Em essência, a segunda resposta não é muito diferente da primeira.

Traduzir e ser traduzido

O Gênesis conta que os primeiros homens tinham apenas uma linguagem: isso os tornou tão ambiciosos e tão hábeis que começaram a construir uma torre tão alta que deveria chegar ao céus. Deus se ofendeu com sua audácia e os puniu sutilmente: não com o raio, mas confundindo sua linguagem, o que tornou impossível prosseguir em sua obra blasfema. O acontecimento apresenta um evidente paralelismo com a narrativa, que o antecede no texto, do pecado original punido com a expulsão do Paraíso; pode-se concluir que as diferenças linguísticas eram vistas como uma maldição desde tempos remotos.

É uma maldição que permaneceu, como sabe quem visita – ou, pior, trabalha em – um país do qual não conhece a língua ou quem precisa martelar na cabeça uma língua estrangeira em idade adulta, quando o misterioso material sobre o qual incidem as memórias se torna mais refratário. Da mesma forma, em nível mais ou menos consciente, para muitos quem fala outra língua é o estrangeiro por definição, o *estraneo*, o "estranho", o diferente de mim, e o diferente é um inimigo em potencial, ou pelo menos um bárbaro: ou seja, etimologicamente, um balbuciador, aquele que não sabe falar, um quase-não-homem. Seguindo essa linha, a desavença linguística tende a se tornar desavença racial e política, outra maldição nossa.

Portanto, quem exercita o ofício de tradutor ou intérprete deveria ser enaltecido, pois se esforça para limitar os danos da maldição de Babel. Mas isso nem sempre acontece, pois traduzir é difícil e o resultado do trabalho do tradutor muitas vezes é de qualidade inferior. Nasce um círculo vicioso: o tradutor é mal pago, e quem poderia ser ou se tornar um bom tradutor procura um ofício mais rentável.

Traduzir é um empreendimento difícil porque as barreiras entre as linguagens são maiores do que geralmente se pensa. Os dicionários, em especial os de bolso, para uso dos turistas, podem ser úteis para as necessidades fundamentais, mas constituem uma perigosa fonte de ilusão; o mesmo pode ser dito daqueles tradutores eletrônicos multilíngues comercializados há poucos anos. Quase nunca é verdadeira a equivalência que uns e outros garantem entre a palavra da língua de partida e a correspondente da língua de chegada. As áreas dos respectivos significados podem ser sobrepostas em parte, mas é raro que coincidam, mesmo entre línguas estruturalmente vizinhas e historicamente aparentadas entre si.

A *invidia* [inveja] do italiano tem um significado mais preciso que a *envie* do francês, que indica também o desejo, e a *invidia* do latim, que compreende também o ódio, a aversão, como atesta o adjetivo italiano *inviso*. É provável que na sua origem essa família de palavras aludisse unicamente ao *veder male* [ver mal], seja no sentido de trazer dano no olhar, ou seja, de lançar o mau olhado, seja no sentido de experimentar desprazer ao olhar para uma pessoa que nos é odiosa, de quem se diz (e não só em italiano) que "não podemos nem vê-la"; mas depois, em cada língua, o termo deslizou em direções diversas.

Não acho que existam línguas de áreas amplas e outras de áreas restritas: o fenômeno é caprichoso. A área do italiano *fregare* [esfregar] cobre pelo menos sete significados, aquele do inglês *to get* é praticamente indefinida, *Stuh* em alemão é cadeira, mas através de uma cadeia de traslados fáceis de ser reconstituídos chegou a significar também "excrementos". Parece que apenas o italiano se preocupa em distinguir entre a plumagem e as penas dos pássaros: franceses, ingleses e alemães não se preocupam com isso, e o alemão *Feder* indica além disso quatro objetos distintos: a pluma, a pena dos pássaros, a pena de escrever e qualquer tipo de mola.

Outras armadilhas para os tradutores são os chamados "falsos amigos". Por remotas razões históricas (que, caso a caso, seria divertido pesquisar), ou às vezes por um singular mal-entendido, alguns termos de uma língua podem aparecer em outra adquirindo um significado não mais afim ou contíguo, como no caso mencionado antes, mas totalmente diverso. Em alemão, *Stipendium* é a bolsa de estudos, *Statist* é a comparsa teatral, *Kantine* é o espaço, *Kapelle* é a orquestra, *Konkurs* é falha, *Konzept* é a cópia malfeita e *Konfetti* são as serpentinas.

Os *macarons* franceses não são macarrões, mas biscoitos. Em inglês, *apertive*, *sensible*, *delusion*, *ejaculation*, *apology*, *compass* não significam de fato aquilo que para um italiano parecem à primeira vista: purgante, razoável, ilusão, exclamação, desculpas, bússola. *Second mate* [segundo oficial] é nosso terceiro oficial. *Engineer* não é o engenheiro no nosso sentido, mas alguém que se ocupa de motores (*engines*): conta-se que esse falso amigo custou caro não só para muitos tradutores, mas também para uma jovem e nobre dama do nosso Sul, que assim que a guerra terminou se casou com um maquinista das ferrovias americanas com base numa declaração feita de boa-fé, mas mal entendida.

Não tenho a sorte de conhecer o romeno, língua apaixonadamente amada pelos glotólogos, mas ela deve pulular de falsos amigos e representar um verdadeiro campo minado para os tradutores, se for verdade que *friputura* é o assado, *suflet* é a alma, *dezmierdà* quer dizer acariciar e *indispensabili* são as cuecas. Cada um dos termos elencados é uma emboscada para o tradutor desatento ou inexperiente, e é divertido pensar que a armadilha é ativa nos dois sentidos: um alemão corre o risco de trocar nosso homem de Estado por um comparsa.

Outras armadilhas para o tradutor são as frases idiomáticas, presentes em todas as línguas, mas específicas de cada uma delas. Algumas são fáceis de decifrar ou são tão bizarras que deixam de sobreaviso mesmo os tradutores iniciantes: creio que ninguém escreveria em sã consciência que na Grã-Bretanha chovem gatos e cães, ou seja, chove a cântaros, mas às vezes a frase tem um ar tão inocente, confunde-se com o discurso comum e se arrisca a ser traduzida palavra por palavra; como quando, na tradução de um romance, lemos que um conhecido filantropo tem um esqueleto no armário,[1] o que é possível, embora incomum.

Um escritor que não deseje dificultar as coisas para seus tradutores deveria se abster de usar frases idiomáticas, mas isso seria difícil, pois cada um de nós, seja falando, seja escrevendo, formula essas frases sem sequer se dar conta. Não há nada mais natural, para um italiano, que dizer *siamo a posto* [estamos bem], *fare fiasco* [contar um fracasso], *farsi vivo* [dar notícias], *prendere un granchio* [cometer um erro grosseiro], o supracitado *non posso vederlo* e centenas de outras expressões similares: contudo, elas não têm sentido para o estrangeiro, e nem todas são explicadas pelos dicionários bilíngues. Até *quanti anni hai* [quantos anos você tem?] é uma frase idiomática: um inglês ou um alemão dizem o equivalente a "quão velho você é?", que para nós soa ridículo, especialmente se a pergunta for dirigida a uma criança.

Outras dificuldades nascem do uso, comum em todas as línguas, de termos locais. Todo italiano sabe o que é o Juventus, e todo leitor italiano de jornais sabe ao que se alude dizendo "il Quirinale", "la Fernesina", "piazza del Gesú", "via delle Botteghe Oscure",[2] mas se quem traduz um texto italiano não tem uma

---

[1] *Avere un scheletro nel armadio* significa falar algo ou praticar uma ação da qual nos arrependemos mais tarde. (N. T.)

[2] Il Quirinal: Palácio do Quirinal, residência oficial do presidente; la Fernesina: Pallazzo de La Farnesina, sede do Ministério dos Assuntos Estrangeiros; Piazza del Gesú: uma das praças mais importantes

longa imersão no nosso cotidiano ficará perplexo, e nenhum dicionário o ajudará. O que irá ajudá-lo, se ele a possuir, é a sensibilidade linguística, que é a arma mais potente de quem traduz, mas que não se ensina nas escolas, da mesma forma que não se ensina a virtude de escrever em versos ou de compor música; essa sensibilidade lhe permite mergulhar na personalidade do autor do texto traduzido, de identificar-se com ele, e o avisa quando alguma coisa não se enquadra no texto, não cai bem, está fora do tom, não tem um sentido concreto, parece supérfluo ou desalinhado. Quando isso acontece, pode ser culpa do autor, mas muitas vezes se trata de um sinal: alguma das armadilhas descritas está ali, invisível, mas com a boca aberta.

Mas não basta saber evitar as emboscadas para ser um bom tradutor. A tarefa é mais árdua: trata-se de transferir de uma língua para outra a força expressiva do texto, e essa é uma obra sobre-humana, tanto que algumas célebres traduções (por exemplo a da *Odisseia* em latim e a da Bíblia em italiano) marcaram reviravoltas na história da nossa civilização.

Contudo, tendo em vista que um texto nasce de uma profunda interação entre o talento criativo do autor e a língua em que ele se exprime, cada tradução carrega consigo uma perda inevitável, semelhante àquela de quem vai à casa de câmbio. Essa defasagem é variável, grande ou pequena segundo a habilidade do tradutor e da natureza do texto original; geralmente é mínima para os textos técnicos ou científicos (mas ocorre nesse caso que o tradutor, além de possuir domínio das duas línguas, deve entender aquilo que traduz, ou seja, deve possuir uma terceira competência), máxima para a poesia (o que seria de "e chego aonde nada mais reluz"[3] se fosse reduzido e traduzido como "chego a um lugar escuro"?).

---

de Nápoles; via delle Boteghe Oscure: uma das principais avenidas de Roma. (N. T.)

3 Verso da *Divina Comédia* (*Inferno*, canto IV): "*e vegno in parte ove non è che luca*". (N. T.)

Todos esses "contras" parecem assustar e desencorajar cada aspirante tradutor, mas pode-se acrescentar algum peso no prato dos "prós". Além de ser obra de cortesia e de paz, traduzir pode oferecer gratificações singulares: o tradutor é o único que lê verdadeiramente um texto, lê em profundidade, em todas as suas dobras, pesando e apreciando cada palavra e cada imagem, ou talvez lhes descobrindo os vazios e os enganos. Quando consegue encontrar, ou mesmo inventar, a solução de um nó, sente-se *sicut deus* sem por isso ter a mesma carga de responsabilidade que repousa sobre as costas do autor: nesse sentido, as alegrias e os esforços do ato tradutório estão para as do escrever criativo como aquelas dos avós estão para as dos pais.

Muitos escritores antigos e modernos (Catulo, Foscolo, Baudelaire, Pavese) traduziram textos de modo apropriado, alegrando a si mesmos e aos leitores, e encontrando com frequência nessa tarefa o estado de ânimo leve e feliz de quem, num dia de férias, se dedica a um trabalho diferente daquele que executa todos os dias.

Vale a pena dizer algo mais sobre a condição do escritor que está prestes a ser traduzido. Ser traduzido não é um trabalho nem cotidiano nem de férias, ou melhor, não é absolutamente um trabalho, é uma semipassividade similar àquela do paciente na mesa de cirurgia ou no divã do psicanalista, rica de emoções violentas e contrastantes. O autor que se depara com uma página sua traduzida numa língua que conhece se sente, respectiva ou simultaneamente, lisonjeado, traído, homenageado, radiografado, castrado, pilhado, estuprado, enfeitado, assassinado. É raro que permaneça indiferente às escolhas do tradutor, conhecido ou desconhecido, que meteu o nariz e os dedos nas suas vísceras: a ele enviaria, de bom grado, um de cada vez ou todos ao mesmo tempo, seu coração devidamente embalado, um cheque, uma coroa de louros ou os chefões da Máfia.

A internacional das crianças

Muito tempo atrás, fiquei observando um grupo de crianças que jogavam "amarelinha" num vilarejo ucraniano. Não entendia o que eles diziam entre si, muito menos qual o nome que estavam dando ao seu jogo (que na Itália se chama também "semana" e "mundo"), mas aparentemente as regras que seguiam eram iguais às nossas. O jogo consiste em traçar na terra um desenho esquemático de casas e depois percorrê-lo em várias modalidades sucessivas: de olhos fechados e sem pisar nas linhas; de olhos abertos mas saltando sobre um pé só e pegando uma pedrinha das casas; levando uma outra pedrinha na cabeça, no dorso da mão, sobre um pé etc.; quem comete uma falha cede a vez a outro jogador, e vence quem completa o circuito inteiro no menor tempo.

Naquela época, o esquema das casas era o mesmo na Ucrânia e na Itália; hoje isso mudou um pouco. Seria interessante conferir se mudou também na Ucrânia, o que é provável, pois o universo dos jogos infantis é unificado por misteriosos canais.

Ao estudo desses canais se dedicou com diligência filológica um casal inglês, que colocou no trabalho aquela combinação preciosa de rigor e imaginação que distingue a civilização britânica. Iona e Peter Opie, no decênio de 1959-1969, entrevistaram mais de 10 mil crianças: pediam-lhes apenas para descrever as regras dos seus jogos espontâneos, aqueles em que os adultos nunca se intrometem e para os quais não é preciso nenhum equipamento, nem mesmo uma bola ou um bastão, mas "bastam os jogadores".

Além dessas entrevistas, consultaram uma enorme quantidade de material documental, que compreendia outras pesquisas desenvolvidas nos países mais distantes, e também testemunhos literários antigos e recentes. Nasceu assim um livro cheio de surpresas, *Children's Games in Street and Playground* (Os jogos das crianças nas ruas e nos parquinhos), Oxford University Press, 1969, ao qual deveria seguir-se um outro volume sobre jogos em que se utilizam bolas, bastões ou outro material.

Como todo bom livro, este também responde a alguns questionamentos, mas suscita da mesma forma outras dúvidas bem mais numerosas e estimulantes. Os jogos aqui descritos, embora observados em toda a Europa e mesmo fora dela, são familiares a todo italiano que tenha ou teve filhos, ou teve contato com crianças, ou mesmo apenas conserve algumas recordações de sua própria infância. Com nomes obviamente diversos, mas com cerimoniais estranhamente similares, reencontramos nas suas muitas variantes o "pega-pega", o "esconde-esconde", "polícia e ladrão", e até esse ponto não há nada de muito estranho, pois esses jogos são racionais: reproduzem as situações e as emoções da caça e da emboscada, e é provável que suas raízes repousem profundamente na nossa ancestralidade de mamíferos caçadores, sociais e litigiosos. Mesmo os filhotes de cachorros e gatos, embora pertençam a raças domesticadas há milênios, reproduzem nos seus jogos os rituais da caça e da luta.

Ao mesmo tempo, é difícil explicar por que jogos ou cerimoniais abstratos, aparentemente sem significado utilitário, podem ser encontrados em forma quase idêntica em países muito distantes entre si. Um exemplo é a brincadeira bastante conhecida dos "quatro cantos", que não é racional. Não existe razão para que quatro jogadores que ocupam os cantos não permaneçam indefinidamente nos seus postos, de modo que a criança que tem o desagradável papel de ficar "no meio" permaneça "no meio" até o fim. No entanto, há séculos no nosso país (há testemunho do jogo desde 1600), e em boa parte do mundo, o ritual é o mesmo, como se, em vez de um jogo, se tratasse de uma cerimônia religiosa.

O mesmo se pode dizer do engraçado mas (para um adulto) irritante jogo que na Itália se chama *regina reginella* [rainha rainhazinha]. Para quem não se lembra, a "rainhazinha" fica de um lado, e na frente dela (ou dele), alinhados e a uma distância de dez ou vinte metros, estão os outros jogadores. Cada um deles, por sua vez, pergunta à rainha quantos passos tem que dar para chegar "ao seu castelo", e a rainha responde da maneira mais arbitrária, mas seguindo um léxico tradicional, que ela deve dar, por exemplo, quatro passos de gigante, seis de leão, cinco de formiga, ou mesmo dez de camarão; nesse último caso, o jogador tem que retroceder.

Como se vê, o jogo não poderia ser mais *unfair*: trata-se, enfim, de uma versão infantil e abstêmia da *passatella*.[1] Vence, ou seja, chega ao castelo sempre e apenas a criança que a rainha quis favorecer; transformada por sua vez em rainha, retribuirá o favor à primeira rainha, de acordo com uma desagradável etiqueta mafiosa. Não resta nenhum espaço para a iniciativa, a inteligência, a força ou a habilidade dos jogadores; a despeito de tudo isso, o jogo é difundido em muitos países com poucas variações (mas singulares: nas ilhas britânicas, os Opie registraram, entre outros, também o passo da lagarta, o passo da casca de banana e o passo do regador; este último consiste em cuspir o mais longe que se consiga e depois parar onde o cuspe chegou).

Em quase todos os jogos de pega-pega é escolhido um santuário (que tem vários nomes: para nós é "a toca")[2] no qual o perseguido é imune à captura; popularíssima é a variante que na Itália se chama *rialzo* e quarenta anos atrás se chamava *portinària*, que na

---

1 Jogo de bar que envolve cartas e bebidas alcoólicas. (N. T.)
2 "O pique", no Brasil. (N. T.)

França é *le chat perché* e na Inglaterra *off-ground-he*, ou seja, "fora-da-terra-ele": por acaso, "he" (ele) ou "it" (isso) é o jogador que nós dizemos ser o "pegador". Nessa versão, a imunidade é conquistada simplesmente saindo sob qualquer superfície que esteja acima do nível do chão. O *rialzo* é conhecido no mundo inteiro.

Também internacionais são os rituais que precedem o início de qualquer jogo. Estes consistem em geral num sorteio que deve designar o jogador ou os jogadores que serão "pegadores", ou seja, que assumirão a função menos agradável em qualquer jogo, mas se recorre raramente a um sorteio mais igualitário, como o sistema do palitinho. Generalizada e equitativa, mas trabalhosa pois contempla apenas o duelo entre dois jogadores, é a chamada (na Europa) "mora chinesa" [joquempô], que acho que todos conhecem; em quase todos os países os três sinais da mão indicam pedra, tesoura e papel, e a justificativa de por que cada sinal ganha circularmente do seguinte é a mesma.

A propósito, não encontro registrado pelo diligentíssimo casal Opie um tipo de duelo que vi sendo praticado no Piemonte: os dois contendores se declaram respectivamente par e ímpar, mas depois, em vez de recorrer ao confronto clássico, um dos dois belisca o dorso da mão esquerda; vence aquele que adivinhou o número, par ou ímpar, das dobras que a pele forma.

Os Opie dedicaram pouca atenção também ao grito de trégua, usado por todos para pedir ou impor um armistício nos jogos de competição: limitam-se a dizer que nas ilhas britânicas se grita "Barley!" ("cevada"), sem indagar sobre a origem do curioso termo. Na Itália de hoje, até onde sei, grita-se "Alimorta!", de significado óbvio, e "Aliviva!" para retomar o jogo. Há cinquenta ou sessenta anos, no Piemonte (não sei se em outros lugares), gritava-se "Marsa!". Proponho um desafio ao eventual leitor que goste dessa antropologia menor: *marsa*, em árabe, é porto, daí Marsala, Marsa Matruh e outros topônimos; é provável que signifique também "reparo, asilo". Pode ser essa a origem do sinal, que viria então do Sul? Para sabê-lo, seria necessário que os idosos que na infância brincaram de esconde-esconde na Sicília se esforçassem para lembrar como se pedia trégua no seu tempo e no seu povoado. Peço a eles que façam isso.

Não obstante os sistemas mais precipitados e equitativos que são fáceis de imaginar, e que de fato foram imaginados, o sorteio mais popular em todo o mundo é aquela da parlenda, e aqui o discurso se torna interessante. Creio que todos se lembram pelo menos de uma ou duas "musiquinhas" que cantou ou escutou quando criança. Trata-se de cantilenas ritmadas, geralmente com quatro fortes acentos para cada verso; os Opie, aproveitando também outras que haviam sido compiladas antes, registraram mais de duzentas, em toda a Europa e nos países de língua inglesa. Algumas, as mais recentes, são "racionalizadas" e têm um sentido mais ou menos explícito, mas é evidente que as mais antigas são as preferidas, e estas são pura magia. Contudo, podem ser reconhecidas algumas correntes internacionais, não mais que quatro ou cinco: o ritmo, e com frequência a rima, se conservam imutáveis, enquanto as palavras são distorcidas segundo o espírito da língua do lugar.

É claro que além do objetivo utilitário do sorteio prevalece o caráter ritual, no qual o sentido das palavras não tem importância (quantas protestos causou a decisão da Igreja de suprimir o latim da missa!), enquanto importa muito a repetição de gestos e palavras que, sendo mágicas, devem ser ouvidas como "sibilinas". Trata-se portanto de palavras reduzidas a puro som, e isso justifica a dificuldade de se procurar suas origens.

Para um das correntes supracitadas, porém, a origem foi encontrada: embora as palavras desse refrão sejam difundidas em todo o antigo império britânico, sua origem não é inglesa, e sim gaulesa, e não reproduz o antigo discurso gaulês hoje quase desaparecido, mas a série de numerais, provavelmente pré-celta, que os arreeiros de Gales usavam em tempos remotos apenas para contar as cabeças de gado. Ao que parece, usavam aquela, e não a numeração ordinária, com finalidade apotropaica, para que os espíritos do mal não compreendessem e não subtraíssem do rebanho algum animal, roubando-o ou fazendo-o adoecer. É evidente que essas "palavras" deviam seu sucesso à sua secular incompreensão.

Uma história similar, porém mais moderna, foi reconhecida por uma estudiosa italiana, Matizia Maroni Lumbroso. Ela tinha aprendido, quando criança em Viareggio, esta "parlenda": "*Inimíni mani mo/ chissanía baistò/ effiala retingò/ inimíni mani mo*"; muitos anos depois veio a saber que se tratava de uma "parlenda" inglesa (*"Eeny meeny miny mo/ catch a nigger by his toe/ if he hollers let him go/ eeny meeny miny mo"*) e que havia sido ensinada a um pequeno grupo de crianças italianas por uma senhora inglesa já idosa. A "parlenda" tinha prontamente se enraizado, e não duvido que circule ainda hoje, exatamente porque para os ouvidos italianos não tinha sentido, e portanto era profundamente sugestiva. Aliás, mesmo em inglês aparentemente têm sentido apenas o segundo e o terceiro versos: "pega um negro pelo dedão/ se ele gritar, deixa-o ir". O resto é puro encantamento.

Concluindo, nem só as estranhas parlendas são usadas por todos, mas todos usam as mesmas parlendas. Seria precipitado concluir que as parlendas, e em geral os jogos espontâneos, são internacionais porque "as crianças são iguais em todo o mundo". Por que são assim? Sua brincadeira é a mesma para todos porque nasce de uma hereditariedade biológica, pois reproduz uma necessidade inata das crianças (e nossa) de uma norma? Ou seus jogos são espontâneos apenas aparentemente, e de fato reproduzem (em símbolo, em caricatura) os "jogos" dos adultos? Resta o fato de que as fronteiras políticas são impenetráveis às nossas culturas verbais, enquanto a civilização do jogo, substancialmente não verbal, as atravessa com a feliz liberdade do vento e das nuvens.

A língua dos químicos I

Ainda que seu ofício seja mais recente que o dos teólogos, dos enólogos ou dos pescadores, também os químicos, desde suas origens, sentiram a necessidade de ter uma linguagem específica. Todavia, ao contrário das outras linguagens profissionais, a dos químicos teve de se adaptar a um serviço que acho que é único no panorama dos infinitos jargões especializados: tem de indicar com precisão, e possivelmente descrever, mais de um milhão de objetos distintos, já que são dessa magnitude (e crescem a cada ano) os compostos químicos desenterrados na natureza ou construídos por síntese.

Ora, a química não nasceu já pronta como Minerva, e sim laboriosamente, através de experimentos e erros pacientes, mas cegos, de três gerações de químicos que falavam línguas diversas e que frequentemente se comunicavam entre si por cartas; por isso, a química do século passado foi se consolidando através de uma terrível confusão de linguagens, cujos vestígios persistem na química de hoje. Deixemos de lado por ora a química inorgânica, que tem problemas relativamente mais simples e que merece um discurso à parte. Na química orgânica, ou seja, na química dos compostos do carbono, confluem pelo menos três modos diferentes de se exprimir.

O mais antigo é também o mais simples e pitoresco; consiste em dar a cada novo composto descoberto um nome de fantasia, que recorde o produto natural do qual ele foi isolado pela primeira vez: nomes como geraniol, caroteno, lignina, asparagina, ácido abiético exprimem bastante bem (para os neolatinos!) a origem da substância, mas não dizem nada sobre sua constituição. Já é mais obscura, mesmo para nós, a adrenalina, que foi chamada assim porque era secretada pelas cápsulas suprarrenais (*ad renes*, vizinho aos rins). Também a benzina [gasolina] traz seu nome (em italiano e alemão: outras línguas a chamam diversamente) de um produto natural, mas através de uma história químico-linguística estranha e confusa. No início havia o benzoíno, resina perfumada que pelo menos há dois mil anos é importada da Tailândia e da Sumatra, e que certa época era usada não apenas na perfumaria, mas também na terapia: não sei com qual fundamento, talvez apenas com base no perigoso raciocínio segundo o qual as substâncias que têm odor agradável devem "fazer bem". O comércio dessa resina, e de muitas outras espécies, estava nas mãos dos mercadores e navegadores árabes. Uma vez que o espírito publicitário, e também a proteção dos segredos comerciais, são tão antigos quanto o comércio, os árabes vendiam o produto com um nome árabe belo, mas deliberadamente enganoso: chamavam-no *Luban Giaví*, que significa "incenso de Java", mesmo que o benzoíno não fosse propriamente um incenso e não viesse de fato de Java.

Na Itália e na França, a primeira sílaba foi confundida com o artigo e caiu. O que restava do nome, ou seja, Bangiaví, foi pronunciado e escrito de várias maneiras, até se fixar em benzoé, beaujoin, benjoin, e por fim benzoíno. Passaram-se outros séculos, até que em 1833 um químico alemão pensou pela primeira vez em submeter o benzoíno à destilação seca, isto é, fervê-lo fortemente em ausência de água, numa daquelas retortas que ainda hoje aparecem aqui e ali como símbolo heráldico da química, ainda que os químicos não a utilizem mais. Entendia-se naquele tempo, mais ou menos conscientemente, que esse tratamento servia para separar as partes voláteis, nobres, "essenciais" de uma substância (não é por acaso que a gasolina se chama até hoje *essence* em francês) do resíduo inerte que permanecia no fundo da retorta: em suma, que se tratasse de uma separação entre alma e corpo. Em muitas línguas, realmente, a palavra "espírito" designa a alma, seja o álcool ou outros líquidos que evaporam facilmente.

O químico alemão obteve assim a "alma", a "essência" do benzoíno, e a chamou benzina: realmente era o produto que hoje chamamos benzeno, mas com os meios analíticos da época não era fácil distingui-lo da fração de petróleo que tem quase o mesmo ponto de destilação e que hoje se chama gasolina; nas primeiras décadas do século passado, os dois nomes e os dois produtos eram substancialmente intercambiáveis, e ainda hoje os benzenos poderiam ser um bom substituto da gasolina se não fossem tão tóxicos. Muitos automóveis *partisans* andaram com benzeno, ou com outros carburadores mais exóticos e perigosos, sem nenhum dano aparente. É apenas uma curiosa coincidência que se chamasse Benz o homem que em 1885 construiu o primeiro motor a gasolina eficiente; a menos que seu nome (que aparece ainda hoje na razão social da Mercedes) tenha contribuído para a vocação de inventor do engenheiro Karl Benz.

De uma destilação seca, e da tentativa de isolar a essência, o espírito da madeira, tem início a história do nome do metano. Destilando a seco a madeira se obtêm líquidos complexos, muito diversos de acordo com a madeira da qual se parte e constituídos em boa medida de água. Esses, porém, muitas vezes contêm um pequeno percentual daquilo que hoje se chama álcool metílico.

Um outro químico do século passado, dessa vez francês, purificou esse "espírito de madeira", descreveu suas propriedades e percebeu que se assemelhava muito ao velho e conhecido "espírito do vinho": tinha aroma e sabor mais agradáveis que este último, mas se consumido, mesmo em pequena quantidade, levava à cegueira permanente, e aqui se confirma que o sabor agradável é um péssimo guia. Provavelmente com a ajuda de algum colega estudioso de grego, traduz muito mal "espírito de madeira" em *methy hyle*, pois em grego *hyle* é a madeira e *methy* indica genericamente os líquidos inebriantes (o vinho, o hidromel etc.). Esse *methy* aparece também no antiquíssimo nome da ametista: não por causa da sua cor violácea, mas porque se acreditava que essa gema tivesse a propriedade de combater a embriaguez.

De *methy hyle* derivou o "álcool metílico", e deste o nome do metano, que lhe é quimicamente vizinho, com base num primeiro e rudimentar acordo entre químicos de diversos países, segundo os quais se devia reservar a desinência -ano aos hidrocarbonetos saturados. Ao metano se seguiram o etano, da raiz de *etere*; o propano, distorcendo um pouco o grego *protos*, ou seja, "primeiro"; e o butano, da raiz de *butirro*, que por sua vez tem suas origens de uma palavra grega que quer dizer "ricota de vaca". Os outros hidrocarbonetos saturados, pentano, hexano, heptano e assim por diante, foram batizados com menos imaginação recorrendo-se aos numerais gregos que correspondem ao número dos respectivos átomos de carbono.

Uma segunda linguagem química, menos fantasiosa porém mais expressiva, é a constituída pelas chamadas fórmulas gregas. Dizer que o açúcar comum é $C_{12}H_{22}O_{11}$, ou que o velho analgésico Piramidone, tão caro aos exames médicos, é $C_{13}H_{17}ON_3$ não nos revela nada sobre a origem nem sobre os usos das duas substâncias, mas nos dá seu inventário. Trata-se de uma linguagem bruta, incompleta: quer dizer que, para construir uma molécula de piramidone, são necessários treze átomos de carbono, dezessete de hidrogênio, um de oxigênio e três de azoto, mas não diz nada sobre a ordem ou sobre a estrutura em que aqueles átomos são ligados. Em síntese, é como se um tipógrafo extraísse da caixa de impressão as letras b, e, l, a, c, o e pretendesse exprimir assim a palavra *cebola*: o leitor inexperiente, ou não ajudado pelo contexto, poderia também "ler" *cabelo* ou talvez algum outro anagrama. É uma escritura sumária, cujo único valor (tipográfico, precisamente) é o de se encaixar nas linhas de impressão.

A terceira linguagem tem todas as vantagens; a única desvantagem é o fato de que suas "palavras" não se adaptam às linhas de impressão comuns. Tende a (ou pretende) nos dar o retrato, a imagem do minúsculo edifício molecular: renunciou a boa parte do simbolismo que é próprio de todas as linguagens e regrediu à ilustração, à pictografia. É como se, ao invés da palavra *cebola*, se estampasse ou desenhasse a imagem da cebola. O sistema nos faz pensar naquele acadêmico do país dos Balnibarbos do qual fala Swift nas *Viagens de Gulliver*: de acordo com ele, era preciso raciocinar sem falar, e no lugar das palavras ele propunha ter em mãos "cada coisa sobre a qual recaía o argumento do discurso", ou seja, aquilo que hoje se chama o "referente": um anel caso se esteja falando de anéis, uma vaca caso se esteja falando de vacas, e assim por diante. Desse modo, argumentava o acadêmico, "todas as nações poderiam se entender facilmente". Não há dúvida de que a linguagem objetiva, ou melhor, objetual, dos Balnibarbos e as fórmulas estruturais dos químicos se aproximam perfeitamente no aspecto da compreensibilidade e da internacionalidade, mas ambas apresentam o inconveniente do obstáculo, como bem sabem os infelizes escritores de textos de química orgânica.

Naturalmente, a despeito de suas reivindicações retratísticas, e à diferença do balnibarbo, a linguagem das fórmulas de estrutura, pelo próprio fato de ser uma verdadeira linguagem, permaneceu parcialmente simbólica. Em primeiro lugar, porque seus retratos não são de tamanho natural, e sim em "escala" (ou seja, aumentados enormemente) de cerca de 1 para 100 milhões. Depois porque, em vez da forma dos átomos, eles contêm seu símbolo gráfico, isto é, a abreviação do seu nome, e porque entre os próprios átomos se demonstra que é útil produzir e representar com travessões simbólicos as forças que tenham juntas os mesmos átomos.

Por último, devido ao motivo fundamental e válido para todos os retratos: o objeto representado tem em geral uma espessura, tem uma estrutura em três dimensões, enquanto o retrato é plano porque é plana a página sobre a qual deve ser estampado.

Contudo, não obstante todas essas limitações, se se confrontam esses esquemas convencionais com os retratos "verdadeiros", quase fotográficos, que há algumas décadas se faz com técnicas sutis, fica-se impressionado com sua semelhança: as moléculas-palavras, os desenhos tirados do raciocínio e da experiência, são bastante similares às partículas da matéria que os antigos atomistas tinham imaginado vendo os grãos de pó que dançavam num raio de sol.

A língua dos químicos II

Quando eu trabalhava realmente como químico, passando por geadas, frio e medo, nunca pensei que, depois de ter abandonado esse velho ofício, sentiria saudades. Mas sinto sim, nos momentos ociosos, quando o dispositivo humano se reduz ao mínimo, como um motor em ponto morto: sinto saudades graças ao singular poder de filtro da memória, que deixa que as lembranças agradáveis sobrevivam e sufoca aos poucos as outras. Recentemente encontrei um velho companheiro de prisão e fizemos o discurso dos veteranos; nossas esposas perceberam e nos fizeram notar que em duas horas de conversa não tínhamos evocado uma só lembrança dolorosa, mas apenas os raros momentos de alívio ou os episódios bizarros.

Tenho diante de mim a tabela dos elementos químicos, o "sistema periódico", e sinto saudades, como quando vejo as fotografias de escola, os meninos com o laço e as meninas com a vergonhosa túnica negra: "um por um, todos vão perceber...".[1] Das lutas, derrotas e vitórias que me ligaram a alguns elementos já me referi outras vezes; e também do seu caráter, virtudes, vícios e

---

1 *"Ad uno ad uno tutti vi ravviso"*: verso do poema "L'aquilone", de Giovanni Pascoli. (N. T.)

estranhezas. Mas agora meu ofício é outro, é um trabalho com as palavras, escolhidas, pesadas, entalhadas com paciência e cuidado; assim, para mim até mesmo os elementos tendem a se tornar palavra: ao contrário da coisa em si, me interessa profundamente seu nome e o porquê do seu nome. O panorama é outro, mas tão variado quanto aquele dos próprios elementos.

Todo mundo sabe que os elementos "do bem", aqueles existentes na natureza, seja na Terra, seja nos astros, são 92, do hidrogênio ao urânio (na verdade, este último perdeu, há algumas décadas, um pouco da sua boa fama). Portanto o nome deles, quando se pesquisa, constitui um mosaico pitoresco que se estende do tempo da distante pré-história até hoje, e no qual talvez aflorem todas as línguas e a civilização do Ocidente: nossos misteriosos pais indo-europeus, o antigo Egito, o grego dos gregos, o grego dos estudiosos de grego, o árabe dos alquimistas, os orgulhos nacionalistas do século passado, até o internacionalismo suspeito deste pós-guerra.

Comecemos a pesquisa por dois elementos mais conhecidos e menos exóticos, o Azoto e o Sódio. Seus símbolos internacionais, ou seja, a simples letra ou o grupo de duas letras que abreviam o nome convencional e original, são respectivamente N e Na, iniciais de Nitrogenium e de Natrium, e aqui surgem os vestígios de um antigo equívoco. *Nitrogenium* significa "nascido do nitro", e *natrium* significa "nascido do natro": ora, originalmente, na língua do antigo Egito, o nitro e o natro eram a mesma coisa.

Na complicada escritura daquela língua, considerava-se supérfluo indicar as vogais (talvez porque escalpelar a pedra fosse mais cansativo que usar uma caneta, e economizando as vogais se poupava trabalho aos lapidadores), e as consoantes *ntr* indicavam genericamente as eflorescências salinas: seja aquela das velhas paredes, que em italiano se chama ainda hoje *salnitro* [salitre], e em outras línguas, mais expressivamente, "sal de pedra"; seja aquela que os egípcios obtinham de certos depósitos e usavam na mumificação. Esta última é constituída predominantemente de soda, ou seja, de carbonato de sódio, enquanto o salitre é constituído de azoto, oxigênio e potássio.

Ambos eram "sal não sal", substâncias de aspecto salino, solúveis em água, incolores, mas de sabor diverso daquele do sal comum; e os vidreiros logo se deram conta de que, na fabricação do vidro, um podia ser substituído pelo outro sem grandes diferenças no produto final (o que para nós é bem compreensível: na temperatura do cadinho do vidro, ambos os sais se decompõem, a parte ácida desaparece e permanece na massa fundida apenas o óxido do metal). Os gregos e depois os latinos, transliterando as escrituras egípcias, introduziram as vogais segundo critérios amplamente arbitrários, e apenas desde então a variante *nitro* se especializou para indicar o salitre, pai do azoto, e *natro* foi usado para indicar a soda, mãe do sódio.

Além disso, o Azoto, substância quimicamente bastante inerte, está no centro de seculares litígios no que diz respeito à nomenclatura. Assim batizado quase dois séculos atrás por um químico francês com um discutível grecismo ("o sem vida"), é ao contrário, como dito, o "gerado do nitro" (*Nitrogen*) para os ingleses e "o sufocante" (*Stickstoff*) para os alemães. Nem mesmo há concordância em relação ao seu símbolo: os franceses, que lhe reivindicam a descoberta, até pouco tempo atrás refutavam o símbolo N e usavam Az: alguns ainda o usam, de modo polêmico.

Quem pretenda elencar os nomes dos minerais, irá se deparar com uma orgia de personalismos. Dir-se-ia que nenhum mineralogista se resignou a encerrar a própria carreira sem ligar seu nome a um mineral, acrescentando-lhe a desinência -ite como uma coroa de louros: Garnierite, Senarmontite, e milhares de outros.

Os químicos sempre foram mais discretos. Na minha pesquisa, encontrei apenas dois nomes de elementos que os descobridores quiseram dedicar a si mesmos: o Gadolínio (descoberto pelo finlandês Gadolin) e o Gálio. Este último tem uma história curiosa. Foi isolado em 1875 pelo francês Lecocq de Boisbaudran; *cocq* (hoje se escreve *coq*) significa "galo"; e Lecocq batizou seu elemento de "Gallium". Poucos anos depois, no mesmo mineral examinado pelos franceses, um químico alemão descobriu um elemento novo; eram anos de grandes tensões entre a França e a Alemanha, e o alemão pensou que o Gálio fosse uma homenagem nacionalista à Gália; portanto batizou de Germânio seu elemento, para reequilibrar a partida.

Além desses dois, receberam nomes de pessoas apenas alguns dos novíssimos e instáveis elementos mais pesados que o Urânio, obtidos pelo homem em quantidades mínimas nos reatores nucleares e nos enormes aceleradores de partículas, e dedicados respectivamente a Mendeleev, a Einstein, à sra. Curie, a Alfred Nobel e a Enrico Fermi.

Mais de um terço dos elementos receberam nomes que lembram suas propriedades mais chamativas, através de itinerários linguísticos quase fantásticos. Assim o Cloro, o Iodo, o Cromo vieram de palavras gregas que significam respectivamente "verde, viola, cor", e com referência à cor dos sais ou dos vapores (ou, em outros casos, das linhas espectrais de emissão). O Bário é o "pesado", o Fósforo é o "luminoso", o Bromo e o Ósmio são, com diversas nuanças, os "fedorentos" (mas qualquer químico digno do nome seria capaz de confundir esses dois desagradáveis aromas?).

Ainda nesse espírito que chamarei de descritivo, e que demonstra modéstia e bom senso, foram batizados o Hidrogênio e o Oxigênio, respectivamente "gerado da água" e "dos ácidos"; mas, uma vez que o batismo foi feito (ou avalizado) pelo francês Lavoisier, os químicos alemães não o consideraram bom e o recalcaram sobre duas traduções aproximativas: *Wasserstoff* e *Sauerstoff*, respectivamente "a substância da água" e "dos ácidos", e o mesmo fizeram os russos, cunhando o par *Vodoròd* e *Kisloròd*.

Apenas três dentre os elementos que receberam nomes "descritivos" exibem um rompante de fantasia: o Disprósio ("o impenetrável"), o Lantânio ("o escondido") e o Tantálio. Nessa última denominação, o descobridor (Ekeberg, em 1802: era um sueco, um neutro, e por isso o nome escolhido por ele não foi adulterado) pretendia referir-se a Tântalo, o mítico pecador descrito na *Odisseia*: imerso na água até o pescoço, sofre eternamente de sede, porque sempre que se curva para beber a água se escoa, descobrindo a terra árida. O mesmo sofrimento tinha experimentado ele, o químico pioneiro, nas alternadas esperanças e desilusões através das quais enfim chegou a reconhecer seu elemento.

Além do já mencionado Germânio, cerca de vinte elementos receberam nomes que lembram mais ou menos claramente o país ou a cidade em que foram descobertos: o Lutécio do velho nome de Paris, o Escândio da Escandinávia, o Hólmio de Estocolmo, o Rênio de Reno. Ao lado dessas celebridades geográficas deve-se mencionar o obscuro vilarejo de Ytterby, na Suécia, porque ali foi encontrado um mineral que continha vários elementos desconhecidos. O mineral foi chamado Yteerbite, e retirando vários segmentos deste último nome, como procedimento similar aos "logogrifos" dos enigmistas, foram cunhados sucessivamente o Itérbio, o Ítrio, o Térbio e o Érbio.

Deliberadamente deixei de lado a história dos nomes dos elementos veteranos, conhecidos de todos, caracterizados e desfrutados pelas civilizações mais antigas milhões de anos antes de que nascesse o primeiro químico: o Ferro, o Ouro, a Prata, o Cobre, o Enxofre e diversos outros. É uma história complicada e fascinante, que talvez mereça um capítulo à parte.

As borboletas

O edifício, atualmente (1981) em reforma, que hospedava o Hospital Maggiore de San Giovanni Batista de Turim não é um lugar agradável. Suas paredes vetustas e os altíssimos arcos parecem embebidos das dores de várias gerações; o busto dos seus benfeitores, que ladeiam as escadas, olham o visitante com os olhos cegos das múmias. Mas quando se chega à "Crociera", isto é, ao cruzamento das duas naves medianas, e à mostra das borboletas, que foi montada pelo Museu Regional de História Natural, nosso coração se aquece e nos sentimos voltar à condição efêmera e alegre do estudante em visita escolar. Como de todas as mostras bem estruturadas, ou melhor, como do consumo de alimento espiritual, saímos dali alimentados e também mais famintos que antes.

Se a um hipotético zoólogo que fosse perito em pássaros e mamíferos, mas desconhecedor dos insetos, se dissesse que existem centenas de milhares de espécies animais, muito diferentes entre elas, que inventaram uma maneira de construir para si uma couraça aproveitando um original derivado da glicose e do amoníaco; que quando, com o crescimento, esses bichinhos "não ficam mais na pele", ou seja, nessa couraça inextensível, mas a dispensam e constroem outra mais grossa; que, em sua breve vida, se transformam assumindo formas mais diferentes entre eles que uma lebre de um peixe; que correm, voam, saltam e nadam, e souberam se adaptar a quase todos os ambientes do planeta; que num cérebro que pesa uma fração de miligrama souberam acumular a arte do tecelão, do ceramista, do mineiro, do envenenador, do caçador, da enfermeira; que podem se alimentar de qualquer substância orgânica, viva e morta, inclusive aquelas sintetizadas pelo homem; que alguns deles vivem em sociedades extremamente complexas e praticam a conservação dos alimentos, o controle de natalidade, a escravidão, as alianças, as guerras, a agricultura e a reprodução do gado; pois bem, esse improvável zoólogo se recusaria a acreditar nisso. Diria que o modelo-inseto vem da ficção científica, mas que, se existisse mesmo, seria um competidor terrível para o homem e ao longo do tempo o apavoraria.

No mundo dos insetos, as borboletas ocupam um lugar privilegiado: quem visita uma exposição de borboletas percebe que uma iniciativa paralela dedicada aos dípteros ou aos himenópteros, mesmo em termos de dignidade científica, não teria tanto sucesso. Por quê? Porque as borboletas são belas, mas não apenas por esse motivo.

Por que as borboletas são belas? Não para dar prazer ao homem, como pretendiam os adversários de Darwin: existiam borboletas pelo menos há cem milhões de anos antes do primeiro homem. Acho que nosso próprio conceito de beleza, necessariamente relativo e cultural, foi se modelando ao longo dos séculos baseado nelas, ao lado das estrelas, montanhas e mares. Temos uma prova disso ao considerarmos o que acontece quando examinamos ao microscópio a cabeça de uma borboleta: para a maior parte dos observadores, a admiração é suplantada pelo horror ou pelo desgosto. Na ausência do hábito cultural, esse objeto novo nos desconcerta; os olhos enormes e sem pupilas, as antenas parecidas com chifres, o aparato bucal monstruoso nos parece uma máscara diabólica, uma paródia distorcida da face humana.

Na nossa civilização (mas não em todas), são "belas" as cores vivazes e a simetria, portanto as borboletas são belas. Ora, a borboleta é uma verdadeira fábrica de cores: transforma em pigmentos brilhantes os alimentos que absorve e também seus próprios produtos de excreção. E não apenas isso: sabe obter seus esplêndidos efeitos metálicos e iridescentes através de meios puramente físicos, desfrutando dos efeitos de interferência que observamos nas bolas de sabão e nos véus oleosos que flutuam sobre a água.

Mas a inspiração das borboletas não nasce só das cores e da simetria: entram aí motivos mais profundos. Não a definiríamos belas se não voassem, ou se voassem de modo retilíneo e dinâmico como as abelhas, ou se picassem, ou sobretudo se não passassem pelo mistério perturbador da metamorfose: esta última assume aos nossos olhos os valores de uma mensagem mal disfarçada, de um símbolo e um sinal. Não estranha que um poeta como Gozzano ("o amigo das crisálidas") estudasse e amasse com paixão as borboletas; da mesma forma, é estranho que tão poucos poetas a tenham amado, uma vez que a passagem da lagarta à crisálida, e desta à borboleta, projeta ao lado dela uma longa sombra admonitória.

Como as borboletas são belas por definição e costumam ser nossa medida da beleza, do mesmo modo as lagartas ("insetos com defeito", dizia delas Dante) são feias por definição: deselegantes, lentas, urticantes, vorazes, peludas, rudes, são ao mesmo tempo simbólicas, o símbolo do áspero, do incompleto, da perfeição não alcançada.

Os dois documentários que acompanham a mostra exibem, com o magnífico olho da câmara, aquilo que pouquíssimos olhos humanos puderam ver: a lagarta pendurada no túmulo aéreo e provisório do casulo se transforma em crisálida inerte e sai depois à luz na forma perfeita da borboleta; as asas ainda são ineptas, débeis, como papel de seda amassado, mas em poucos instantes se reforçam, se estendem, e a recém-nascida começa a voar. É um segundo nascimento, mas também é uma morte: quem levantou voo é uma psique, uma alma, e o casulo rasgado que fica no chão são os restos mortais. Nos níveis profundos da nossa consciência, a borboleta do voo inquieto é uma pequena alma, uma fada, mas ao mesmo tempo é também uma bruxa.

O estranho nome que elas têm em inglês (*butterfly*, a "mosca da manteiga") evoca uma antiga crença nórdica segundo a qual a borboleta é o elfo que rouba a manteiga e o leite, ou faz que talhem: e a Acherontia Atropos, nossa grande borboleta noturna com o sinal do crânio na couraça que Guido Gozzano encontra na vila da *signorina* Felicità, é uma alma condenada, "que dá pena". As asas que a iconografia popular atribui às fadas não são as asas emplumadas dos pássaros, mas as asas transparentes e estriadas da borboleta.

A visita furtiva de uma borboleta, que Herman Hesse descreve na última página do seu diário, é um anúncio ambivalente e tem o sabor de um sereno presságio de morte. O velho escritor e pensador, em seu eremitério em Ticino, vê alçar-se em voo "alguma coisa escura, silenciosa e fantasmagórica": é uma borboleta rara, uma Antiopa de asas castanho-violetas, e pousa numa de suas mãos. "Lenta, no ritmo de uma respiração tranquila, a bela fechava e abria as asas de veludo, permanecendo grudada no dorso da minha mão com seis patas delicadíssimas; e depois de um breve instante desapareceu, sem que eu percebesse sua partida, na grande luz quente."

Pavor de aranhas

Um jovem amigo meu, no terceiro ano, teve que fazer uma pesquisa sobre os insetos e iniciou triunfalmente deste modo: "Os insetos se chamam assim porque têm seis patas". A professora observou que o nome seria apropriado se as patas fossem sete, e ele então respondeu que entre seis e sete a diferença é pequena.

A diferença entre seis e oito deve ser enormemente maior. Muitos indivíduos, crianças e adultos, homens e mulheres, corajosos e medrosos, experimentam uma viva repulsão por aranhas, e se se pergunta a eles por que justamente pelas aranhas, muitas vezes respondem: "Porque têm oito pernas".

Não tenho orgulho de confessar que estou entre esses indivíduos, e não posso esquecer uma dentre minhas noites mais angustiantes: eu devia ter uns 9 anos e dormia no campo, num quarto cujo papel de parede tinha descolado e amplificava os barulhos como um tambor. Estava quase pegando no sono quando percebi um tique-taque. Acendi as luzes e o monstro estava ali: negro, todo pernas, descia em direção ao criado-mudo com o passo incerto e inexorável da Morte. Pedi ajuda e a empregada esmagou a aparição (uma inócua Tegenaria) com evidente satisfação.

Esse antigo pavor de aranhas, agora adormecido devido ao desaparecimento das adversárias no ambiente urbano em que vivo, me voltou à mente lendo o artigo publicado pelo jornal *La Stampa* poucas semanas atrás, no qual Isabella Lattes Coifmann descreve algumas descobertas sobre a vida sexual das aranhas. Todas, das minúsculas aranhas escarlate que habitam na porosidade das pedras às obesas aranhas rajadas que param de cabeça para baixo no centro das suas teias geométricas, me incutem um horror-repugnância totalmente injustificado e bastante específico. Posso tocar um sapo, uma minhoca, um rato, uma barata, um caracol; se estivesse protegido contra eventuais danos, também um escorpião ou uma cobra; nunca uma aranha. Por quê?

A resposta que citei antes é clássica, mas não é uma resposta. É evidente que não há nenhum motivo pelo qual oito pernas deviam repugnar mais que seis ou que quatro, ainda mais se pensarmos que nós, inimigos das aranhas, antes de dar início ao arrepiante ritual demoramos a contar-lhes as pernas; que afinal frequentemente são sete ou até menos, porque as aranhas estão sujeitas a incidentes (de percurso ou de trabalho) quatro vezes mais que nós bípedes, e porque, se capturadas por uma pata, se livram dela com facilidade: "sabem" que lhes crescerá uma nova na próxima muda. Mas as outras respostas comuns também não satisfazem.

Há quem diga que odeia aranhas porque elas são cruéis. Elas são, porém não mais que os outros animais. Quem já viu um gato brincar por horas com um rato mutilado e moribundo sente no máximo pena do rato; compreende os escrúpulos do gato e talvez sinta uma iníqua solidariedade mamífera, apesar do fato de que sua crueldade é (pelo menos aparentemente) mais gratuita e mais responsável que a da aranha. O animal não pode ser objeto de julgamentos morais, *"che di natura è frutto/ ogni vostra vaghezza"*,[1] e muito menos devemos ser tentados a exportar nossos critérios morais humanos a animais tão distantes de nós quanto os artrópodes. A julgar pelo comportamento de aranhas e insetos injustiçados ou

---

1 "Que da natureza é fruto/ todo o seu encanto": versos de Giacomo Leopardi no poema "Il passero solitario".

amputados, é pouco provável que experimentem qualquer coisa semelhante à nossa dor, muito pelo contrário: é provável que nossa piedade pelas vítimas da aranha seja desperdiçada. Seria melhor canalizá-la, por exemplo, às galinhas criadas em confinamento ou às vítimas humanas do homem.

Há quem odeie as aranhas porque são "feias e peludas". De fato, algumas são peludas, mas então, se o pelo nos repelisse, por que tocamos com prazer tantos outros animais cobertos de pelos? Ao contrário, amamos justamente seu pelo, com um estranho amor que nos leva a tosá-los, ou mesmo a esfolá-los para nos enfeitar com aquele pelo. Também não nos causam repugnância outros animais velosos como as abelhas ou os zangões. Quanto à feiura, não há termo mais ambíguo e discutível: seria prudente limitar seu uso às obras humanas. Não existem objetos naturais feios, nem animais nem plantas nem pedras nem águas, e muito menos astros feios no céu. Ensinaram-nos a chamar de feios ("besta feia") alguns animais considerados nocivos, mas a feiura natural termina aqui.

Odiamos as aranhas porque fazem emboscadas para nós? Acho que isso também é moralismo. Caso contrário, a teia de aranha deveria ser admirada; e de fato o é, por todos aqueles que são imunes à nossa fobia ou que a superaram. Assistir à eclosão de uma ninhada de aranhinhas, que mal saem do ovo já se espalham numa cerca viva e se põem a tecer cada uma sua própria teia, não é um espetáculo horrível, e sim maravilhoso. Cada uma delas é tão grande quanto a cabeça de um alfinete, mas nasceu mestra: sem segundas intenções, sem erros, tece sua grande teia como um grande selo comemorativo, e fica à espreita, esperando a minúscula presa. Nasceu adulta, sua sapiência lhe foi transmitida junto com a forma. Não tem necessidade de ir à escola: é isso que nos causa horror?

Há explicações mais audazes. Quem pode deter um psicólogo do inconsciente no exercício de suas funções? Eles dispararam sobre as aranhas todas as suas armas. Sua vilosidade teria um significado sexual e a repugnância que sentimos revelaria uma ignorada recusa de sexo de nossa parte; exprimimos assim essa recusa, e ao mesmo tempo procuramos nos liberar disso.

A técnica de captura da aranha, que reveste de filamentos a presa capturada na teia, remete a um símbolo materno: a aranha é a mãe-inimiga que nos envolve e engloba, que quer nos fazer entrar de novo na matriz da qual saímos, atar-nos estreitamente para nos reconduzir à impotência da infância, reter-nos em seu poder; é há quem lembre que em quase todas as línguas o nome da aranha é feminino, que as teias mais belas e maiores são aquelas da aranha fêmea e que algumas fêmeas devoram o macho depois ou durante a cópula. Esse último fato é estranho e horrendo, se visto do nosso observatório humano, mas não explica como possa nascer uma aversão de um fato que quase ninguém viu com os próprios olhos e que poucos aprenderam nos livros.

Penso que as explicações mais simples são as preferíveis. Nos países mediterrâneos, as aranhas são consideradas venenosas, e a lembrança do tarantismo ainda vive na Espanha e na Itália do Sul. Acreditava-se que a pessoa picada pela tarântula contraísse um mal mortal do qual conseguiria se curar apenas dançando freneticamente. Hoje se sabe que a tarântula é inócua como quase todas as outras aranhas do nosso país, mas não há criança, especialmente do campo, cuja mãe não diga: "Não toque nela, é uma aranha, é venenosa", e as lembranças da infância são duradouras.

Há ainda outra coisa. As velhas teias de aranhas das cavernas e dos assoalhos estão cheias de valor simbólico: são as bandeiras do abandono, da ausência, do decaimento e do esquecimento. Velam as obras humanas, envolvem-nas como um sudário, mortas como as mãos que, em anos e séculos passados, as construíram. E não se pode negar o modo furtivo, este sim altamente específico, como as aranhas entram em cena: não com o zumbido guerreiro das vespas, não com a fulminante determinação dos ratos, mas através de fissuras invisíveis, com o passo lento e sem sons de fantasma: às vezes caem verticais do teto escuro entre o cone de luz e a lâmpada, inesperadas, suspensas por seu fio metafísico. E espectrais são também suas teias noturnas, que não se veem mas se sente a viscosidade no rosto quando, pela manhã, passamos entre as sebes por um caminho que ninguém ainda percorreu.

Quanto à minha pessoal e tênue fobia, ela teve um momento de nascimento. É a gravura de Gustave Doré que ilustra Aracne no canto XII do *Purgatório*, com a qual topei quando criança. A garota que tinha ousado desafiar Minerva na arte de tecer é punida com uma transfiguração imunda: no desenho, "já é metade aranha", e é genialmente representada deformada, com os seios fartos onde esperávamos ver-lhe o dorso, e das costas despontam seis patas nodosas, peludas, dolorosas: seis, que com os braços humanos que se torcem desesperadamente, perfazem oito. De joelhos diante do novo monstro, Dante parece que está contemplando suas virilhas, entre desgostoso e voyeur.

A força do âmbar

Caso se friccione o âmbar com um pano, ocorrem pequenos fenômenos curiosos: sente-se um crepitar, no escuro se veem faíscas, manchas e partículas de papel que são combinadas dançando como loucas. O âmbar em grego se chama *eléctron*; até 1600, esses efeitos não eram observáveis em outras substâncias, e por isso foram chamados efeitos elétricos. Dar nome a uma coisa é tão gratificante como dar nome a uma ilha, mas também é perigoso: o perigo reside no fato de se convencer de que quase tudo já foi feito e que o fenômeno batizado também foi explicado.

Ora, ninguém, até bem avançado o século XIX, tinha suspeitado que o truque do âmbar era um sinal a ser decifrado: que isso era o aviso, por meio de enigmas, de uma força que iria mudar a face do mundo, e que as graciosas faíscas compartilhavam a natureza do relâmpago. No entanto, todas as línguas ocidentais conservaram o termo "eletricidade", ou seja, "força do âmbar": só os húngaros cunharam um neologismo que quer dizer, mais logicamente, "força do relâmpago".

Hoje todos sabem que se obtêm efeitos elétricos esfregando entre si certos tipos de corpos sólidos, mas se insiste pouco sobre o fato de fenômenos análogos se produzirem também pelo atrito de um líquido contra um sólido. Eu soube disso muitos anos atrás, de modo dramático.

Era verão. No pátio da fábrica havia um tanque que continha dez toneladas de um solvente. Dele se aproximou um operário que tinha em mãos um recipiente: pretendia enchê-lo, como ele e muitos outros antes dele faziam havia anos, inúmeras vezes. O operário abriu a torneira do tanque e o solvente saiu em chamas, como um lança-chamas. O homem abandonou o recipiente e correu para dar o alarme. Nesse meio-tempo, o líquido continuava a se esparramar: sobre o terreno havia se formado uma poça acesa que se expandia rapidamente e ameaçava invadir os departamentos de produção.

Salvou a situação um homem corajoso e esperto que se encontrava no lugar por acaso (e para grande sorte de todos): conseguiu se enfiar entre as chamas e o tanque e fechar a torneira, e depois disso o incêndio se apagou sem provocar grandes danos. Essa ascensão espontânea de uma substância bastante comum parecia misteriosa e mágica, mas depois encontrei a explicação num texto especializado: realmente, alguns líquidos, entre eles os hidrocarbonetos muito puros, se eletrificam caso fluam em dutos a velocidades superiores a certos limites.

Entre aquele tanque e a torneira, de fato havia um pedaço de tubulação bastante fino; o operário deve ter aberto a torneira de uma só vez e o líquido se eletrificou no breve percurso. Aquela era a primeira retirada do dia, mas a hora era avançada e fazia sol; então o líquido estava parado fazia tempo no tubo e tinha tido tempo de esquentar além do seu ponto de ebulição. Deve ter se produzido uma pequena faísca, talvez entre a torneira e o próprio líquido, e a ignição tinha acontecido.

Um perigo sutil, portanto: não era óbvio nem banal. Como se defender? De acordo com o texto citado, existem substâncias que, adicionadas em doses mínimas aos hidrocarbonetos, o tornam tão condutor que eliminam os riscos devidos à "força do âmbar". Achamos estranho e absurdo que essas noções fossem tão pouco difundidas, até mesmo entre quem trabalha com solventes; de qualquer forma, adotamos o aditivo prescrito, e desde então, seja ou não por isso, mais nada do gênero ocorreu.

Mas numa outra ocasião eu mesmo me arrisquei a desencadear essa força, por excesso de zelo e por ignorância. Era a manhã de 31 de dezembro e a fábrica estava fechada. O vigia me telefonou para ir até lá imediatamente. Um reboque carregado de gasolina, na estrada, diante da entrada da fábrica, tinha virado, e ele não sabia o que fazer. Disse-lhe para chamar os bombeiros e de boa vontade peguei também a estrada, preparando-me para um fim de ano diferente do tradicional.

Encontrei um cenário sinistro. O caminhoneiro, por prudência ou medo, tinha desenganchado a boleia, cheia de gasolina, e com ela tinha desaparecido no nevoeiro. O reboque estava deitado sob um dos lados, no lado da estrada oposto ao da fábrica, e do tanque (que estava mal fechado, ou tinha se desparafusado com o choque) saíam rios de gasolina. Fazia muito frio e a gasolina, em vez de evaporar, estava se expandindo no prado adjacente.

Pouco depois chegaram os bombeiros; nós os consultamos, a primeira coisa a fazer era endireitar o reboque, mas para isso precisávamos de um guindaste; telefonaram para chamar o guindaste, mas eu disse que achava perigoso enganchar o reboque naquela atmosfera cheia de vapor de gasolina: o choque do ferro contra o ferro poderia dar lugar a faíscas. Então os bombeiros sugeriram cobrir tudo de espuma, o reboque, a estrada e o prado, o que foi feito num instante, e depois disso o prado se tornou branco e se transformou numa bela paisagem.

Enquanto esperávamos o guindaste, e enquanto a gasolina continuava a escorrer infiltrando-se sob o cobertor de espuma, pensei num outro perigo. À medida que o tanque se esvaziava, entrava ar no lugar da gasolina, mas o ar se saturava de vapores inflamáveis: talvez se formasse uma mistura explosiva, e não se podia excluir que surgissem faíscas por qualquer motivo, pelas operações de elevação, pelo choque de uma chave inglesa ou pelo próprio atrito da gasolina que saía: e se o famoso aditivo fosse contido?

Eu disse ao capitão dos bombeiros que era prudente preencher a câmera de ar com gás inerte. Dentro da fábrica havia muitos extintores de gás carbônico: era possível abrir cautelosamente o tanque, introduzir o gás e fechá-lo de novo. O capitão aprovou; já estava quase de noite e iniciamos a operação à luz dos refletores. Um depois do outro, descarregamos na metade do tanque (a outra metade ainda estava cheia de gasolina que, por causa da inclinação do veículo, não podia mais escorrer) cinco ou seis extintores, depois fechamos de novo o tanque.

Nesse meio-tempo, o frio se fez mais intenso e o nevoeiro, mais espesso. O resto do mundo, no calor das casas, se preparava para as festas, e nós nos sentíamos abandonados. Os bombeiros corriam para cima e para baixo como equilibristas sobre os tubos de borracha do lança-espumas, pois a mistura que os continha estava congelando. O trailer derrubado, coberto de espuma, tinha adquirido o aspecto de um navio naufragado há séculos.

Finalmente o guindaste chegou, pouco antes da meia-noite, e junto chegou a champanhe oferecida nem sei mais por quem, se pelos bombeiros, pela sociedade petrolífera ou pela fábrica. O trailer foi rebocado, trocamos palmadas de alegria nas costas uns dos outros, e também para nos esquentarmos um pouco, e brindamos ao ano novo, ao sucesso da operação e ao perigo evitado.

Dois dias mais tarde, soube que o perigo do qual havíamos escapado era mais sério do que imaginávamos. Em outro livro, também pouco conhecido, li que os extintores de gás carbônico são ótimos para apagar incêndios no ato, mas não devem absolutamente ser descarregados com objetivo preventivo perto de solventes inflamáveis. O gás carbônico, saindo com violência do bocal, se resfria e se condensa em agulhas de "gelo seco" que, esfregando-se contra o próprio bocal, se eletrificam e geram faíscas que podem incendiar o solvente antes de a atmosfera se tornar inerte, ou quando o extintor acabar. O livro descrevia um incêndio letal com explosões ocorrido na Holanda: nele morreram dezenas de pessoas, e tinha sido desencadeado pelo uso impróprio de um extintor de gás carbônico.

Parece-me que desses dois episódios se pode extrair uma moral. Nosso mundo se torna cada vez mais complicado, e cada um de nós se especializa em algo cada vez mais ínfimo e atual. Os ofícios perigosos são muitos, e a análise dos perigos (evidentes e ocultos) deveria constituir o guia de cada formação profissional. Nunca se conseguirá anular todos os riscos nem resolver todos os problemas, mas cada problema solucionado é uma vitória, em termos de vida humana, saúde e riquezas salvas.

A competência não tem substitutos: viu-se isso recentemente no episódio terrível do menino que caiu num poço abandonado e morreu depois de dois dias de tentativas generosas, mas equivocadas. A boa vontade, a coragem, o espírito de sacrifício, a inteligência extemporânea, não servem muito; ao contrário: na falta de competência, podem ser nocivos. Aos homens de boa vontade se prometeu a paz sobre a terra, mas, nas situações de emergência, pobres daqueles que se fiam nos socorristas que dispõem apenas de boa vontade.

Os geniosos jogadores de xadrez

Horácio, ele próprio um poeta, já confessava que passava por cima de muitas coisas a fim de não se tornar inimigo da estirpe geniosa dos poetas; e os poetas, ou mais em geral os escritores, são geniosos até hoje: basta pensar nos eventos dos prêmios literários e no ódio visceral que o poeta tributa ao crítico quando sua resenha contém até mesmo a sombra de uma dúvida. Agora vamos falar, enquanto Merano Karpov e Korchnoi estão silenciosamente se enfrentando, em como são geniosos os jogadores de xadrez. Por que essa qualidade é partilhada entre poetas e jogadores de xadrez? Há algo em comum entre o xadrez e a poesia?

Os partidários do nobre jogo sustentam que sim: uma partida de xadrez, mesmo se jogada entre amadores, é uma austera metáfora da vida e da luta pela vida, e as virtudes do jogador, razão, memória e inventividade, são as virtudes de todo homem pensante. A regra severa do xadrez, segundo a qual a peça que se tocou deve ser mexida e não se admite refazer um trecho do qual se arrependeu, reproduz a inexorabilidade das escolhas de quem vive. Quando seu rei, por causa da sua inexperiência ou desatenção ou imprudência ou superioridade do adversário, é emboscado cada vez mais, ameaçado (mas a ameaça deve ser expressa com voz clara: nunca é uma traição), aquartelado e por fim apunhalado, você não pode deixar de perceber, além do tabuleiro de xadrez, uma sombra simbólica. Aquilo que você está vivendo é uma morte, e além de tudo é uma morte da qual você é o culpado. Vivendo-a, você a exorciza e se fortifica.

Esse jogo cavalheiresco é feroz e portanto poético: assim é sentido por todos aqueles que o praticam, em qualquer nível, mas acho que a razão da geniosidade de poetas e jogadores de xadrez não reside aqui. Os poetas, e todos aqueles que exercitam uma profissão criativa e individual, têm em comum com os jogadores de xadrez a responsabilidade total pelos seus atos. Isso ocorre muito pouco, ou não ocorre de fato, em outras atividades humanas, sejam rentáveis e sérias, sejam gratuitas e divertidas. Talvez não seja uma coincidência o fato de os tenistas, por exemplo, que jogam sozinhos ou no máximo em duplas, serem mais irascíveis e neuróticos que os jogadores de futebol ou os ciclistas, que trabalham em equipe.

Quem se faz por si mesmo, sem aliados nem intermediários entre si e sua obra, não tem nenhum pretexto diante do fracasso, e os pretextos são um analgésico precioso. O ator pode descarregar os golpes de um fracasso sobre o diretor, ou vice-versa; quem trabalha numa indústria sente a própria responsabilidade diluída em meio àquela dos inúmeros colegas, superiores e subordinados, e também poluída pela "contingência" da concorrência, pelo capricho do mercado, pelos imprevistos. Quem ensina pode culpar os programas, o diretor e, naturalmente, os alunos.

O homem político, ao menos em regime pluralístico, faz seu caminho através de uma selva de tensões, conluios, hostilidades evidentes ou dissimuladas, armadilhas, favores, e quando falha tem milhões de ocasiões para se justificar diante dos outros e diante de si mesmo; mas até o déspota, o detentor do poder absoluto, responsável total por sua escolha aberta e admitida, diante do colapso procura alguém que responda pelos seus atos: ele também quer o analgésico. O próprio Hitler, na Chancelaria assediada, uma hora antes de se matar, descarregou raivosamente sua culpa sobre o povo alemão, que não havia sido digno dele. Mas quem decide atacar com o estandarte o ponto fraco da formação adversária está sozinho, não tem nem corresponsáveis putativos, e responde plena e unicamente pelas suas decisões, como o poeta em frente ao *"piccioletto verso"*.[1] Mesmo se se trata apenas de um jogo, comporta-se de forma adulta e madura.

Deve-se acrescentar que poeta e jogador de xadrez trabalham apenas com o cérebro, e que sobre a qualidade do nosso cérebro somos todos muito suscetíveis. Acusar o próximo de ser fraco dos rins, dos pulmões ou do coração não é um crime; defini-lo fraco do cérebro é, sim. Ser julgado estúpido, e ouvir isso, é mais doloroso que ser definido como guloso, mentiroso, violento, luxurioso, preguiçoso, covarde: cada fraqueza, cada vício encontrou seus defensores, sua retórica, seu enobrecimento e sua exaltação, mas a estupidez não.

"Estúpido" é uma palavra forte e um insulto veemente: talvez seja essa a razão pela qual, em todas as línguas e sobretudo nos dialetos, o termo possua uma miríade de sinônimos, mais ou menos eufemísticos, como acontece com as palavras relacionadas ao sexo e à morte. Se Cristo, segundo Mateus (5,22), tinha achado oportuno avisar que aquele que disser "tolo" ao seu irmão será levado a juízo, e quem o tiver chamado de louco arderá entre os danados, é sinal de que ele havia reconhecido o caráter ofensivo desses julgamentos.

Contra esses julgamentos, o jogador de xadrez e o poeta não têm defesa: são desnudados. Cada verso, cada jogada é assinada. Não há colaboradores-cúmplices: é claro que tiveram mestres, em carne e osso ou à distância de continentes e de séculos, mas sabem que é covardia culpar os mestres pelas nossas fraquezas, ou mesmo os outros. Ora, quem está nu, com a pele descoberta e densamente espalhada de terminações nervosas, sem uma couraça que o proteja nem roupas que o escudem e mascarem, fica vulnerável

---

[1] "Pequenino verso": verso de Carducci. (N. T.)

e genioso. Essa é uma condição à qual, na nossa complicada sociedade, raramente você se encontra exposto, mas são poucas as vidas em que o momento de desnudamento não ocorra. Então sofremos pela nudez, à qual não estamos acostumados: também a verdadeira pele, não metafórica, se irrita quando exposta ao sol.

Por esse motivo, eu, péssimo jogador de xadrez, penso que seria uma boa coisa se o jogo fosse mais difundido e talvez ensinado e praticado nas escolas, como há muito tempo se faz na União Soviética. Seria bom, enfim, se todos, e especialmente quem aspira ao comando ou à carreira política, aprendessem precocemente a viver como jogadores de xadrez, ou seja, pensando antes de se mover, mesmo sabendo que o tempo concedido a cada movimento é limitado; recordando que cada movimento nosso provoca outro do adversário, difícil mas não impossível de prever; e pagando pelos movimentos errados.

O exercício dessas virtudes certamente é vantajoso a longo prazo, seja para o indivíduo, seja para a comunidade. A curto prazo, isso tem seu preço, que é aquele de nos tornar um pouco geniosos.

A Cosmogonia *de Queneau*

Sempre pensei que se deve escrever com ordem e clareza; que escrever é difundir uma mensagem, e que se a mensagem não é compreendida, a culpa é do seu autor; portanto, um escritor bem-comportado deve fazer com que seus escritos sejam entendidos pelo maior número de leitores e com o mínimo de aborrecimento. Depois de ter lido a *Piccola Cosmogonia portatile* de Raymond Queneau (Einaudi, Turim, 1982), sou obrigado a rever esses princípios: talvez eu continue a escrever como acho correto, mas penso também que Queneau tenha feito muito bem em escrever do seu modo, que é exatamente oposto ao meu. Mas eu gostaria de escrever como ele, se fosse capaz.

Queneau é conhecido na Itália principalmente pelos seus romances, dos quais o mais conhecido é o delicioso *Zazie dans le mêtro*. Morreu aos 73 anos, em 1976, e além de romancista foi poeta e editor; frequentou surrealistas, matemáticos, biólogos, linguistas; desde 1951, dirigiu por 25 anos a prestigiosa *Encyclopédie de la Pléiade*, mas simultaneamente fundou uma revista de "literatura potencial" que descreve e propõe surpreendentes jogos verbais: não houve ramo do saber que tenha escapado à sua curiosidade, sempre divertida e nunca amadora. Essa *Cosmogonia* é um poema em versos alexandrinos dividido em seis cantos, publicado pela primeira vez em 1950, e conta nada menos que a história do universo. Da sua leitura saí espantado, animado e com um pouco de tontura, como de um passeio de montanha-russa.

Não há dúvida de que é um livro extraordinário, nos dois sentidos do termo. Não é um livro para todos: não é para leitores distraídos ou incultos ou em busca de divertimento instantâneo; não é homogêneo nem pré-cozido, não é de fácil digestão. Cada um dos seus quase 1400 versos encerra um enigma, ora arguto, ora fútil, ora cheio de significados: alusões a ilustres antepassados franceses (esse homem amável e universal se mostra aqui curiosamente patriota: dirige-se explicitamente aos *lecteurs français*. Mas talvez seja apenas sua consciência da substancial intraduzibilidade dos seus versos), Baudelaire, Lamartine, Rimbaud: mas atenção, são lembranças ambíguas, a meio caminho entre a homenagem e o escárnio.

Encontram-se a cada passo gírias injetadas com desenvoltura sobre termos retirados de todas as ciências naturais; vocábulos transcritos foneticamente ("l'histouar des humains", "tu sais xé qu'un concept", certos antigos insetos descobriram "que l'air est un espace où qu'on peut sdeplacer"). Frequentemente o hiato impossível do metro é expresso com ortografias arbitrárias ("révolusillon" por "révolution"), segundo um capricho de Queneau que aparece já nos seus ensaios de 1937, depois elegantemente aproveitado para imitar a "fala" nos seus romances.

O repertório das suas invenções verbais é surpreendente. O diplodoco, que aparece dentre os maiores répteis fósseis, é um "interminable idiot"; os gigantescos cetáceos errantes no abismo são "hercules", mas também "erreculs"; os navios que assaltam Siracusa defendida por Arquimedes são "les flottes nazirêmes", ou seja, explica o autor ao tradutor alemão, trirremes romanas mal-intencionadas: trirremes nazistas, enfim.

Em vista do grande número de tolices puramente verbais, a tradução em hendecassílabos de Sergio Solmi é ao mesmo tempo ótima, pois era impossível fazer melhor, e insuficiente, porque uma boa parte do sal e do pigmento do livro inevitavelmente se perde. Contudo, é um guia excelente para o leitor italiano: dá-lhe coragem e lhe abre a estrada, mas o texto original é indispensável.

Acho que falei bastante das eruditas bizarrices de Queneau, mas gostaria de precisar: não são apenas caprichos de um sábio em busca de diversão. Nessa cosmogonia, elas têm uma função específica; o trocadilho, o vulgarismo, o desdém dissoluto cortam como uma tesoura cada suspeito de levitação retórica. É o mesmo método que adotam frequentemente Ariosto e Heine; graças a ele, esses poetas são legíveis ainda hoje, mesmo para os não especialistas, enquanto quem o ignora termina no limbo. É uma lei da qual não se foge: o autor que não sabe rir por conta própria, talvez até de si mesmo, termina a contragosto por ser objeto de riso. Queneau, grande virtuose do riso, obtém com sua comicidade aquilo que muitos tentaram em vão, mescla num continuum homogêneo as muito discutidas "duas culturas".

Não é uma tarefa fácil. Nesse poema heterodoxo e barroco, mas fundamentalmente sério, afloram uma doutrina e uma poesia singulares, cuja união nunca mais foi tentada depois de Lucrécio: mas Queneau é Queneau, e teme os voos prolongados. Sua invocação a Vênus recalca aquela famosa que dá início ao *De rerum natura*, mas seu ímpeto lírico é ao mesmo tempo solene e bufão: à poesia da ciência se liga inextricavelmente o jogo. Foi Vênus, "mère des jeux des arts et de la tolèrance", que doou os vales às montanhas, a mulher ao homem, o cilindro ao pistão e o tênder à locomotiva. Graças à deusa, todos os animais, em seu lugar e tempo, obtêm prazer do planeta "en y procréfoutant".

Ao texto bilíngue se segue uma perspicaz *Piccola guida alla Piccola cosmogonia*, escrita por Italo Calvino, que foi amigo e discípulo do autor (e quantas pitadas queneaunianas podemos encontrar nos seus livros, das *Cosmicômicas* em diante!). Calvino aceitou o desafio e entrou na brincadeira: seu ensaio, extremamente lúcido, conservou todavia o espírito e a leveza do texto, e se esforça com reverência e paciência para quebrar suas meadas; também esta é uma brincadeira inteligente. Com paciência, sim: não enganemos os leitores, é um livro que requer paciência, não é uma leitura de baixo custo.

Calvino fez uma obra de filólogo, buscou as fontes, consultou os comentários de Jean Rostand, o célebre biólogo e amigo de Queneau, interrogou naturalistas e químicos. Resolveu muitos enigmas, mas nem todos: alguns, o próprio autor havia admitido não saber mais explicar, tinham sido iluminações momentâneas: bem, tanto melhor para o leitor amante do jogo, talvez ele possa decifrá-los.

A paciência do leitor será recompensada. Desse texto labiríntico surgem trechos de poesia deslumbrantes, e ao mesmo tempo apaixonantes e atuais. A *Prosopopea di Ermete* que se lê no terceiro canto exprime, a seu modo, uma ideia profunda e séria, a poesia das origens: uma intuição espantosa do universo que é raro encontrar em outros poetas "autorizados".

A poesia ressoa em toda parte ao redor do homem atento, e não só na natureza: "Il voit dans chaque science un registre bouillant/ Les mots se gonfleront du suc de toutes choses"; há poesia no lírio e na lua de primavera, mas também nos vulcões, no futebol e nas funções fenóis. "On parle des bleuets et de la marguerite/ alors pourquoi pas de la pechblende pourquoi?" Como contradizê-lo? O trabalho épico dos Curie, que da pechblenda levou ao isolamento do rádio, espera em vão o poeta que saiba narrá-lo.

A passagem da qual eu falo é a mais intensa do poema. Um pouco à frente, Mercúrio descreve o autor para os leitores (minha tradução é literal): "este homem, veja, não tem nada de didático/ que coisa *didataria*, uma vez que não sabe quase nada?". É uma das chaves da obra. Não é a ciência que é incompatível com a poesia, mas a didática, ou seja, a cátedra nos pedestais, a tentativa dogmático-programático-edificante. Queneau foge dos programas, é o rei do arbitrário: promete passar em revista os cem elementos químicos, e depois, por razões ilusórias, para no escândio, de número 21, e encerra a partida.

Nessa cosmogonia, que parte do Caos e chega à automação, a história da humanidade é polemicamente encurtada em apenas dois versos. Mas quando consegue exprimir aquilo que sente, a alegria cósmica e bíblica do Princípio, e também a necessidade do fim, Queneau abre as asas e demonstra sua força. E a demonstra de modo inesperado, justamente nos últimos versos do poema: depois de ter descrito a juventude da terra, o nascimento da Lua, a misteriosa passagem dos cristais aos vírus, os monstros primitivos, o homem e seus primeiros congêneres, decola com tons de *Excelsior* na apoteose das máquinas calculadoras: mas exatamente aqui, como uma velha calculadora avariada, seu canto se aprisiona, repete-se como um disco riscado, congela sobre os infinitivos dos verbos e enfim se arrasta. *Consummatum est*, a cosmogonia terminou.

O inspetor Silhouette

Hoje é bem sabido que um aposentado ou aposentada têm o direito e a necessidade de uma atividade nova, descompromissada e divertida: existem agora agências turísticas, estações climáticas e hotéis que trabalham apenas para os idosos. Aos idosos que pretendem escapar dessa exploração disfarçada, ou que não tenham meios para aproveitá-la, proponho um esporte doméstico que eu experimentei, que não oferece perigo, não custa quase nada e está ao alcance de todos. Para exercitá-lo, basta um dicionário. Trata-se de procurar nomes comuns que originalmente eram nomes próprios, e que depois, por qualquer motivo, perderam a inicial maiúscula. Mas, para que a pesquisa seja válida, na consciência de quem fala o nome próprio original deve ser suprimido, dominado pelo nome comum final. Trata-se, portanto, de procurar por minúsculas, da mesma maneira que se procura por fungos.

Explico-me dando um exemplo. Lendo não sei qual romance, topei com a palavra *silhueta*, condenada pelos puristas como um francesismo inútil, que talvez eu tenha encontrado muitas outras vezes sem que me provocasse curiosidade ou sinais de intolerância. Os puristas sugeriram substituí-la por *forma, perfil, contorno, figura*; não sou um purista e, se tiver oportunidade, ou se a procurar, escreverei tranquilamente *silhueta*, ou no máximo recorrerei à forma francesa *silhouette*, porque o termo me agrada. É uma palavra que parece um desenho: é delgada e leve, afilada (talvez porque seja inconscientemente associada ao siluro, ou ao francês *sillon?*), e tem toda a pinta de um gracioso diminutivo feminino, precioso para descrever, por exemplo, o corpo de uma banhista adolescente que se recorta contra o céu se lançando de um trampolim. Diminutivo de quê?

Diminutivo de nada. Não é um diminutivo, é feminino apenas em aparência, não tem nada a ver com siluro nem com *sillon*, e a inicial minúscula é um artefato. Em qualquer velho *Larousse* é possível encontrar a verdadeira história de Étienne de Silhouette, de Limoges, inspetor geral das ruinosas finanças francesas em 1759. Parece que tinha excelentes intenções, mas mão pesada: obcecado pela austeridade, emitiu decretos tão apressados e fantasiosos que se tornou na mesma hora impopular, tanto que o rei o exonerou do seu cargo apenas poucos meses depois de tê-lo confiado; talvez também porque o incauto funcionário tenha proposto reduzir as próprias regalias da família real. Dele se ocuparam as publicações satíricas e sobre ele se cunharam piadas, provérbios e expressões idiomáticas.

Iniciou-se por definir "feito à la Silhouette" qualquer decreto semelhante, pateta ou tolo; depois se designou assim qualquer objeto mal adaptado à sua função ou desenhado com muita parcimônia; em especial, os retratos "feito à la Silhouette" eram aqueles que se reduziam apenas a seu contorno. Acabou-se por chamar *silhouette* ao próprio contorno, e por esse longo caminho, perdida por todos os séculos a inicial maiúscula, o inspetor passou paradoxalmente à história não apesar da sua loucura, mas graças a ela. Todavia, não há dúvida de que se seu nome tivesse sido menos elegante, essa evolução teria sido diferente ou teria terminado antes. Não é apenas esse caso em que a minúscula vem perpetuar uma fama negativa: se diz correntemente que é um *quisling* quem colabora com os opressores do próprio país apoiando-os como governadores, e assim será dito mesmo quando ninguém se lembre mais de Vidkum Quisling, o traidor norueguês da Segunda Guerra Mundial.

Porém, via de regra, a perda da maiúscula inicial é uma homenagem às virtudes ou à inteligência do titular. O mecenato de todas as épocas e lugares mantém viva por quase dois milênios a fama de Mecenate, o erudito amigo de Horácio e Virgílio. Para todas as donas de casa do mundo, o nome de Justus von Liebig, famoso e versátil químico alemão, é ligado ao extrato de carne, do qual se tornou sinônimo: o *lièbig* é substantivo comum. O fato não deixa de ser irônico: Liebig foi um pioneiro em todos os campos da Química pura e aplicada; é certamente um dos pais fundadores da Química moderna; no entanto, seu nome está associado ao seu único sucesso de natureza comercial, pouco menos que especulativo: na realidade, para obter da carne o extrato de carne concorrem mais capitais que espírito inventivo ou doutrina.

Aliás, os manuais da minha profissão precedente abundam de nomes já próprios e agora comuns, ou usados como comuns: o kipp, o bunsen, o buchner, o soxhlet, objetos engenhosos nascidos nos laboratórios químicos do século passado, que gozam da honrosa semieternidade que foi negada aos seus inventores. Quem ainda se recorda do professor Soxhlet, químico, médico e filósofo morávio? Já virou pó há mais de meio século, mas o genial extrator idealizado por ele (o soxhlet) trabalha ainda hoje em todos os laboratórios, com aquele seu ritmo lento, intermitente e silencioso que o torna semelhante a um órgão do nosso corpo.

Dei, como dizia antes, o palpite alegre de quem encontra uma bela pérola quando descobri que o derrick, ou seja, aqueles pilões metálicos que servem para perfurar o terreno a fim de encontrar e extrair petróleo, derivam seu nome do sr. Derryck, carrasco em Londres do século XV: era apaixonado pelo seu ofício e tinha inventado uma forca de modelo novo, em pilões, alta e delgada, que pudesse ser vista bem de longe. Essa descoberta me fascinou tanto que, num dos meus livros, construí em torno dela uma história. O caso é significativamente paralelo àquele da guilhotina, inventada pelo dr. Guillotin, àquele dos rifles chassepot e a muitos outros: em cada época os instrumentos para matar tendem a ser renovados e a se aperfeiçoar. Uma outra pérola, embora mais evanescente que as outras citadas, é a Maria do banho-maria: diz-se que a inventora do banho foi a primeira alquimista da história, ninguém menos que Maria, ou Miriam, a profetisa irmã de Moisés.

    Poucos franceses sabem que a *poubelle*, o bidê para excrementos, deriva seu nome do sr. Poubelle, o prefeito que a inventou no século passado. Na Itália, um certo tipo de escada, montada sobre um carrinho e subdividida em seções telescópicas que podem ser enfileiradas uma na outra com um guincho, chama-se porta-escada, ou também, curiosamente, porta-viúva. Esses nomes não aludem ao fato de que a escada é portátil, mas recordam (ou deveriam recordar) o sr. Porta, que a idealizou centenas de anos atrás, e à sua viúva que deteve a patente por muito tempo; mas mesmo nesse caso, se o sr. Porta porventura tivesse um cognome menos apropriado, não teria tido a sorte de perder a maiúscula, e provavelmente sua escada teria sido batizada oficialmente com um nome pseudogreco de muitas sílabas, como escada periplanética ou anaptítica.

Escrever um romance

Depois de trinta e cinco anos de aprendizagem, e de autobiografismo disfarçado ou evidente, um dia decidi ultrapassar as barreiras e experimentar escrever um romance, sem me preocupar muito com a polêmica em curso, se o romance está vivo ou morto, e, se estiver vivo, se está saudável. Depois que a aventura foi terminada e o livro foi impresso e distribuído nas livrarias, tive a impressão agradável de ter retornado de uma viagem exótica e, como todos os veteranos, tenho vontade de contar as coisas que vi e de "fazer os amigos verem os slides". Sabe-se que às vezes, nessas exibições forçadas, os amigos se aborrecem; se for assim, nesse caso só o que precisa fazer é pular estas páginas.

O que se experimenta quando se escreve coisas inventivas? Escrever a respeito de coisas vistas é mais fácil que inventar, e menos feliz. É um escrever-descrever: há uma pista, escavações na memória recente ou distante, reordenações e achados (se houver o talento), os catálogos, depois você pega uma espécie de máquina fotográfica mental e dispara: você pode ser um fotógrafo medíocre, ou bom, ou talvez "artístico"; pode enobrecer as coisas que retrata ou reportá-las de maneira impessoal, modesta e honesta, ou dar-lhes ao contrário uma imagem distorcida, plana, sufocada, centrada, ante ou sobreposta, mas em todo caso você é guiado, levado pelas mãos dos fatos, há terra sob seus pés.

Escrever um romance é diferente, é um superescrever: você não toca mais a terra, voa com todas as emoções, os medos e os entusiasmos dos pioneiros num biplano de lona, fios e madeira; ou melhor, num balão do qual cortaram as amarras. A primeira sensação, que irá se redimensionar logo em seguida, é aquela de uma liberdade sem limites, quase licenciosa. Você pode escolher o argumento ou o evento que desejar, lunar ou solar ou saturnino; pode situá-lo num tempo que está entre o primeiro dia da Criação (ou mesmo antes, por que não?) e hoje, ou até no futuro mais distante, que lhe é permitido modelar ao seu bel-prazer. Você pode ambientar sua história onde quiser; na sala da sua casa, no Olimpo, na corte de Tamerlão, numa pescaria de verão, dentro de um glóbulo vermelho, no fundo de uma mineradora ou num bordel: em suma, qualquer lugar que você tenha visto, ou lugares que ouviu descrever, ou tenha lido, ou visto no cinema ou em fotografias, ou imaginado, imaginários, imagináveis, não imagináveis.

Toda a Terra é sua, ou melhor, todo o cosmo; e se o cosmo lhe parecer pequeno, você inventa um outro que considere de bom tamanho. Se você obedecer às leis da física e do bom senso, tudo bem; se não, tudo bem também, ou talvez até melhor; em todo caso, isso não suscitará nenhuma catástrofe, no máximo algum leitor meticuloso lhe escreverá para expressar urbanamente sua desilusão ou dissidência. Em suma, além do tempo que você perdeu, não corre riscos maiores que aqueles do estudante que faz a tarefa na classe: na pior das hipóteses, levará uma nota ruim. Não é um belo ofício?

Quanto aos personagens, o discurso se torna mais complexo. Sobre este tema, o *mènage a trois* entre o autor, o personagem e o leitor, foram escritos milhões de livros, mas sendo eu quase aficionado ao trabalho, me permito formular minha opinião, ou seja, projetar meus slides. Também para os personagens se experimenta no início a impressão de uma liberdade sem limites. Em termos abstratos, você tem sobre eles um poder absoluto, que nenhum tirano nunca teve sob a face da Terra. Pode fazê-los nascer anões ou gigantes, pode afligi-los, torturá-los, assassiná-los, ressuscitá-los; ou dar-lhes a beleza e a juventude eternas, a força, a sabedoria que você não tem, a felicidade de cada minuto (mas esta, você será capaz de descrevê-la sem aborrecer seu leitor?), o amor, a riqueza, o gênio. Mas apenas em termos abstratos: pois está ligado a eles mais do que parece.

Cada um desses fantasmas nasceu de você, tem seu sangue, para o bem e para o mal. É seu florescimento. Pior, é um espião, revela uma parte sua, suas tensões, como aqueles aparelhos de vidro usados para verificar se a fenda de uma parede vai se alargar. São seu modo de dizer "eu": quando, ao fazê-los se mexer ou falar, eles refletem aquilo que você faz, podem dizer muito. Talvez vivam muito mais que você, perpetuando seus vícios e erros.

De fato, personagens de um livro são criaturas estranhas. Não têm pele nem sangue nem carne, são menos reais que uma pintura ou um pesadelo, sua única substância são as palavras, rabiscos negros sobre folhas de papel brancas, e ainda assim você pode se entreter com eles, conversar com eles através dos séculos, odiá-los, amá-los, apaixonar-se por eles. Cada um deles é depositário de certos direitos elementares e sabe fazê-los valer. Sua liberdade de autor é apenas aparente. Se, uma vez concebido seu homúnculo, você o contrariar, se quiser impor a ele um gesto contrário à sua natureza ou vetar-lhe um ato que lhe seria agradável, encontrará uma resistência, surda mas indubitável: como se você quisesse comandar a mão dele para tocar um ferro abrasante ou um objeto que lhe repugna (a ele). Ele, o não existente, está ali, existe, pesa, empurra sua mão: quer e não quer, soturno e teimoso. Se você insiste, ele se entristece. Afasta-se, para de colaborar com você, de sugerir suas pautas; perde corpo, torna-se plano, fino, branco. É papel e retorna ao papel.

Também de outra maneira sua liberdade de invenção é aparente. Do mesmo modo que é impossível transformar uma pessoa de carne em osso em personagem, fazer dela uma biografia objetiva e não distorcida, também é impossível fazer a operação inversa, cunhar um personagem sem transplantar para dentro dele, além do seu humor de autor, fragmentos de pessoas que você encontrou e de outros personagens.

A primeira impossibilidade foi demonstrada ao longo de milênios de literatura. O rendimento do retrato escrito é sempre baixo, mesmo nos melhores textos: a *Odisseia* inteira não basta para nos fornecer a imagem de Ulisses; e nem no romance de moldes clássicos nem na biografia declarada, em que o autor se esforça para descrever a estatura do seu sujeito, a cor dos seus cabelos, olhos e compleição, seu físico, seu jeito de falar, rir, caminhar, gesticular: nem aqui, nunca, pela essencial insuficiência dos nossos meios expressivos, chega-se à mimese. O cinema e a TV nos dão melhores aproximações; de fato, as simulações filmadas de pessoas desaparecidas nos comovem muito mais que os retratos escritos. Elas nos perturbam: aquele que vemos se mexer e falar na tela não morreu de todo. E se os hologramas nos presentearem com uma terceira dimensão, a perturbação será tremendamente maior, fará pensar em magia negra. Para um escritor, tentar competir com esses meios é tempo perdido.

Mas também acho uma grande impossibilidade criar um personagem do nada. Já disse que fatalmente o autor só transfere a ele (consciente ou não, querendo ou não, às vezes se dando conta apenas quando relê suas páginas depois de anos de escritas) uma parte de si; mas o resto, o não eu, nunca é totalmente inventado. Ele se enche de recordações: também estas conscientes ou inconscientes, voluntárias ou involuntárias. O personagem que você crê ingenuamente ter fabricado na sua mesa de trabalho se revela uma quimera, um mosaico de retalhos, de fotografias tiradas quem sabe quando e relegadas ao sótão das memórias. Um conglomerado, em suma, que será mérito seu ter tornado vivo e crível; mas dessa arte, a arte de obter um organismo a partir de um conglomerado, não creio que se possam dar as regras certas.

Pode-se tentar regras negativas: não é necessário que seu personagem seja virtuoso, simpático ou prudente; também não é necessário que seja coerente consigo mesmo, ou melhor, talvez o contrário seja mais verdadeiro. O personagem muito coerente é previsível, ou seja, aborrecido; não tem reações, é programado, não tem vontades. Deve ser incoerente como todos nós somos, ter variações de humor, deslumbrar, perder-se, crescer de página em página, ou declinar, ou se queimar: se permanecer igual a si mesmo não será o simulacro de uma criatura, mas o simulacro de uma estátua, ou seja, um duplo simulacro.

É claro que por baixo dessa incoerência existe uma coerência mais profunda, mas defini-la está além das minhas forças; se foi respeitada você saberá depois, na página escrita, e o sinal é dado pelo sangue do leitor, que por alguns instantes corre um pouco mais quente e um pouco mais depressa.

Estável/instável

Li com genuíno prazer que o comando municipal dos bombeiros distribuirá em breve (nas escolas, imagino) dez mil cópias de um manual para a prevenção de acidentes, especialmente dos incêndios domésticos. Senti prazer, surpreso de que ninguém tivesse pensado nisso antes, e um pequeno frêmito de nostalgia em relação ao meu ofício precedente, no qual o medo do fogo era uma preocupação durante todas as horas de trabalho (e também durante muitas horas de descanso), mas em compensação obrigava à prontidão e à vigilância, e reportava aos tempos em que aquele medo se adquiria desde crianças e se conservava por toda a vida, pois as casas eram feitas de madeira.

Quem teve oportunidade de manejar a madeira, por arte ou por divertimento, sabe que é um material extraordinário, incomparável até com as mais modernas matérias plásticas. Há dois grandes segredos: é porosa, e portanto leve, e tem propriedades muito diversas ao longo da fibra ou contra a fibra; basta pensar no efeito diferente que um golpe de machado provoca quando dado em cima ou no meio do tronco. Não há madeira "feia" e não existe árvore cuja madeira não tenha encontrado uma aplicação específica: o cedro para os lápis, a tília para as teclas dos pianos, a balsa para as antigas embarcações que velejavam da América do

Sul para o Ocidente desconhecido, mas também para as cadeiras que os atores de cinema quebram nas cabeças nos espancamentos coletivos.

A madeira foi, durante milênios, o material para construção, a "matéria" por excelência, tanto que em algumas línguas *matéria* e *madeira* eram expressas pela mesma palavra. Não há dúvida de que nossos ancestrais, dez mil, cem mil anos atrás, muito antes de aprender a fundir o bronze, devem ter aprendido a trabalhar a madeira. No entanto, ao lado dos seus ossos se encontram pederneiras, conchas, bronze, prata, ouro, mas nunca madeira (ou apenas em condições muito excepcionais), e isso deveria nos deixar de sobreaviso.

Deveríamos lembrar que a madeira, como todas as substâncias orgânicas, é estável apenas em aparência. Suas virtudes mecânicas são acompanhadas de uma fraqueza química intrínseca. Na nossa atmosfera rica de oxigênio, a madeira é tão estável quanto um taco de bilhar que seja posto sobre uma prateleira horizontal de borda tão grossa quanto uma folha de papel de seda. Pode ficar ali por um bom tempo, mas bastará um minúsculo movimento imperceptível, ou mesmo apenas um débil sopro de ar, para fazê-la ultrapassar a borda e cair no chão. A madeira, em suma, está ansiosa para se oxidar, isto é, se destruir.

O caminho em direção à destruição pode ser muito lento, chegar silenciosa e friamente, como na madeira enterrada, por obra do ar ajudado pelas bactérias do subsolo; ou pode ser instantâneo, dramático, quando o impulso é representado por uma fonte de calor. Então acontece o incêndio: um evento raro nas nossas cidades de cimento, ferro e vidro, mas frequente no passado. E se conserva na memória de lugares em que ainda se constrói na madeira. Há muitos anos, dormi na Noruega num belíssimo hotel todo feito de madeira, em meio a um bosque imenso e silencioso. Em cada quarto, havia num canto uma corda enrolada, com um dos extremos livre e o outro preso no solo: em caso de incêndio, serviria para descer da janela ao chão.

Uma vez que o inimigo da madeira é o ar, ou melhor, o oxigênio do ar, é compreensível que a madeira seja tão mais ameaçada quanto mais ar houver ao redor: a madeira em folhas finas, varas, lascas, serragem. Esta última, sobretudo, é uma fonte de risco que espero não seja negligenciada no manual citado anteriormente: mesmo porque dela se faz amplo uso e porque muitas vezes é acumulada e esquecida como um material inerte qualquer. Nem sempre é inerte, em especial quando está seca.

Numa fábrica na qual eu trabalhei por muitos anos se usava com frequência a serragem de madeira para a limpeza do piso. Sabíamos que era uma substância da qual devíamos desconfiar, por isso não era utilizada no interior dos departamentos; uma vez compramos dez tambores e os deixamos lá fora, sob um dossel; ninguém pensou em cobri-los com um pano, pois frequentemente vinham os homens da limpeza para pegá-la e porque "sempre se fizera assim".

Os tambores ficaram ali por vários meses, até que veio me procurar um chefe de departamento e me disse que um dos tambores estava soltando fumaça. Vá vendo: nove tambores estavam frios, o décimo queimava e da superfície da serragem saía uma fumaça sinistra. Mexemos com um pau: no centro do tambor havia um ninho de brasas e tudo à volta da serragem já tinha começado a carbonizar. Se tivéssemos conservado aquele tambor num departamento ou num armazém, a fábrica inteira podia ter se incendiado.

Por que em nove não aconteceu nada e apenas um foi carbonizado? Discutimos longamente o assunto, e então decidimos observar melhor os tambores restantes e notamos que a serragem não era realmente homogênea: talvez viesse de serrarias diferentes, com certeza era feita de madeiras diferentes. Provavelmente continha também materiais estranhos. Tudo isso podia explicar por que os tambores tinham se comportado de maneira diferente, mas não servia muito para entender por que um deles tinha pegado fogo daquela maneira. Depois alguém começou a falar de autocombustão e todos ficaram mais tranquilos, pois quando se dá um nome a uma coisa que não se conhece, na hora se tem a impressão de conhecê-la um pouco melhor.

De qualquer forma, fui contar a história ao capitão dos bombeiros na época, um homem consistente e prático. Não, sobre a autocombustão não havia ideias claras, muito pelo contrário: tratava-se de um nome-imbróglio, uma palavra para cobrir uma ignorância, como a febre criptogenética dos médicos; mas ele tinha visto vários casos similares ao nosso, não todos de serragem, alguns que acabaram em catástrofe, todos associados a um dado inquietante. Em todos eles, uma massa aparentemente inerte esquecida em qualquer lugar, num sótão, num celeiro, num aterro, "se lembrava" de repente, sob um estímulo quase sempre desconhecido, de que possuía energia, que não estava em equilíbrio com o ambiente, que se encontrava nas condições do taco de bilhar sobre a prateleira.

Os contornos dessa frágil estabilidade, que os químicos chamam de metaestabilidade, são amplos. Compreendem tudo que vive, até mesmo quase todas as substâncias orgânicas, sejam naturais, sejam sintéticas; e ainda outras substâncias, todas aquelas que vemos mudar de estado num instante, inesperadamente: um céu sereno, mas no fundo saturado de vapores, que se enche de nuvens de repente; uma água tranquila que, abaixo de zero, congela em poucos instantes quando se lança nela uma pedra. Mas é grande a tentação de ampliar aqueles contornos ainda mais, até englobar nossos comportamentos sociais, nossas tensões, toda a humanidade, condenada e habituada a viver num mundo no qual tudo parece estável e não é, em que energias espantosas (e não falo apenas dos arsenais nucleares) estão apenas adormecidas.

Os senhores do destino

Permite-se a um ignorante, inocente, ingênuo, mas não de todo inexperiente dos males do mundo, dizer qualquer palavra a título pessoal sobre a questão das questões: a da ameaça nuclear? Recentemente a editora Mondadori publicou um livro fundamental, necessário e terrível, *Il destino della Terra*, de Jonathan Schell: depois da sua leitura ficamos atônitos, espantados, mas também estimulados a agir, a falar sobre isso ou ao menos a pensar a respeito do assunto, coisa que estranhamente não fazemos. Em breves palavras: no caso de uma guerra nuclear em larga escala, não só não haverá vencidos e vencedores, mas os efeitos combinados das explosões e da radioatividade subsequente extinguirão, no curso de dias ou meses, não apenas a espécie humana, mas todos os animais de sangue quente; talvez sobrevivam mais um pouco os peixes, certamente os insetos e alguns vegetais. O que farão os poucos "privilegiados" quando saírem dos seus caríssimos e sofisticados refúgios antinucleares?

Como se vê, a situação é nova: a experiência da história, a triste experiência das guerras recentes não nos ajudam em nada. Contudo, nem pensamos nisso, ou não pensamos muito; os que pensam menos, aparentemente, são os jovens, que nasceram na era atômica e parecem aceitar como natural o atual equilíbrio do terror, que não oferece muitas garantias de estabilidade a longo prazo. Por quê? Por muitos motivos.

Porque tendemos a eliminar todas as angústias, assim como, desde tempos imemoriais, todos começamos a eliminar a angústia ligada à nossa morte individual. Porque todos temos de resolver problemas mais urgentes, a fome no mundo, nosso destino iminente, a doença, as dificuldades, a incerteza do direito e do trabalho. E talvez também porque, num nível mais ou menos consciente, uma modesta dose de otimismo nos vem da recordação de tudo que aconteceu ao nosso redor nos quarenta anos transcorridos desde o momento em que a pilha de Fermi começou a funcionar, demonstrando-nos que a humanidade poderá no futuro dispor de quantidades ilimitadas de energia e também que a energia desenvolvida pelas transmutações de poucas gramas de matéria, foi suficiente para destruir duas cidades em poucos instantes e para criar uma quantia imensurável de dor humana.

Desde aquela época até hoje, em quarenta anos de tensão bipolar, ora mais, ora menos fria, constatamos que nas crises mais graves prevaleceu uma prudência rudimentar: do mesmo modo que na Segunda Guerra Mundial não se fez uso dos gases tóxicos, dos quais existiam em toda parte espantosos arsenais, também na crise de Cuba e na terrível confusão do Vietnã os adversários se olharam nos olhos e renunciaram a apertar o gatilho nuclear.

Isso não basta para nos tranquilizar, mas existe uma diferença evidente entre o estilo com que se fez política na primeira e na segunda metade deste século. Na primeira metade assistimos (e quantos de nós contribuíram) ao surgimento de personalidades fora das medidas humanas, ainda mal decifradas, tais como Hitler e Stálin (sob alguns aspectos, e no seu desejo, também eram assim o último Kaiser e Mussolini); eles souberam se beneficiar da imprensa, e depois de nove meses de comunicação em massa, mobilizando emotivamente seu povo e interagindo com eles e entre si, tinham desencadeado os horrores de duas guerras mundiais.

Hoje esses meios de comunicação aumentaram em domínio e penetração sutil, mas, por razões que nos escapam, a probabilidade de que cresçam entre nós indivíduos incontroláveis, desumanos, tais como eram sobretudo os dois primeiros citados, parecem diminutas. Não sabemos por quê, mas no cenário mundial, hoje, aparecem e agem homens cinzas, vagos, efêmeros, privados de demonismo e de carisma: dotados aparentemente apenas de sinais opostos e bastante detestáveis.

O último homem carismático talvez tenha sido Mao, de quem até hoje temos poucos conhecimentos e por isso não sabemos pesar seus prós e contras. Esses homens novos parecem preocupados principalmente em conservar o poder para si e para seus aliados. Não nos entusiasmam, mas aprendemos a desconfiar dos entusiasmos: em volta dos pequenos imitadores daqueles distantes modelos não se formou, ou não se está formando, um coágulo de consenso fanático, acéfalo, cego, como era aquele que aparentemente conferia força a Hitler e Stálin. O futuro que nos prometem esses novos líderes felizmente modestos (mesmo se talvez prontos individualmente para as tarefas mais detestáveis) não é emocionante, mas não é o apocalipse, do qual eles parecem ter medo tanto quanto nós e temem que surja "espontaneamente". É um passado indefinido de negociações hipócritas, desperdiçadas, em grande parte secretas, mas apenas negociações: é um impasse interminável.

E todavia, a esses enfadonhos senhores dos nossos destinos, quer tenham realmente, ou apenas aparentemente, ou de modo algum, sido eleitos pela vontade do seu povo, é concedido um poder de decisão enorme: no centro nevrálgico estão eles e somente eles. Devemos influir sobre eles, devemos nos fazer ouvir por eles, de cada canto do mundo, com todos os meios possíveis, com todas as iniciativas, mesmo as mais estranhas e ingênuas, que nossa imaginação possa inventar.

Não lhes pedimos muito: só de ter o olhar um pouco mais comprido que um palmo. Apesar de todos os nossos males, nunca fomos tão fortes. Em poucas décadas ampliamos fabulosamente os limites do nosso conhecimento, em direção ao imensamente grande e ao imensamente pequeno; talvez logo saibamos se, como e quando (mas não por quê!) o universo foi criado. Timidamente colocamos os pés na Lua, vencemos as pestes mais horríveis, concentramos em flocos minúsculos de silício surpreendentes capacidades "intelectuais", a solução do problema energético e da explosão demográfica não é mais utópica, sabemos que a degradação do ambiente não é mais um dano fatal e irreversível.

Não somos uma espécie estúpida. Não seremos capazes de derrubar as barreiras policiais e de transmitir de povo a povo nossa vontade de paz? Não poderemos, por exemplo, trazer para a mesa dos "vértices" internacionais uma velha proposta, que se inspira no juramento que Hipócrates formulara para os médicos? Que cada jovem que pretenda dedicar-se à Física, à Química, à Biologia jure não empreender pesquisas e estudos evidentemente nocivos ao gênero humano? É ingênuo, sei disso; muitos não jurarão, muitos perjurarão, mas quem sabe haja alguns que tenham fé, e assim o número dos aprendizes de bruxa diminuirá.

A palavra nos diferencia dos animais: devemos aprender a fazer bom uso dela. Mentes mais primitivas que as nossas, milhares e milhões de anos atrás, resolveram problemas mais árduos. Devemos fortalecer o murmúrio que cresce de baixo, mesmo nos países em que murmurar é proibido. É um rumor que vem não só do medo, mas também do sentimento de culpa de toda uma geração. Devemos amplificá-lo. Devemos sugerir, propor, impor poucas ideias claras e simples aos homens que nos guiam, e são ideias que todo bom comerciante sabe: que o acordo é o melhor negócio, e que a longo prazo a boa-fé recíproca é a mais sutil das astúcias.

Notícias do céu

Immanuel Kant reconhecia duas maravilhas na criação: o céu estrelado sobre sua cabeça e as leis morais dentro dele. Deixemos de lado as leis morais: elas habitam em todos? Podemos assumir que seja congênita em nós, nasça conosco, e no decurso de cada vida se desenvolve e amadurece, ou ao contrário degenera e se apaga? A cada ano que passa nossas dúvidas crescem; diante da necrose política que aflige nosso país, e não só o nosso; diante da corrida insensata em direção ao rearmamento nuclear, não se escapa à suspeita de que sobre as leis morais prevaleça um princípio perverso, pelo qual adquire poder quem não sabe o que fazer dessa lei – que achamos ser única em cada época e lugar, base de toda a civilização –, não percebe suas aguilhoadas, está sem ela e está bem assim.

Do contrário, o céu estrelado é permanente: está sobre a cabeça de todos, mesmo que nós habitantes da cidade raramente possamos vê-lo, ofuscado pela nossa poluição, preso entre os telhados, atacado pelas antenas de TV. E a esse respeito, diga-se de passagem, me perturba um pensamento: ao contrário das ondas de rádio, as usadas pela TV não são reflexo aqui embaixo da alta atmosfera, não estão incluídas no nosso âmbito terrestre, não são um fato exclusivo nosso. Dessa maneira se comporta a luz visível, por exemplo a iluminação noturna urbana, mas ela contém apenas informação escassa: ao contrário, as ondas de TV de informação são riquíssimas, penetram a ionosfera e desaparecem no espaço cósmico; a Terra, naquele comprimento de onda, é "luminosa", é loquaz, e um observador extraterrestre perspicaz, equipado e interessado nos nossos acontecimentos, poderia aprender muitas coisas sobre nossas crises de governo, sobre detergentes, aperitivos e fraldas para recém-nascidos. Teria uma imagem curiosa do nosso modo de viver.

Mas voltemos ao céu estrelado. Quando o avistamos nas noites tranquilas, de qualquer observatório distante das nossas luzes perturbadoras, permanece sempre o mesmo: seu fascínio não mudou. As "vagas estrelas da Ursa" são aquelas que davam paz a Leopardi, o W de Cassiopeia, a cruz do Cisne, Órion gigantesco, o triângulo de Bootes ladeado pela Coroa e pela Plêiade tão querida por Safo, são ainda sempre aquelas, começamos a conhecê-las desde crianças e elas nos acompanharam por toda a vida. É o céu das "estrelas fixas", imutável, incorruptível; o antagonista do nosso mundo terrestre, o nobre-perfeito-eterno que abraça e envolve o ignóbil-mutável-efêmero.

Porém, não é mais permitido olhar as estrelas assim, desse modo ingênuo e reducionista. O céu do homem de hoje não é mais aquele. Aprendemos a explorá-lo com radiotelescópios e a enviar à órbita instrumentos capazes de captar as radiações que a atmosfera intercepta: agora somos obrigados a saber que as estrelas visíveis aos nossos olhos, a olho nu ou por telescópio, são uma minoria exígua. O céu está rapidamente se povoando de uma multidão de objetos novos, insuspeitos.

Há centenas de anos, o universo era puramente "ótico": não era muito misterioso e acreditava-se que seria cada vez menos. Parecia amigo e familiar: cada estrela era um sol como o nosso, maior ou menor, mais quente ou mais fria, mas não heterogênea; algumas eram na realidade um pouco inquietas, apareciam umas poucas estrelas novas, mas tudo levava a crer que o desenho do universo fosse o mesmo em toda parte. Os espectroscópios mandavam mensagens reconfortantes: não havia nada a temer, as estrelas continham hidrogênio, hélio, magnésio, sódio, ferro, as matérias-primas dos antigos químicos.

Achava-se provável que cada estrela-sol tivesse seu cortejo de planetas: alguns astrônomos (o primeiro deles Camille Flammarion, o precursor infatigável e entusiasta) na verdade afirmavam que ela *devia* ter, de outro modo não teria razão de existir. De fato, cada planeta, incluindo aqueles do nosso Sol, devia ser morada de vida, ou ter sido, ou ser destinado a se tornar no futuro: observadores de olhos muito acurados viam sobre a Lua fumaça e luzes fugazes, e sobre Marte redes de canais muito regulares e geométricos para que fossem apenas obra da Natureza. Um universo habitado somente por nós, tão imperfeitos, teria sido uma imensa máquina inútil.

Agora o céu que pende sobre nossa cabeça não é mais familiar. Está se tornando cada vez mais intrincado, imprevisto, violento e estranho: seu mistério cresce em vez de diminuir, cada descoberta, cada resposta às velhas perguntas faz nascer uma miríade de novos questionamentos. Copérnico e Galileu haviam alçado a humanidade ao centro da criação: não havia sido mais que uma remoção, da qual muitos se sentiram destituídos e humilhados. Hoje nos damos conta do contrário: que a fantasia do artífice do universo não tem nossos limites, ou melhor, não tem limite algum, e ilimitada se torna também nossa surpresa. Não apenas não somos o centro do cosmos, mas somos estranhos: somos uma singularidade. O universo é estranho para nós, nós somos estranhos no universo.

Gerações de amantes e poetas olharam para as estrelas com confiança, como se fossem rostos familiares: eram símbolos amigos, reconfortantes, administradores de destinos, que não faltavam na poesia popular e na sublime; com a palavra "estrelas" Dante tinha terminado os três cânticos do seu poema. As estrelas de hoje, visíveis e invisíveis, mudaram de natureza. São fornalhas atômicas. Não nos transmitem mensagens de paz nem de poesia, e sim outras mensagens, pesadas e inquietantes, decifráveis para poucos iniciados, controversas, estranhas.

O registro dos monstros celestes se amplia desproporcionalmente: para descrevê-los, nossa linguagem cotidiana não basta, é inepta. Há estrelas "pequenas" mas de densidade inimaginável, que rodam dezenas de vezes por segundo disparando pelo espaço, desde sempre e para sempre, um rádio balbuciante, sem destinatário e sem sentido. Há outras que emanam energia com intensidade superior àquela da nossa galáxia inteira, e de tal forma distantes que aparecem para nós como eram no princípio dos tempos. Outras não são mais quentes que uma xícara de chá; até os tão falados buracos negros, fruto por ora mais de especulações que de observação, são supostos túmulos e sumidouros celestes, cujo campo gravitacional seria tão intenso que não deixa escapar nem matéria nem radiação.

Ainda não nasceu, e talvez não nasça nunca, o poeta-cientista capaz de encontrar harmonia nesse obscuro enredamento, de torná-lo compatível, confrontável, assimilável à nossa cultura tradicional e às experiências dos nossos pobres cinco sentidos feitos para nos guiar no horizonte terrestre. Essas notícias do céu são um desafio à nossa razão.

É um desafio que deve ser aceito. Nossa nobreza de cabeças pensantes nos obriga a isso: talvez o céu não faça mais parte do nosso patrimônio poético, mas será, ou melhor, já é, nutriente vital para o pensamento. É possível que nosso cérebro seja um *unicum* no universo: não o sabemos, e provavelmente nunca saberemos, mas já sabemos até agora que é um objeto mais complexo, mais difícil de descrever, que uma estrela ou um planeta. Não neguemos a ele alimento, não cedamos ao pânico do desconhecido. Talvez caiba a eles, aos estudiosos dos astros, nos dizer tudo que não nos contaram, ou nos contaram mal, os profetas e os filósofos: quem somos, de onde viemos, para onde vamos.

O futuro da humanidade é incerto, mesmo nos países mais prósperos, e a qualidade de vida piora; mas creio que tudo que se vai descobrindo sobre o infinitamente grande e o infinitamente pequeno seja suficiente para absorver esse fim de século e de milênio. As conquistas audazes de alguns poucos no conhecimento do mundo físico com certeza farão que este período não seja julgado um puro retorno à barbárie.

Os besouros

Conta-se que o famoso biólogo inglês J. Haldane, na época em que era um marxista convicto (portanto antes que o escândalo de Lysenko fizesse algumas das suas certezas vacilarem), respondeu a um religioso que lhe perguntou qual era sua concepção de Deus: "He is inordinately fond of beetles", "ele é excessivamente apaixonado por besouros". Imagino que Haldane, com o termo genérico de *beetles*, aludia aos coleópteros, e nesse caso devemos lhe dar razão: por motivos que ignoramos, esse "modelo", mesmo dentro da classe tão multiforme dos insetos, enumera pelo menos 350 mil espécies oficialmente catalogadas e novas espécies são continuamente descobertas. Uma vez que muitos ambientes e muitas áreas geográficas não foram ainda explorados pelos especialistas, calcula-se que exista atualmente um milhão e meio de espécies de coleópteros: ora, nos mamíferos, com todo o nosso orgulho de sermos coroamento da criação, não contamos mais que 5 mil espécies; dificilmente descobriremos poucas dezenas de novos mamíferos, enquanto muitas espécies existentes vão rapidamente se extinguindo.

No entanto, a descoberta dos coleópteros não parece assim tão inovadora: consiste "apenas" em ter mudado o destino dado ao par anterior das asas. Não são mais asas, e sim élitros: são grossos e robustos, e servem unicamente de proteção para as asas posteriores, membranosas e delicadas. Quem recorda o meticuloso cerimonial com o qual uma joaninha ou um besouro se preparam para voar e o compara com a decolagem fulminante e orientada de uma mosca, terá percebido que para a maior parte dos coleópteros o próprio voo não é um modo de fugir a uma agressão, mas antes um sistema de transporte ao qual o inseto recorre apenas para grandes deslocamentos: um pouco como nós que, para tomar um avião, primeiro compramos a passagem, depois fazemos o check-in e ficamos um tempão esperando no aeroporto. A joaninha entreabre os élitros, se mexe para desembaraçar as asas, depois as estende, levanta os élitros obliquamente e inicia seu voo, que não é ágil nem veloz. Acho que devemos concluir que para ter uma boa armadura é preciso pagar um preço alto.

Mas a couraça dos coleópteros é uma estrutura admirável: infelizmente admirada apenas nas vitrines dos museus zoológicos. É um trabalho de engenharia natural e recorda as armaduras de ferro dos guerreiros medievais. Não há lacunas: cabeça, pescoço, tórax e abdome, embora sem estar colados, formam um bloco compacto praticamente invulnerável, as delgadas antenas podem ser retraídas em nervuras e mesmo as articulações das patas são protegidas por saliências que recordam as grevas da *Ilíada*. A semelhança entre um besouro que avança desprezando a grama, lento e poderoso, e um tanque de guerra é tanta que imediatamente pensamos numa metáfora, nos dois sentidos: o inseto é um pequeno panzer, o panzer é um enorme inseto. E o dorso do besouro é heráldico: convexo ou plano, opaco ou reluzente, é uma insígnia nobre: mesmo se seu aspecto não tiver nenhuma relação simbólica com o "ofício" do seu titular, ou seja, com seu modo de fugir dos agressores, de reproduzir-se e alimentar-se.

Aqui verdadeiramente a "predileção" do Eterno pelos besouros desencadeou toda a sua imaginação. Não há material orgânico, vivo ou morto ou decomposto, que não tenha encontrado um aficionado entre os coleópteros. Muitos são onívoros, outros se alimentam à custa de uma única espécie animal ou vegetal. Há aqueles que comem exclusivamente caracóis e fizeram de si mesmos um instrumento adaptado para esse objetivo: são seringas vivas, têm o abdome volumoso, mas a cabeça e o tórax apresentam uma forma alongada e penetrante. Plantam-se no corpo mole da vítima, injetam nela sucos digestivos, esperam que os tecidos se desfaçam e depois os aspiram.

Os belíssimos besouros-verdes (tão caros a Gozzano: *"Disperate cetonie capovolte"*, um dos mais belos versos que já foram compostos na nossa língua)[1] se alimentam apenas de rosas, e os não menos belos escaravelhos, somente de excrementos bovinos: o macho confecciona uma bola, aferra-a entre as patas posteriores como entre duas pernas, e parte em marcha à ré empurrando-a e fazendo-a rodar, até que encontra um terreno adequado para expeli-la: então entra em cena a fêmea e deposita ali um único ovo. A larva se alimentará do material (agora não mais ignóbil) ao qual o casal precavido dedicou tanto esforço, e depois da muda surgirá do túmulo um novo escaravelho: ou melhor, segundo alguns antigos observadores, o mesmo de antes, nascido da morte como a Fênix.

Outros besouros vivem nas águas paradas ou estagnadas. São nadadores esplêndidos: alguns, sabe-se lá por quê, nadam em pequenos círculos ou em espirais complicadas, outros apontam em linha reta em direção a uma presa invisível. Nenhum deles perdeu a faculdade de voar, porque frequentemente a necessidade o leva a abandonar uma lagoa que secou para encontrar um outro espelho d'água, talvez muito distante. Uma vez, viajando de noite numa estrada iluminada pela Lua, senti os vidros e o teto do carro bombardeados por granizo: era um enxame de besouros aquáticos, lustrosos, marrons e com a borda laranja, espessos como uma meia noz, que tinham confundido o asfalto da estrada com um rio

---

[1] "Desesperados besouros revoltos": verso do poema "L'immagine di me voglio che sia", de Carlo Gozzano. (N. T.)

e tentavam em vão pousar ali. Esses besouros, por razões hidrodinâmicas, atingiram uma competência e simplicidade de formas que acho única no reino animal: vistos pelo dorso, são elipses perfeitas, das quais sobressaem apenas as patas transformadas em remos.

Também em escapar de perigos e agressões esses insetos são especialistas. Algumas espécies exóticas, tão grandes quanto um feijão, são dotadas de uma força muscular incrível. Se forem fechados numa mão, forçam a via de saída entre os dedos; se forem engolidos por um sapo (por engano, pois os sapos engolem todo pequeno objeto que veem se mover em linha horizontal!), não seguem a estratégia de Jonas engolido pela baleia nem a de Pinóquio e Gepeto no ventre do Peixe-Cão, mas simplesmente, com a força das patas anteriores adaptadas para cavoucar o terreno, cavam a via de saída através do corpo do agressor.

Outra fuga singular é a dos pirilampos, nossos elegantes besouros de corpo alongado. Se presos nas mãos, ou então perturbados, dobram patas e antenas e se fingem de mortos; mas depois de um minuto ou dois se ouve um *clic* inesperado e o inseto sai pelos ares. Para dar esse breve salto, feito para desconcertar os agressores, não usa as patas: elaborou um curioso sistema de tensão e disparo. Na posição de morte fingida, tórax e abdome não são alinhados, mas formam um pequeno ângulo: endireitam-se de repente quando se solta uma espécie de lingueta, e o pirilampo já não está mais ali.

A luz fria dos vaga-lumes (também eles são coleópteros) não tem como objetivo a defesa, mas serve para facilitar a cópula. Essa também é uma invenção única entre os animais que vivem na água, mas existem supervaga-lumes de espécies diversas cujas fêmeas imitam a luz estática das fêmeas dos vaga-lumes propriamente ditos, atraindo os machos e devorando-os assim que eles passam perto delas.

De todos esses comportamentos, pode-se tirar conclusões complexas: surpresa, curiosidade, admiração, horror, riso. Mas me parece que predomina sobre todas as sensações a estranheza: essas pequenas fortalezas voadoras, essas maquininhas prodigiosas cujos instintos são programados há centenas de milhões de anos, não têm nada a ver conosco, representam uma solução totalmente diversa aos problemas de sobrevivência. De qualquer maneira, ou apenas simbolicamente, nós humanos nos reconhecemos nas estruturas sociais das formigas e das abelhas; na engenhosidade das aranhas; na dança das borboletas: mas aos *beetles*, verdadeiramente, não nos liga nada, nem mesmo os cuidados parentais, pois entre os coleópteros é raríssimo que uma mãe (e menos ainda um pai) veja a prole antes de morrer. Eles são os diferentes, os alienados, os monstros. Não por acaso foi escolhida a atroz alucinação de Kafka, cujo caixeiro-viajante Gregor, "despertando uma manhã de sonhos agitados", se acha transformado num enorme besouro, tão desumano que ninguém da família pode tolerar sua presença.

Contudo, esses seres diferentes demonstraram admiráveis capacidades de adaptação a todos os climas, colonizaram todos os nichos ecológicos e comem de tudo: alguns perfuram até o chumbo e o estanho. Elaboraram uma couraça de extraordinária resistência aos choques, à compressão, aos agentes químicos, às radiações. Alguns dentre eles escavam no solo refúgios de muitos metros de profundidade. No caso de uma catástrofe nuclear, seriam os melhores candidatos à nossa sucessão (exceto os estercorários, por falta de matéria-prima). Além de tudo, sua tecnologia é engenhosa, mas rudimentar e instintiva. Quando o planeta for deles, deverão ainda transcorrer muitos milhões de anos antes de que um *beetle* particularmente amado por Deus, ao fim dos seus cálculos, escreva numa folha, em letras de fogo, que a energia é igual à massa multiplicada pelo quadrado da velocidade da luz. Os novos reis do mundo viverão tranquilos por muito tempo, limitando-se a se devorar e a parasitar-se entre si em escala artesanal.

O rito e o riso

Há quem escreva para surpreender, ou melhor, houve épocas nas quais maravilhar os leitores era considerado o principal objetivo do ofício de escrever: mas o livro que mais me surpreendeu, e que encontrei por acaso, certamente não foi escrito com essa finalidade. É um livro de argumento religioso, ou mais precisamente ritual, e eu não sou religioso. Mas não o comentarei com intenção crítica, pois respeito os crentes e às vezes os invejo. Suas esquisitices me fizeram pensar: reportaram-me a um modo de conceber a vida e o mundo que é distante do nosso, mas que deve ser entendido se quisermos entender a nós mesmos, e seria estúpido zombar dele.

O livro se chama *Shulkhàn Arùkh* ("A mesa farta"). Foi escrito em hebraico (mas li sua tradução) no século XVI por um rabino espanhol; embora seja de tamanho considerável, é o compêndio de muitas obras precedentes e contém substancialmente as regras, os costumes e as crenças do hebraísmo do seu tempo. É dividido em quatro partes, que concernem respectivamente: às prescrições diárias, ao sábado e às festas; ao alimento, ao dinheiro, à pureza e ao luto; ao casamento; à legislação rabínica civil e penal. O autor, Joseph Caro, era sefardi e ignorava as regras e os costumes dos judeus orientais; por isso o texto foi recuperado mais tarde pelo famoso rabino Moses Isserles de Cracóvia, que escreveu um comentário a ele, espirituosamente intitulado *A toalha*, com o qual se propunha a preencher as lacunas e adaptá-lo ao leitor asquenaze.

Ao judeu, como se sabe, foi proibido pronunciar o "verdadeiro" nome de Deus: aparece impresso nos livros, mas na leitura deve ser substituído por sinônimos. Via de regra, é permitido pronunciar a palavra "Deus" em línguas diferentes do hebraico (mas conheci um judeu alemão que, por extrema reverência e medo de pecar, nas suas cartas escrevia *Gtt* em vez de *Gott*; a mesma coisa fazem, escrevendo D-o em vez de *Dio*, os poucos seguidores italianos do rabino Lubavic), mas os autores da *Mesa* e da *Toalha* se preocupam com aquilo que pode ocorrer nos banheiros públicos, onde a presença de corpos humanos nus torna o ambiente intensamente profano; por isso, nos banheiros, é preferível não pronunciar o nome de Deus "nem mesmo em alemão ou polonês". Como se vê, esse é certamente um comentário de Isserles, pois em 1500, na Espanha, os banheiros públicos não deviam ser muito numerosos. Por motivos similares, no fim das cartas não se devia escrever "adeus", "*addio*", "*adieu*": a carta poderia ser sujada ou considerada imunda.

O conceito de nudez é vasto, sobretudo no que diz respeito à mulher: é nudez toda parte do corpo que habitualmente seja coberta e também os cabelos. Em suma, nudez é tudo que pode chamar a atenção do homem, distraindo-o do pensamento a Deus: por isso a nudez se equipara "também à voz da mulher que canta".

A mesma tendência ao exagero, à "proteção às Leis", se observa em relação à proibição de trabalhar no sábado. Os trabalhos fundamentais da vida rural e artesanal da época são ampliados com uma imaginação desenfreada. Proíbe-se amassar a uva, portanto qualquer "espremer": por exemplo, não se pode espremer a fruta; mas se o líquido que se obtém será jogado fora, então é permitido espremer, e é possível espremer e temperar a salada. É proibido caçar; o que fazer com uma pulga? Pode-se pegá-la e atirá-la para longe, mas não se pode matá-la. Caçar é também capturar, prender numa armadilha: por isso, antes de fechar uma caixa ou um baú, deve-se assegurar que não contenha moscas ou traças; se você as fechasse, teria caçado, mesmo sem ter consciência nem vontade, e teria quebrado o sábado.

Como você teria que se comportar se, num sábado, percebesse que sua tina está vazando? Você não pode tapar o buraco, porque seria trabalho servil; também não pode pedir explicitamente a um empregado seu ou a um amigo cristão que o faça, porque fazer alguém trabalhar também é proibido. Muito menos pode propor recompensá-lo, pois isso seria um contrato, e aos sábados são vetados também os contratos.

Eis a solução proposta: se o dano for grave, você pode dizer impessoalmente "Se alguém quisesse consertá-lo, não teria do que se arrepender".

No dia do repouso e da alegria também é proibido escrever e riscar, talvez lembrando a época em que se escrevia escalpelando a pedra. Essa proibição dá origem a uma casuística admiravelmente ramificada. Não se pode traçar letras, nem mesmo rabiscos, num vidro com vapor; mexendo num livro, deve-se ter cuidado para não riscar a capa com a unha; mas, ao contrário, pode-se comer uma torta que tenha letras ou desenhos. Varrer é uma raspagem e, portanto, com temerária expansão do conceito, entra nos trabalhos proibidos porque comporta um riscar: mas é permitido fazê-lo "de modo não habitual", por exemplo, usando penas de ganso em lugar da vassoura. É proibido acender uma lareira e mesmo mexer no fogo. Naturalmente é permitido, e mesmo obrigatório, apagar um incêndio no sábado se vidas humanas estiverem em perigo; porém, "se uma roupa pega fogo, pode-se jogar água na parte que não está queimando, mas não sobre o fogo diretamente".

A idolatria é considerada uma abominação. Sobre os ídolos não se deve nem mesmo pousar o olhar, nem se aproximar deles a uma distância menor de quatro cúbitos. Se, passando ao lado de um ídolo, de repente entra uma pedra no seu sapato, você não deve curvar-se para tirá-la, pois isso poderia parecer aos outros um gesto de obséquio: e você não deve se curvar mesmo se não houver ninguém, pois mais tarde você se lembraria do gesto. Você deve se afastar, ou sentar-se, ou ao menos virar as costas para o ídolo.

A propósito da proibição de comer carne e leite juntos, formulam-se hipóteses e soluções que recordam os estudos e os problemas dos jogadores de xadrez: imaginam-se situações elegantemente improváveis, abstratas, mas úteis para raciocínios sutis. Se dois judeus crentes comem na mesma mesa e um consome carne e o outro laticínios, devem traçar um sinal sobre a toalha para dividir os dois campos ou então assinalar um limite. Não devem beber no mesmo copo, pois ali pode haver resíduos de alimento. Se junto com a carne se prepara um prato com "leite" de amêndoas, é necessário deixar dentro dele algumas amêndoas inteiras, de modo que seja evidente que não se trata de leite verdadeiro.

O que dizer a respeito desse labirinto? Fruto de outros tempos? Inteligência e tempo desperdiçados? Rebaixamento do sentimento religioso a um regulamento maciço? Essa *Mesa farta* deve ser jogada fora, esquecida ou defendida? E, se deve ser defendida, como fazer isso? Não acho que se possa abandonar esse livro, e em geral o rito, com um dar de ombros, como se faz com as coisas que não nos dizem respeito. O rito, cada rito, é uma condensação de história e de pré-história: é um núcleo de estrutura fina e complexa, é um enigma a ser resolvido; se solucionado, irá nos ajudar a resolver outros enigmas com que nos deparamos com mais frequência. E, além disso, os Manes não são desprezíveis.

Mas, além disso, sinto por essa *Mesa* um fascínio atemporal, o fascínio da *subtilitas*, do jogo desinteressado da inteligência: achar pelo em ovo não é tarefa para vagabundos, mas ânimo mental. Atrás dessas páginas curiosas percebo um gosto antigo pela discussão calorosa, uma flexibilidade intelectual que não teme as contradições, antes as aceita como um ingrediente essencial da vida; e a vida é regra, é ordem que prevalece sobre o Caos, mas a regra tem desdobramentos, espaços inexplorados de exceções, permissão, indulgência e desordem. Não devemos apagar esses espaços, talvez contenham os germes de todas as nossas perguntas, pois a máquina do universo é sutil, sutis são as leis que a regem, cada ano mais sutis se revelam as regras às quais obedecem as partículas subatômicas. Frequentemente se cita a frase de Einstein: "O Senhor é sutil, mas a maldade não é"; sutis devem ser portanto, à Sua semelhança, aqueles que O seguem. Nota-se que, entre os físicos e os cibernéticos, são muito numerosos os judeus originários da Europa Oriental: seu *esprit de finesse* talvez não seja mais que uma hereditariedade talmúdica.

Mas sobretudo, e sob o verniz de seriedade, ouço nessa *Mesa* um riso que me agrada: é o mesmo riso das historietas judaicas nas quais as regras são audaciosamente infringidas, e é o riso de nós "modernos" que lemos. Quem escreveu que matar uma pulga é caçar, ou que abrir, no sábado, um livro que tenha uma escrita rasurada é *provavelmente* ilícito (porque fazendo assim se risca uma mensagem escrita), riu escrevendo como nós rimos lendo: não era diferente de nós, mesmo que se ocupasse de distinguir os trabalhos lícitos dos ilícitos, e nós de balanços empresariais, de concreto armado ou de códigos alfanuméricos.

O mundo invisível

Meu pai, exímio frequentador de todas as bancas da rua Cernaia onde se vendiam livros usados, trouxe um dia para casa um pequeno volume muito elegante de capa dura, impresso em Londres em 1846, cujo título, ao mesmo tempo modesto e pretensioso, era *Pensamentos sobre os ANIMÁLCULOS; ou seja, um olhar sobre o MUNDO INVISÍVEL revelado pelo Microscópio*, de G. A. Mantell, esq., L.L.D., F.R.S. (isto é, Nobre Homem, Doutor em Leis, Membro da Sociedade Real). Depois do título vinha uma dedicatória altissonante *"Ao nobilíssimo marquês de Northampton"* que se estendia por doze linhas, algumas das quais em caracteres góticos.

Eu tinha 15 anos e fiquei imediatamente fascinado, sobretudo pelas ilustrações, pois não sabia uma palavra de inglês. Mas comprei um dicionário e constatei com feliz surpresa que, à diferença do latim, bastava essa ajuda para entender tudo ou quase tudo: ou seja, entendia muito bem o texto propriamente dito, no qual se descreviam com pura precisão os aspectos e os costumes dos "animálculos"; e entendia um pouco menos do prolixo prefácio, no qual eram citados Herschel e Shelley, Hobbes e Byron, Milton e Locke, e muitos outros espíritos eleitos que de qualquer maneira tinham se ocupado das coisas invisíveis suspensas entre a terra e o céu.

Tive a impressão de que o autor fazia um pouco de confusão entre as coisas que não se veem porque são muito pequenas e aquelas que não se veem porque não existem, como os gnomos, as fadas, os fantasmas e as almas dos mortos; mas o argumento era tão fascinante, tão diferente dos ensinamentos que me haviam sido passados na escola e tão correspondentes à curiosidade que eu nutria naquele tempo que me enterrei no livrinho por muitas semanas, pondo em risco meu rendimento escolar, mas aprendendo *en passant* um pouco de inglês.

Na epígrafe do livro havia uma citação encantadora, no limite entre o científico e o visionário: "Nas folhas de cada floresta, nas flores de cada jardim, nas águas de cada córrego existem mundos pululantes de vida, inumeráveis como as glórias do firmamento". Seria verdade? Literalmente, nas águas de cada córrego? Cresceu no meu íntimo, repentina e dolorosa como uma cãibra na perna, a necessidade de um microscópio, e disse isso ao meu pai.

Ele me dirigiu um olhar ligeiramente alarmado. Não que desaprovasse meu interesse pela história natural: era engenheiro, tinha trabalhado como projetista numa grande fábrica da Hungria; naquela época vendia e instalava motores elétricos, mas na juventude tinha frequentado os círculos positivistas da Turim de então: Lombroso, Herlitzka, Angelo Mosso, cientistas céticos mas facilmente enganáveis, que se hipnotizavam uns aos outros, liam Fontenelle, Flammarion e Annie Besant, e abalavam as estruturas.

Meu pai nutria pela ciência um amor cheio de nostalgia e não lhe seria desagradável que eu tivesse seguido a estrada que ele tinha tido que abandonar devido aos reveses da vida; contudo, ele achava pouco natural que eu, adolescente, desejasse um microscópio em vez das muitas coisas alegres e concretas que o mundo oferece. Acho que procurou alguém para se aconselhar: de qualquer forma, depois de alguns meses o microscópio chegou em casa.

Visto com os olhos de hoje, aquele instrumento não valia muito: oferecia apenas duzentas ampliações, era mal iluminado e apresentava aberrações cromáticas de fazer revirar os olhos, mas eu me afeiçoei a ele na hora, mais que à bicicleta que ganhei depois de dois anos de pedidos e de cautelosa diplomacia. Aliás, a bicicleta e o microscópio eram em certa medida complementares: sem bicicleta, e partindo do centro da cidade, como eu poderia ter acesso aos jardins, às florestas e aos córregos dos quais falava meu texto? Contudo, antes de programar uma saída, dediquei-me a um inventário microscópico de tudo que podia encontrar em mim e ao meu redor.

Os fios de cabelo que eu arrancava tinham um aspecto totalmente inesperado: pareciam troncos de palma, e olhando bem era possível distinguir, em sua superfície, aquelas minúsculas escamas graças às quais um cabelo parece mais liso quando o percorremos entre os dedos da raiz às pontas e não vice-versa: eis uma primeira indagação à qual o microscópio dava uma resposta. A raiz do cabelo era frequentemente repugnante, parecia um tubérculo úmido e cheio de verrugas.

A pele das pontas dos dedos era difícil de observar, pois era quase impossível manter o dedo parado em relação ao objetivo; mas quando se conseguia por poucos instantes, via-se uma paisagem bizarra, que recordava os aterros das colinas ligúrias e os campos arados: grandes sulcos rosas translúcidos, paralelos, mas com imprevistas curvas e bifurcações. Uma cartomante munida de microscópio teria podido prever o futuro com muito mais detalhes que examinando a palma da mão a olhos nus. Teria sido interessantíssimo, ou, de qualquer modo fundamental, examinar o sangue e ver os glóbulos vermelhos descritos no livrinho, mas eu não tinha coragem de me furar, e minha irmã (que de qualquer maneira se mostrava singularmente insensível ao meu entusiasmo) se negou terminantemente a me cortar ou a se deixar cortar.

As moscas, pobrezinhas, eram uma mina de observação: as asas, um delicado dédalo de enervações incrustadas na membrana transparente e iridescente; os olhos, um mosaico purpúreo de admirável regularidade; as patas, um arsenal de garras, pelos duros e rolamentos emborrachados: chinelos, solas de borracha e chuteiras condensados juntos. Outra mina eram as flores, belas ou feias, indiferentemente; das pétalas não se extraía muito (minha lente de aumento não era suficiente para revelar-lhes a estrutura), mas cada espécie depositava sobre o vidro seu pólen, e cada pólen era belíssimo e específico: era possível distinguir-lhes os singulares grãos, as arquiteturas delicadas e elegantes, esféricas, ovoides, poliédricas, algumas lisas e luzidias, outras hirtas de crestas ou espinhos, alvas, marrons ou douradas.

Também específicas eram as formas dos cristais que se podia obter deixando evaporar no vidro as soluções dos vários sais: o sal comum, o sulfato de cobre, o bicromato de potássio e outros que eu solicitava com insistência ao farmacêutico; mas aqui havia algo de novo, via-se os cristais nascerem e se multiplicarem, algo finalmente se movia: o microscópio não estava mais limitado à imobilidade dos vegetais e das moscas mortas. Era curioso que os primeiros objetos em movimento fossem justamente os objetos menos vivos, os cristais do mundo inorgânico. Talvez esse último termo não fosse tão apropriado.

Também na água dos vasos de flores havia movimento: e este, ao contrário, não era solene e ordenado como o nascimento dos cristais. Era turbulento e rodopiante, de prender a respiração: um pulular tão mais frenético quanto mais parada a água do vaso. Ali estavam, enfim, os animálculos prometidos pelo meu texto: eu podia reconhecê-los nas ilustrações, delicadas, minuciosas, um pouco idealizadas e pacientemente coloridas a aquarela (não tinha notado isso até deixar cair uma gotinha d'água sobre uma delas). Havia os grandes e os minúsculos: alguns atravessavam o campo do microscópio como um raio, como se tivessem pressa de chegar quem sabe onde, outros giravam preguiçosos como se pastassem, outros ainda volteavam estupidamente sobre si mesmos.

Os mais graciosos eram os protozoários: minúsculos cálices transparentes que oscilavam como flores ao vento, ligados a um galho mediante um filamento longo, mas tão fino que mal se via.

Contudo, bastava um mínimo movimento, desflorar com a unha a haste do microscópio, e de repente o filamento se contraía em espirais e a abertura do cálice se fechava. Depois de alguns instantes, como se o medo tivesse passado, o animalzinho retomava a respiração, o filamento tornava a se alongar, e olhando bem se distinguia o pequeno vórtice do qual os protozoários [*vorticelle*] haviam tirado o nome: amendoins indistintos rodavam em torno ao cálice e parecia que algum deles ficaria preso. De vez em quando, como se o sedentarismo tivesse se tornado aborrecido, um protozoário subia a âncora, retirava o filamento e se lançava à aventura. Era apenas um animal como nós, que se movia, reagia, levado pela fome, pelo medo ou pelo tédio.

Ou pelo amor? Tive essa suspeita, suave e perturbadora, num dia em que pela primeira vez eu tinha ido ao Rio Sangone de bicicleta e trouxera para casa uma amostra de água parada e de areia do curso do rio, que na época era limpo. Aqui se viam monstros: enormes vermes de quase um milímetro de comprimento, que se torciam como se torturados; outras bestiolas transparentes, visíveis a olho nu como pontinhos vermelhos, que sob o microscópio se revelavam cheias de antenas e de tufos e se moviam aos solavancos, como pulgas náufragas.

Mas a cena era roubada pelos paramécios: espigados, ágeis, disformes como velhos chinelos, dardejavam tão velozes que para segui-los era necessário reduzir a ampliação: navegavam no oceano da sua gota de água rodando em torno aos seus eixos, chocavam-se contra os obstáculos e de repente se voltavam e se dividiam, como barcos enlouquecidos. Parece que estavam em busca de luz e de ar, solitários e atarefados: mas vi dois deles pararem a corrida como se um se desse conta do outro, como se ficassem contentes; aproximaram-se, ficaram juntinhos e prosseguiram a viagem com o passo mais lento. Como se nesse conjugar-se cego trocassem algo e extraíssem disso um misterioso e ínfimo prazer.

"As criaturas mais alegres do mundo"

Recentemente Ceronetti, semitista como é, fez uma "releitura" do *Cantico del gallo silvestre*; por uma curiosa coincidência, quase ao mesmo tempo eu reli, zoólogo como não sou, o *Elogio dos pássaros* de Giacomo Leopardi. Depois de décadas de etologia intensiva e amplamente divulgada, a impressão que se tem é singular e um pouco decepcionante, parecida com aquela que se pode ter contemplando a Vênus Matutina (que justamente nesses alvoreceres serenos está em seu máximo fulgor) depois de ter lido que sua claridade, cantada por inúmeros poetas, é efeito do reflexo da luz solar por parte de uma atmosfera retirada do *Inferno* dantesco, irrespirável, abrasadora, supercomprimida e, além de tudo, saturada de nuvens de ácido sulfúrico. Em ambos os casos, o discurso poético que percebemos na natureza ao nosso redor não se interrompeu, mas mudou de entonação e conteúdo.

Não que a desoladora mensagem do *Elogio* tenha perdido o valor. Também para nós, se nos limitarmos aos passeriformes que nos são familiares, aqueles das nossas hortas, colinas e jardins, os pássaros são "as criaturas mais alegres do mundo". Parecem-nos alegres porque possuem espontaneamente o canto e o voo, e da mesma forma pensava Leopardi, pois a Natureza, que os dotou de sentidos muito acurados, iria dotá-los também de "um enorme uso de imaginação", mas não "profunda, ardente e tempestuosa", mais leve e variada como a das crianças, às quais os pássaros se assemelham também por sua vivacidade contínua e aparentemente inútil. Segundo Leopardi, os pássaros são alegres porque não têm consciência da futilidade da vida. Por isso não conhecem o tédio, aflição própria do homem consciente e tão mais dolorosa quanto mais ele se afasta da Natureza. Além disso, são protegidos contra os extremos frios e quentes, e se o ambiente se torna hostil, migram até encontrar melhores condições de vida. Porém, mesmo independentes e livres por natureza, são mais sensíveis à presença do homem, e sua voz é mais gentil onde mais gentis são os costumes da humanidade.

Esse canto, no qual Leopardi vê a peculiaridade dos pássaros e o sinal da sua condição feliz, é gratuito, é um canto-riso, "demonstração de alegria", capaz de transmitir essa alegria a quem o escuta, "dando contínuos testemunhos, mesmo que falsos, da felicidade das coisas". Também a inquietação dos pássaros, seu "não... estar nunca parados diante da pessoa", é uma pura manifestação de alegria, vem "sem necessidade verdadeira" e seu voo acontece "em busca de consolo". Em conclusão, Leopardi, ou mais precisamente o fictício filósofo antigo ao qual o *Elogio* é atribuído, gostaria (mas apenas "por pouco tempo") de "ser convertido em pássaro, para experimentar aquele contentamento e satisfação da sua vida".

São páginas límpidas e sólidas, válidas em qualquer época, cuja força vem do confronto constante, mas não expresso, com a miséria da condição humana, com nossa essencial falta de liberdade simbolizada pelo nosso peso sobre a terra. Contudo, podemos nos perguntar como Leopardi a teria escrito se, em vez de se basear em Bufon e de limitar-se aos pássaros dos quais ouvia o canto nas longas tardes do seu burgo, tivesse lido, por exemplo, os livros de Konrad Lorenz e voltasse sua atenção a outras espécies de pássaros. Acho que, em primeiro lugar, teria abandonado qualquer tentativa de comparar os pássaros com os homens. Atribuir aos animais (exceto talvez os cães e alguns macacos) sentimentos como a alegria, o tédio, a felicidade é admissível apenas em linhas poéticas, de outra forma é arbitrário e altamente enganador.

Outras coisas podem ser ditas sobre a interpretação do canto dos pássaros: os etólogos nos explicam que o canto, especialmente se solitário e melódico (e portanto mais apreciado por nós), tem um significado bem preciso, de defesa territorial e de advertência a possíveis rivais ou invasores. Muito mais que ao riso do homem, seria portanto comparável a manufaturas humanas pouco amigáveis, como as cercas e cancelas com as quais os proprietários circundam seus terrenos ou os insuportáveis alarmes eletrônicos destinados a afastar os ladrões dos apartamentos.

Quanto à vivacidade dos pássaros (de alguns; outros, por exemplo as cegonhas, são em geral mais tranquilos), trata-se de uma solução devida a um problema de sobrevivência: é observada sobretudo nos pássaros que se alimentam de sementes ou de insetos, e que portanto são obrigados a uma atividade frenética pela procura do alimento, que está espalhado sobre vastas áreas e com frequência pouco visíveis; e de outro lado a alta temperatura do corpo e o cansaço do voo obrigam esses pássaros a comer muito. Como se vê, é um círculo vicioso: cansar-se para procurar alimento, comer muito para reparar os danos do cansaço; um circuito fechado não desconhecido de boa parte do gênero humano.

Com essas observações reducionistas não procurei realmente demonstrar que a admiração pelos pássaros não seja justificada. Ela é plenamente, mesmo se aceitarmos as explicações que os cientistas (não sem polêmica entre eles) nos vão fornecendo: ou melhor, principalmente se as aceitarmos; mas repousa sobre virtudes diversas e mais sutis.

Como não admirar, por exemplo, a adaptabilidade dos estorninhos? Fortemente gregários, sempre habitaram as montanhas cultivadas, onde às vezes depredavam de maneira maciça os vinhedos e as oliveiras. Não faz muitas décadas descobriram as cidades: parece que se instalaram em Londres em 1914 e depois de poucos anos chegaram a Turim. Aqui escolheram como dormitório de inverno algumas grandes árvores – na Praça Carlo Felice, na Avenida Turati e arredores – cujos ramos, quando são desfolhados no inverno, à noite parecem carregados de estranhos frutos escuros.

De manhã partem em regimentos compactos "para o trabalho", ou seja, para os campos além do cinturão industrial; retornam no pôr do sol, em bandos gigantescos, de milhares de indivíduos, seguidos por alguns retardatários. Vistas de longe, essas revoadas parecem nuvens de fumaça: mas depois, de repente, se exibem em evoluções surpreendentes, a nuvem se torna uma longa fita, depois um cone, depois uma esfera; por fim se estende, e como uma enorme flecha aponta segura em direção ao abrigo noturno. Quem comanda o exército? E como transmite suas ordens?

As aves de rapina noturnas são extraordinárias máquinas de presa. Seu aspecto insólito e um pouco desengonçado quando estão em repouso sempre provocou curiosidade e às vezes aversão. Seu voo é silencioso, têm garras potentes e grandes olhos frontais, que lhes conferem um aspecto vagamente humano; mas mesmo os olhos maiores e mais sensíveis são cegos quando a escuridão é total. No entanto, observou-se em experiências sérias que uma coruja é capaz de atacar fulminantemente um rato, mesmo na escuridão total, se este último fizer um mínimo barulho. Certamente a localização chega através da audição e é provável que entre em jogo a assimetria das orelhas do pássaro que há tempos foi observada: mas como os sinais acústicos são elaborados ainda é um mistério.

Também mais profundo é o mistério sobre a orientação dos pássaros. Sabe-se que nem todos os pássaros migratórios se orientam do mesmo modo, e que muitos deles dispõem ao mesmo tempo de estratégias diferentes e se servem de uma ou de outra de acordo com as condições ambientais; com certeza entram em jogo as referências geográficas na terra e a posição do sol; provavelmente também o campo magnético terrestre e o sentido do olfato.

Mas ficamos atônitos e tomados de uma fascinação quase religiosa ao ler que alguns pássaros migratórios, que voam apenas nas noites tranquilas, não apenas orientam seu voo pelas estrelas, mas também, pela configuração do céu, obtêm com precisão o ponto em que se encontram ou ao qual foram levados em busca de experiência; e que são capazes de fazer isso não apenas os pássaros que já seguiram o bando em migrações precedentes, como também indivíduos jovens no seu primeiro voo. É como se nascessem já em posse de um mapa celeste e de um relógio interno independente da hora local, espremidos num cérebro que pesa menos que um grama.

Não é menor a admiração diante do comportamento do cuco, que à luz da nossa moral humana parece guiado por uma astúcia perversa. Em vez de construir um ninho, a fêmea põe o ovo no ninho de um pássaro menor; o casal titular do ninho muitas vezes (mas nem sempre) nem percebe a intrusão e choca o ovo estranho juntamente com os próprios, e o pequeno cuco sai da casca. Assim que nasce, ainda sem plumas e cego, já possui uma sensibilidade e intolerância específicas: não suporta outros ovos perto de si. Ele gira, se esforça, empurra, até que consegue fazer cair por terra todos os ovos dos seus irmãos putativos.

Os dois "genitores" o alimentarão exaustivamente por dias e dias, até que o pintinho se torne maior que eles. Parece que estamos lendo um péssimo romance, e não se sabe se nos admiramos mais com a perfeição dos instintos do cuco ou com a falta de tais instintos nos seus hóspedes involuntários: mas também nos jogos da natureza deve existir um vencedor e um perdedor.

Os pássaros, enfim, como outros animais, não sabem fazer todas as coisas que nós sabemos, mas sabem fazer algumas outras que nós não sabemos, ou não fazemos muito bem, ou apenas se formos ajudados com instrumentos. Se o experimento com que Leopardi sonhava pudesse ser realizado, retornaríamos aos nossos despojos humanos com várias setas a mais no arco.

O sinal do químico

Conta-se que os maçons se reconheciam entre eles coçando reciprocamente a palma das mãos no ato de apertá-las. Sugiro que os químicos (ou os ex-químicos, como eu) da minha geração, quando forem apresentados, mostrem um ao outro a palma da mão direita: a maior parte deles, no centro da mão, onde o tendão flexor do dedo médio encontra aquela que os cartomantes chamam de linha da cabeça, conserva uma pequena cicatriz profissional altamente específica cuja origem vou explicar.

Hoje, nos laboratórios químicos, são montados em poucos minutos aparelhos muito complexos usando juntas de vidro esmerilhado: é um sistema rápido e limpo, as juntas continuam boas mesmo no vácuo, as peças são intercambiáveis, há um vasto sortimento e a montagem é simples como montar peças de Lego ou de Meccano. Mas até por volta de 1940 as juntas esmerilhadas, na Itália, eram desconhecidas ou muito caras, portanto vetadas aos estudantes.

Para a selagem, eram usadas tampas de cortiça ou de borracha; quando (o que era frequente, por exemplo para ligar um balão a um refrigerador) era preciso enfiar numa tampa furada um tubo de vidro curvado perpendicularmente, pegava-se este último e apertava-se, girando-o: frequentemente o vidro se quebrava e o caco afiado se metia na mão. Teria sido fácil, e mesmo um dever, advertir os novatos desse pequeno perigo facilmente evitável: mas sabe-se que, em algum obscuro canto tribal da nossa natureza, sobrevive um impulso que nos leva a fazer que cada iniciação seja dolorosa, memorável e deixe seu sinal. Este, na palma da mão operante, era nosso sinal: de químicos ainda um pouco alquimistas, ainda um pouco constituídos em seita secreta.

Aliás, e sempre em matéria de propriedade hermética, os professores mais velhos nos falavam, com curiosa nostalgia, dos "lutos" usados pelos pioneiros da química na época em que as próprias tampas não existiam. Eram massas (*lutum*, em latim, é a lama) de argila e óleo de linhaça, ou de litargírio e glicerina, ou de amianto e silicato, ou ainda outra coisa, que serviam para conectar suas ferramentas grosseiras. Dele é um filho distante o mástique para vidros avermelhados, à base de zarcão, que caiu em desuso faz poucas décadas.

Na verdade, o ingresso no laboratório tinha em si algo de ritual iniciático. Havia os aventais brancos, para rapazes e moças: apenas alguns heréticos, ou desejosos de parecer assim, usavam-nos cinzas ou pretos. Havia a espátula no bolso, insígnia da corporação. Havia a cerimônia da entrega dos objetos de vidro: frágil, sagrada porque frágil, e "se você quebrar, vai pagar"; pela primeira vez na carreira estudantil, ou até mesmo na vida, você respondia por algo que não era seu, que lhe era solenemente afiançado (com recibo assinado).

Nascia ali um curioso comércio. Frequentemente, um vidro mal exposto à chama livre fazia um *tic* sinistro e se quebrava. Se o estrago era pequeno, fazia-se de conta que não era nada, esperando que ao devolver os materiais os encarregados não o notassem. Se era grande, a peça era leiloada: ainda podia servir para alguma coisa. Podia servir para alguém cuja preparação não tinha saído boa, ou que tinha espalhado um precipitado ao pesá-lo, ou que ainda, mesmo por razões particulares, tinha necessidade de descarregar os nervos; adquiria por poucas liras o vidro estragado e publicamente, com a maior violência e o pior barulho possível, lançava-o contra a parede sobre a pia.

A enorme pia e seus arredores eram sede de uma perene multidão. Ali se ia para fumar, para fofocar e também para paquerar as moças: mas o trabalho de laboratório, especialmente aquele de análise, é sério e desafiador, e mesmo tendo vontade de paquerar era difícil se ver livre da ansiedade ligada a ele. Havia uma troca vivaz de informações, conselhos e lamentos.

Era estranho: ser solicitado a fazer um exame oral certamente não era nada agradável, mas era algo levado na esportiva, seja pelo interessado, seja pelos seus colegas; era mais um infortúnio que uma falha, era uma desventura a ser recontada com uma certa alegria, quase com vaidade, como quando torcemos o pé esquiando. Errar uma análise era pior: talvez porque, inconscientemente, percebêssemos que o julgamento dos homens (nesse caso dos professores) é arbitrário e contestável, enquanto o julgamento das coisas é sempre inexorável e justo: é uma lei igual para todos.

Quem houvesse "perdido" um elemento em análise qualitativa não alardeava nunca; muito menos se pavoneava aquele que, ao contrário, tinha "inventado" algum, ou seja, tinha encontrado, no misterioso grama de pó que lhe havia sido mostrado, algo que não existia. O primeiro podia ser distraído ou míope; o segundo, apenas um tonto: uma coisa é não ver aquilo que existe, outra é ver aquilo que não existe.

Sob muitos aspectos as duas análises, qualitativa e quantitativa, diferiam de tudo que havíamos visto ou feito até o momento. Não por acaso os valores individuais se invertiam, como ocorria com a educação física no ensino médio. Os "primeiros da classe" devido à memória proverbial, os que triunfavam nos exames orais, notáveis em desvendar os meandros da química teórica, insignes em expor com clareza as noções adquiridas ou talvez também a dar por entendidas as coisas não entendidas, capazes de demonstrar segurança mesmo quando não a tinham, às vezes dotados também de excelente habilidade, diante da prática do laboratório nem sempre se davam muito bem. Aqui entravam outras virtudes: humildade, paciência, método, habilidade manual; e também, por que não?, boa vista e olfato, resistência nervosa e muscular, resiliência diante dos fracassos.

Sobretudo a análise quantitativa, na sua variante chamada ponderal, era um exercício extenuante. O mestre, professor ou assistente distribuía a cada estudante uma ampola que continha, em solução, uma quantidade desconhecida de um elemento. Era preciso "precipitá-lo", ou seja, torná-lo insolúvel, mediante um certo reagente e sob modalidades rígidas; recolher *tudo* (frequentemente era um trabalho de horas) em um filtro; lavá-lo, secá-lo; calciná-lo; deixá-lo esfriar e pesá-lo na balança de precisão. A sequência não deixava espaço à iniciativa, comportava um tempo ocioso enervante e uma atenção maníaca; não era um trabalho atraente, assemelhava-se muito ao que uma máquina poderia fazer (e, de fato, hoje são as máquinas que fazem esse trabalho, muito melhor e mais rápido que os homens).

Posso confessar, agora que muitas décadas se passaram: o 30 que recebi em 1940 no exame de análise quantitativa não foi merecido, ou melhor, premiou um mérito ambíguo. Tive a ideia de compilar os resultados obtidos pelos meus colegas na dosagem do elemento a respeito do qual versava o exame prático e me dei conta de que, salvo pequenas variações, eram "quantificáveis": eram múltiplos inteiros de um certo valor. Não havia nada de metafísico e o significado era claro: para poupar tempo e cansaço, o professor, ao invés de pesar a porção de cada candidato, mais ou menos ao acaso, servia-se de uma bureta, ou seja, de um longo tubo vertical calibrado e graduado, atribuindo a cada um dos alunos um número inteiro de centímetros cúbicos de solução.

Notei isso entrando um dia, com um pretexto, na câmara secreta onde se preparavam os materiais dos exames: sim, a bureta estava ali, bem à vista, ainda cheia de solução azulada. Bastava realizar a análise de modo condizente e depois arredondar o resultado de maneira que correspondesse ao mais próximo dos graus da minha escala. Comuniquei minha descoberta ilegal apenas a dois amigos íntimos, que tiraram 30 como eu.

Não sei se as análises quantitativas ainda são administradas com esse sistema. Se forem, que essa confissão valha para os professores e para os estudantes preguiçosos. Infelizmente, o truque não tem nenhum valor nos inúmeros casos práticos em que o químico, agora formado, é colocado diante do triste dever de uma determinação quantitativa sobre uma matéria de origem vegetal, animal ou mineral (ou também comercial). Como se sabe, a natureza não comete erros, ao menos não macroscópicos.

No laboratório, as mulheres ficavam mais confortáveis que os homens. Num tempo em que, ao menos na Itália, o feminismo ainda não tinha nenhum peso, as estudantes tiravam uma folga reconfortante entre os afazeres domésticos e o trabalho de laboratório: este último era apenas um pouco mais preciso nas prescrições, mas a analogia era evidente, e o desconforto da novidade, proporcionalmente menor. Entre nós havia se tornado um agradável costume que às cinco da tarde as colegas oferecessem o chá feito na aparelhagem de trabalho; às vezes acompanhado de pequenos biscoitos experimentais, apressados e irreverentes, confeccionados com amido e levedura e cozidos no forninho de secagem dos precipitados.

Apesar dos inconvenientes mencionados, acho que cada químico conserva do laboratório universitário uma lembrança doce e cheia de nostalgia. Não apenas porque ali se nutria uma intensa camaradagem, ligada ao trabalho comum, mas também porque dali se saía, ao fim de cada dia e acentuadamente no final do curso, com a sensação de ter "aprendido a fazer uma coisa"; o que, a vida nos ensina, é diferente de ter "aprendido uma coisa".

A melhor mercadoria

A convenção sobre Judaísmo da Europa Oriental que aconteceu em Turim em fevereiro de 1984 foi a maior que, sobre esse tema, ocorreu até hoje na Itália, e talvez em toda a Europa, depois da Segunda Guerra Mundial. A convenção destacou a enorme diferença entre esse ramo do judaísmo, que por séculos foi o principal, e os muitos outros, entre eles o italiano, e forneceu uma excelente ocasião de repensar as coisas para todos aqueles que a assistiram.

No espaço de pouco mais de uma geração, os judeus orientais passaram de um modo de vida recluso e arcaico a uma vivaz participação nas lutas operárias, nas reivindicações nacionais, nos debates sobre direitos e sobre a dignidade do homem (e da mulher).

Estiveram entre os protagonistas das revoluções russas de 1905 e de fevereiro de 1917; imprimiram, apenas em Varsóvia, nos anos 1920, três jornais e diversos periódicos de todas as tendências políticas; antes do massacre nazista, tiveram oportunidade de dar vida a uma produção cinematográfica originalíssima. De onde tiravam essa prodigiosa e repentina vitalidade? De onde surgia essa voz tão forte, que provinha de um grupo social exíguo?

Vale a pena estudar os motivos pelos quais esses judeus eram tão "importantes", em países em que sua importância era recebida com respeito, com simples curiosidade, porém mais frequentemente com uma velha má vontade, com inveja ou mesmo com ódio selvagem. Acho que, como sempre na história dos acontecimentos humanos, não há uma causa única, e sim um emaranhado de causas; mas, entre estas, parece que uma delas prevalece.

Há uma constante no judaísmo, operante em cada época e lugar: a importância que desde séculos remotos vem sendo dada à educação. A partir da baixa Idade Média, entre os judeus da Europa Oriental começou a prevalecer um sistema educativo bastante peculiar.

A instrução era considerada o valor supremo da vida: "a melhor mercadoria", como se dizia proverbialmente. Iniciava-se com 4 anos e se estendia por toda a vida, ao menos ideal e compativelmente com as agruras da própria vida; era ensinada à custa da comunidade, e quase nenhuma criança era privada de recebê-la. Os incultos eram vistos com comiseração ou desprezados, os instruídos eram admirados e representavam de fato a única aristocracia reconhecida.

Tratava-se, é claro, de métodos educativos bem diferentes daqueles que prevalecem hoje em dia: pode-se ter uma ideia pelos romances de Chaim Potok (*Danny, o escolhido* e os posteriores), que contam como tais métodos ainda sobrevivem, ao lado de experimentos pedagógicos mais avançados, nas comunidades hassídicas que se deslocaram para os Estados Unidos.

Seu fundamento era extremamente religioso: logo depois de ter aprendido o difícil alfabeto hebraico, a criança era lançada diretamente na leitura do Pentateuco e na tradução literal de amplos trechos do hebraico ao iídiche; muitos outros trechos, também longuíssimos, deviam ser decorados. Nos anos seguintes se estudavam alguns comentários da Bíblia e as regras de vida e de oração. Às nossas universidades correspondiam as escolas rabínicas (*Jeschives*, segundo a pronúncia local), nas quais o estudo era estendido ao Talmude.

Como se vê, trata-se de um currículo bastante falho em relação às tendências hodiernas: nada de história, de geografia e da língua do local de residência; nada ou quase nada de ciências naturais ou exatas; um pouco de arte médica recheada de crenças supersticiosas; um tanto de filosofia ocidental ou laica; nada de literatura, arte ou música.

O ensinamento era oneroso e obsessivo, e sobretudo nas *Jeschives* ocupava todo o dia, mas não era dogmático. O mestre apontava para uma certa interpretação de uma passagem talmúdica, salientava alguma contradição ou propunha uma questão: seguia-se uma discussão livre, ardente, sofística, às vezes sagaz, sempre obstinada: em várias ocasiões o tema central era esquecido e se encaminhava para divagações fantasiosas nas quais a elegância formal ou a audácia da argumentação prevalecia sobre a pertinência e o rigor.

Onde havia uma sinagoga, talvez uma vetusta cabana de madeira, também existia uma biblioteca, naturalmente constituída apenas de livros religiosos, mas frequentada por jovens, adultos e idosos. Cada comunidade, mesmo pequena, era também um viveiro de cultura, aninhado num amplo território em que a população não judaica era analfabeta em sua quase totalidade, e a judaica, geralmente muito pobre, era constituída não por intelectuais profissionais, mas por artesãos, lojistas, comerciantes e camponeses.

Para essa pressão educativa contribuía o inevitável multilinguismo. Até a tempestade hitleriana, e por todo o vastíssimo espectro da Zona Residencial já czarista, ou seja, da Polônia à Lituânia até a Moldávia e a Ucrânia, a língua unificadora falada no arquipélago da comunidade hebraica era o iídiche, com poucas variantes de léxico e de pronúncia – o *Màme-lòshen*, como era afetuosamente chamado, a "língua da mama" –, mas bem cedo, como já mencionado, se ensinava às crianças as "línguas sagradas", o hebraico e o aramaico, e também as relações inevitáveis com a população circunstante obrigavam os judeus, desde a infância, a aprender sua língua.

Além disso, o próprio iídiche, língua fascinante para os linguistas (e não só para eles), é intrinsecamente uma multilíngua: sob a base de um dialeto renano medieval, que já continha empréstimos do latim e do francês, foram inseridos muitos termos hebraicos e aramaicos, que frequentemente, com desenvoltura, foram declinados ou conjugados à maneira alemã (por exemplo, do hebraico *ganàv*, ladrão, se obtém um particípio passado *gegànvet*, roubado), e um bom número de termos russos, poloneses, tchecos etc.

É a língua de gente errante, impulsionada pela história de país em país, e traz os sinais da sua permanência nesses lugares. Sua evolução não terminou, o iídiche dos judeus orientais emigrados no século passado nos Estados Unidos não foi extinto, ao contrário, está se enriquecendo de termos ingleses, indo de encontro a uma evolução ulterior; simetricamente, os termos iídiches mais expressivos e menos substituíveis entram "do setor baixo" primeiro nas várias gírias setoriais, depois na língua comum.

A "língua da mama" é essencialmente falada (se bem que enobrecida por uma rica, mas tardia, literatura), o que a torna eminentemente flexível e permeável; seu extremo hibridismo a transforma em instrumento de ginástica mental para quem a fala e para quem se esforça para entendê-la e reconstruir suas origens.

Acho que esses fatores culturais tiveram uma função preeminente no breve mas intenso florescer do judaísmo asquenaze; e, mais em geral, na conservação, de outro modo inexplicável, do povo judeu através de milênios de travessias, de emigrações e de metamorfoses.

É claro que outras bases existiram ou existem: a religião, a memória coletiva, a história comum, a tradição, a própria perseguição, o isolamento imposto pelo exterior. É uma contraprova o fato de que, quando todos esses fatores se abrandam ou desaparecem, a identidade judaica à sua volta se atenua e as comunidades tendem a se dissolver, como acontecia na Alemanha de Weimar e como está ocorrendo na Itália de hoje.

Pode ser que esse seja o preço a pagar por uma autêntica paridade de direitos e equiparação; se for assim, trata-se de um preço alto, e não só para os judeus. O massacre e a dispersão do judaísmo da Europa Oriental foi um dano irreparável para toda a humanidade. Ele não morreu, mas sobrevive mal: amordaçado e desconhecido na União Soviética, híbrido nas duas Américas, submerso em Israel por tradições diferentes e por profundas transformações sociológicas e históricas.

Teme-se hoje, e com razão, a extinção de certas espécies animais, como os pandas e os tigres. A extinção de uma cultura, prodigiosamente fecunda e criativa como foi aquela à qual a convenção foi dedicada, é um desastre de extensões muito maiores. Deveriam ecoar de modo fúnebre em todas as almas os versos, que afortunadamente foram salvos, de Itzhak Katzenelson, o poeta de Varsóvia massacrado por Auschwitz com toda a sua família e com todo o seu povo:

> *O sol, levantando-se sobre as terras da Lituânia e da Polônia,*
> *não encontrará mais um judeu,*
> *Nem mais um velho que recite um salmo junto a uma luminosa janela.*

As palavras fósseis

Quando, muitos anos atrás, li pela primeira vez *O sargento na neve*, de Mario Rigoni Stern, tive um sobressalto ao me deparar com a pergunta épica, repetida obsessivamente na noite e no gelo do Don: "Sergentmagiú, ghe rivarem a baita?". *Baita*, o abrigo, o asilo, a salvação, a casa.

É bastante estranho que a palavra *baita*, comum em todo o arco alpino, seja tão parecida com o hebraico *bait*, que significa "casa". A coincidência me deixara curioso desde os 11 anos, quando eu entendia um pouco de hebraico, infelizmente depois totalmente esquecido. Eu achava evidente que o termo alpino proviesse do hebraico, que era "a língua mais antiga do mundo", e dessa suposta derivação eu extraía um orgulho pueril: os romanos podiam ter vencido meus progenitores judeus e destruído Jerusalém, mas ao menos uma palavra hebraica tinha suplantado a correspondente palavra latina.

Em síntese, era uma pequena vingança. Eu não suspeitava que tinha me deparado com uma confirmação da teoria de uma área cara aos linguistas, segundo a qual a presença de uma determinada palavra em áreas periféricas é testemunho do seu arcaísmo: é um afloramento de uma linguagem que nas regiões intermediárias foi sepultada por discursos mais inovadores.

Por décadas guardei na memória essa curiosidade, ao lado de inúmeras outras, no grande observatório dos porquês sem resposta, até que li num dicionário que se trata de uma "palavra alpina retirada do substrato paleoeuropeu que vai da área basca à egeia": diante disso, senti-me invadido por uma alegria um tanto pueril.

Portanto, eu tinha me deparado com um fóssil ilustre, um raríssimo remanescente de um passado linguístico que precede a história, talvez um destroço da Idade de Ouro, quando todo o Mediterrâneo falava a mesma língua, antes da Torre de Babel, antes que viessem do Norte as armadas ferozes dos dórios, dos gálios, dos ilírios, trazendo a guerra e a confusão das línguas; quando um basco podia dizer *"andiamo a baita"* [vamos para casa] para um egeu e ser entendido.

Devo confessar que estou falando aqui de uma velha fraqueza minha, que é aquela de me ocupar nas horas vagas de coisas que eu não entendo, não para construir uma cultura orgânica, mas por puro divertimento: o vício não contaminado dos viciados. Prefiro orelhar que escutar, espiar pelos buracos das fechaduras em vez de me debruçar sobre panoramas vastos e solenes; prefiro girar entre os dedos um único caco em vez de contemplar o mosaico inteiro. Por isso meus familiares riem benevolamente de mim quando me veem (coisa frequente) com um dicionário nas mãos ou uma gramática em vez de um romance ou um tratado: é verdade, prefiro o particular ao geral, as leituras ocasionais e minuciosas àquelas sistemáticas.

Com certeza é um vício, mas está dentre os menos nocivos; além da leitura, manifesta-se na tendência a fazer coisas que não se sabe fazer; agindo assim, pode também acontecer que você venha a fazê-las, mas isso é um acidente, um subproduto: a finalidade principal é a tentativa em si, a libertinagem, a exploração.

Recordo-me de ter lido, muito tempo atrás, a respeito desse argumento, um belíssimo ensaio, naturalmente diletante, do pobre Paolo Monelli: intitulava-se *Elogio dello schiappino* e louvava quem se propõe a fazer os ofícios alheios, o autodidata, o esquiador que se aventura na neve sem ter frequentado os cursos e sem ter lido os manuais, quem se lança a aprender uma língua estrangeira sem gramática mas esquadrinhando um jornal ou conversando espontaneamente com o primeiro estrangeiro que encontra, o pintor de fim de semana, enfim, todos aqueles que se esforçam por aprender pela experiência própria em vez de aprender por tratados ou professores, ou seja, do amplo corpus da experiência alheia. O elogio, claro, é paradoxal: aprende-se melhor e mais depressa caso se siga a via tradicional, mas os caminhos espontâneos são mais alegres e mais ricos de surpresas.

Um caso particular desse tipo de libertinagem "esportiva" consiste para mim na pesquisa irrefletida em dicionários etimológicos: exercício mais profícuo se for feito sem motivo, sem um objetivo prático, sem tentativas críticas das quais além disso eu não seria capaz, e sem uma séria preparação linguística. Eu tenho cinco: do italiano, do francês, do alemão, do inglês e do piemontês: aquele que me é mais caro é este último, pois esconde nas suas folhas insuspeitados lastros de nobreza desse nosso dialeto, que eu falo mal, mas que amo com o "débito amor" que nos liga ao lugar em que nascemos e crescemos, e que se torna nostalgia quando estamos longe.

Os lastros que mencionei são os vocábulos piemonteses que derivam do latim sem intermediação do italiano. Não são poucos, e quase todos pertencem ao linguajar dos campos: uma área em que, do latim rústico (muitas vezes contaminado com expressões celtas ou ligúrias locais), passou-se diretamente a um dialeto bastante similar ao atual, e em que o italiano é falado apenas há poucas décadas, imposto pela administração, divulgado pelas migrações internas, pelo rádio, depois pelo cinema, e enfim, triunfalmente, pela televisão.

É lógico, mas também surpreendente e comovente, que a doninha ainda se chame *musteila* em piemontês (*mustela* em latim): na italianizada Turim as doninhas nunca foram vistas, nunca houve a necessidade de transmitir o nome de geração em geração. Nosso *bulé* é o latim *boletus*: no que diz respeito aos cogumelos, nenhuma outra expressão neolatina,[1] nem o pátrio italiano nem o vicinal francês, demonstrou-se tão fiel ao latim quanto aquela dos nossos alóbrogos; aliás, nenhum fritada dá tanta honra aos cogumelos quanto a fritada à piemontese; e não me surpreenderia, antes sentiria um orgulho patriótico, se alguém me demonstrasse que a filiação é inversa, que os latinos começaram a chamar *boleti* os cogumelos por causa de alguma obscura população do lado de lá do Rio Pó, ou seja, por nós.

Experimentei outra alegria quando, olhando a *Copa* virgiliana recentemente traduzida pela editora Zanzotto por Vanni Scheiwiller, encontrei no texto latino da contracapa nada menos que nossa *topia* [pérgola], ignorada pelo italiano e usada pelos latinos e gregos num sentido ligeiramente diverso do piemontês (*aiuola* em vez de *pergolato*). E piemontesas-latinas sem intrusões italianas são *tisoire* (as tesouras, *tonsorie*), *pàu* (paúra, pavor), *arsenté* (enxaguar, *recentare*), *ancheui* (hoje, *hanc hodie*), *aram* (ramo, mas o termo dialetal é mais próximo daquele italiano ao latim *aeramen*), o *stibi* ainda muito usado pelos *muratori* (a mureta divisória, *stipes*; o italiano *stipite* tem um outro significado), *pré* (a moela das galinhas, *petrarius* porque frequentemente contém seixos), o *malavi*, que não corresponde ao italiano *malato* mas ao latim *male habitus*.

A pérola dessa coroa é, justamente, o próprio adjetivo *latinn* ou *ladin*, que em piemontês significa "fácil, tranquilo, escorregadio". O italiano de hoje não sente mais o latim como a língua "fácil" por excelência, mas assim a considerava ainda Ariosto, quando diz que o conde Orlando entendia a língua sarracena "como latim". Bem, não faz muitos anos que ouvi um jovem do campo que elogiava (em piemontês) a própria bicicleta, dizendo que era "mais latina" que a do seu irmão mais velho.

---

[1] Depois da publicação deste artigo, fui informado de que o cogumelo se chama *bolet* também em catalão.

São pequenas descobertas, e já feitas inúmeras vezes pelos especialistas; mas se experimenta igualmente um doce prazer em descobri-las. Da mesma maneira como há esquiadores que, a despeito da selva das instalações de subida, sintam prazer em ir a pé até a Banchetta[2] com os esquis e as peles de foca.

---

2 Pista de esqui. (N. T.)

O crânio e a orquídea

Há muitos anos, pouco depois do fim da guerra, fui submetido (ou melhor, eu me submeti, quase voluntariamente) a uma bateria de testes psicológicos. Sem muita convicção, quase mesmo contra a vontade, tinha enviado um pedido de emprego a uma grande indústria; eu precisava trabalhar, mas não amava as grandes indústrias, tinha sentimentos ambivalentes e temia/esperava que meu pedido não fosse aceito. Recebi um convite para me submeter "a alguns exames", acompanhado do aviso de que seu resultado não influenciaria nas probabilidades de contratação, apenas evitaria que "o homem redondo se enfiasse no buraco quadrado". Essa imagem ousada me surpreendeu e intrigou: eu era mais jovem e as novidades me agradavam. Vamos experimentar, vamos ver qual é o resultado.

Na sala de espera, encontrei-me em companhia de cerca de trinta outros candidatos, quase todos homens, quase todos jovens e quase todos ansiosos. Sofremos uma rápida consulta médica e um interrogatório anamnésico superficial; tudo me lembrava com desagrado a cerimônia, na verdade muito mais brutal, que poucos anos antes tinha assinalado meu ingresso no campo de concentração: como se um estranho olhasse em seu interior para ver o que você contém e quanto vale, como se faz com uma caixa ou uma bolsa.

A primeira prova consistia em desenhar uma árvore. Do primário em diante eu nunca mais tinha desenhado nada; contudo, uma árvore tem atributos específicos; desenhei-os todos e entreguei a folha. Mais árvore que aquilo, era impossível fazer.

A prova seguinte era mais desafiadora: um jovem de ar pouco convicto nos entregou um livrinho que continha 550 perguntas, às quais era necessário responder apenas com sim ou não. Algumas eram estúpidas, outras extraordinariamente indiscretas, outras ainda pareciam mal traduzidas de uma língua ininteligível. "Você às vezes acha que seus problemas podem ser resolvidos com o suicídio?". Talvez sim, talvez não, portanto não vou lhe dizer. "Pela manhã, você tem a sensação de que a moleira da sua cabeça esteja mole?". Sinceramente não. "Você tem, ou já teve, dificuldade de micção?": meu vizinho de carteira vinha de Taranto, cutucou-me com o cotovelo e disse: "Colega, que significa isso, menção?", eu expliquei e ele se animou. "Você acha que uma revolução pode melhorar a situação política?": oh, espertalhão! Não sou revolucionário, mas mesmo se fosse…

O jovem foi embora com seus livrinhos, e apareceu uma garota morena, visivelmente mais nova que o mais jovem dentre nós. Pediu-nos que entrássemos um por um no seu escritório, que era bem ao lado. Quando foi minha vez, ela me mostrou quatro ou cinco cartões sobre os quais estavam impressas imagens enigmáticas e me pediu para exprimir livremente as sensações que eu experimentava. Uma representava um barquinho vazio, sem remos, inclinado de um lado e abandonado entre arbustos e árvores. Eu disse que nossa velha empregada, quando lhe perguntávamos "Como vai?", costumava responder de modo desconsolado: "Como um barco numa floresta", e a mocinha me pareceu satisfeita.

Um outro cartão representava alguns camponeses que dormiam esparramados na terra, em meio aos feixes, com o chapéu em cima do rosto; a imagem me sugeriu sede, cansaço, descanso merecido e precário. Um terceiro cartão trazia a imagem de uma jovem agachada aos pés de uma cama numa posição antinatural e forçada, com a cabeça escondida entre os ombros, que estavam curvados, como se deles quisesse fazer uma couraça contra qualquer coisa ou alguém; no chão havia um objeto indistinto que podia ser uma pistola. Não me lembro do assunto dos outros cartões; aquele trabalho de interpretação me agradava e me deixava à vontade, a mocinha me disse que tinha percebido, não acrescentou mais comentários e me fez passar à sala adjacente.

Aqui, sentada a uma escrivaninha, estava uma jovem elegante e belíssima. Ela sorriu como se me conhecesse havia muito tempo, me fez sentar à sua frente, ofereceu-me um cigarro e começou a me fazer perguntas técnicas, pessoais e íntimas, do tipo que os confessores fazem durante a confissão. Interessavam-lhe especialmente os sentimentos que eu tinha em relação à minha mãe e meu pai: sobre isso ela insistia muito, mas sem nunca afrouxar seu sorriso profissional.

Ora, naquele tempo eu já tinha lido meu Freud e não era totalmente inexperiente. Eu a tratei com respeito, e até ousei dizer à mulher belíssima que era um pecado que tivéssemos assim tão pouco tempo, do contrário talvez nos conhecêssemos melhor e eu a teria convidado para jantar, mas ela me interrompeu bruscamente, com um ar seco. A essa altura, a coisa toda começava realmente a me divertir: a angústia de me sentir sondado e pesado havia desaparecido.

Segui para um outro cubículo e uma outra examinadora: era mais velha que suas companheiras e também mais altiva. Nem mesmo me olhou nos olhos e me enfiou embaixo das fuças as dez figuras de Rorschach. Estas são grandes manchas informes mas simétricas, obtidas dobrando ao meio uma folha branca sobre gotículas de tinta preta ou colorida; à primeira vista podem parecer pares de gnomos, ou esqueletos, ou máscaras, ou insetos vistos ao microscópio, ou pássaros; à segunda vista, não significam mais nada. Parece que o mundo no qual são interpretadas dá indícios sobre a personalidade global do indivíduo. Ora, acontece que poucos dias antes um amigo meu tinha me falado dessas figuras, e até tinha me emprestado o manual que as acompanha e que explica com muitos e curiosos detalhes como sua interpretação será interpretada; ou seja, o que se esconde dentro daquele que vê, nas manchas, um crânio ou uma orquídea. Achei que seria correto advertir minha examinadora de que a prova seria contaminada.

Eu lhe contei, e ela ficou toda indignada. Como eu pudera me permitir tal transgressão? Sem precedentes: eram coisas reservadíssimas, coisas delas, em que os leigos não deviam meter o nariz. Ela tinha um ofício delicado, e ninguém deveria procurar roubá-lo. Mas, acima de tudo: o que ela escreveria agora no meu cartão? É claro que não podia deixá-lo em branco. Em síntese, eu a tinha colocado numa situação sem saída. Eu me despedi com uma desculpa qualquer e esqueci o caso; quando a carta com a resposta do pedido de emprego chegou, respondi que eu já tinha arranjado outro, o que era verdade.

Alguns meses depois, vim a saber por acaso que os verdadeiros candidatos não éramos nós trinta, mas eles, nossos examinadores: tratava-se de uma equipe de psicólogos em período de experiência, e os testes aplicados em nós eram seu exórdio, aquilo que para os aprendizes operários se chama a "obra-prima".

Depois daquilo nunca mais fui submetido a exames desse tipo, e fiquei contente. Desconfio deles: acho que violam alguns dos nossos direitos fundamentais e que além de tudo são inúteis, pois não existem mais candidatos ingênuos. Porém, gosto quando são feitos de brincadeira: então se despojam da sua presunção e estimulam a fantasia, fazem nascer ideias novas e podem nos ensinar algo a respeito de nós mesmos.

A loja do vovô

Meu avô materno tinha uma loja de tecidos na velha Rua Roma, antes da demolição implacável dos anos 30. Era um grande local tenebroso, com uma só janela, perpendicular à rua e mais baixo que o nível dela; poucas portas depois havia um outro antro paralelo, um café-bar que havia sido camuflado de caverna, com grandes estalactites de cimento acastanhado em que se incrustavam espelhinhos multicoloridos: no fundo, no balcão do bar, haviam sido aplicadas muitas listras verticais de espelhos. Estes, não sei se por acaso ou de propósito, não estavam no mesmo plano, mas ligeiramente angulares entre si: assim, quem passava diante da soleira via as próprias pernas multiplicadas pelo jogo de espelhos, parecia ter cinco ou seis em vez de duas, e isso era tão divertido que as crianças da época, ou seja, nós, íamos sempre à Rua Roma de propósito.

Meu avô se chamava Ugotti, mas todos o chamavam de Monsù Ugotti pois havia adquirido a loja de um comerciante que tinha esse nome. Este último devia ser um personagem popular, porque o nome permaneceu por muito tempo ligado também aos meus tios, e até mesmo alguns anos depois da guerra alguém na Rua Roma me chamou de Monsù Ugotti.

Meu avô era um patriarca corpulento e solene; era perspicaz, mas nunca ria; falava muito pouco, com raras frases bem pensadas, cheias de significados ostensivos e ordenados, com frequência irônicos, sempre cheios de tranquila autoridade. Acho que durante toda a sua vida não leu nenhum livro; seu mundo era delimitado pela casa e pela loja, distantes entre elas não mais de quatrocentos metros, que ele percorria a pé quatro vezes por dia. Era um hábil homem de negócios e em casa também era um hábil cozinheiro, mas ia para a cozinha apenas nas grandes ocasiões, para confeccionar pratos refinados e indigestos; então permanecia ali durante todo o dia, espantando todas as mulheres, esposa, filhas e empregadas.

O pessoal que trabalhava na loja era uma curiosa coleção de exemplares humanos anômalos. Sobre um fundo apagado de funcionários provisórios que sempre se renovavam destaca-se a grandeza perene e bem-humorada de Tota Gina, a caixa. Formava um corpo único com o caixa, com o registrador do caixa e com a alta base sobre a qual o caixa repousava. Dali de baixo, viam-se seus seios majestosos, que invadiam toda a bancada do móvel e transbordavam pelos lados como massa caseira. Tinha os dentes de ouro e de prata e nos presenteava com pastilhas Leone.

Monsù Ghiandone puxava os erres e usava peruca. Monsù Gili usava gravatas brilhantes, corria atrás das mulheres e se embebedava. Francesco (sem o Monsù: era o faz-tudo) vinha do Monferrato e o chamavam de S-ciapalfàr, Spaccailferro [Quebra-ferro], porque uma vez tinha sido agredido, arrancou uma daquelas compridas manivelas que servem para levantar as persianas e quebrou a cabeça do agressor. Sabia andar sobre as mãos, pavoneava-se todo e depois do fechamento da loja dava também um salto mortal sobre o balcão da loja.

Junto com o vovô e os funcionários, vendiam tecidos também dois tios meus, que provavelmente devem ter desejado fazer qualquer outra coisa, mas a autoridade do meu avô, nunca expressa com palavras duras e muito menos com ordens, era ainda assim incontroversa e indiscutível. Entre eles, os vendedores se comunicavam em piemontês, porém intercalando na conversa uns vinte termos técnicos que os clientes (ou melhor, as clientes: eram quase todas mulheres) não conseguiam decifrar e constituíam um microjargão esquelético, um código elementar mas essencial, cujas vozes eram sussurradas velozmente e com os lábios cerrados.

Faziam parte dele, em primeiro lugar, os numerais: para simplificar, reduziam-se a uma fileira de algarismos, naturalmente cifrados, e serviam para que o vovô transmitisse ao funcionário qual preço (reduzido, ou ao contrário aumentado) fazer para esta ou aquela cliente; de fato, os preços não eram fixos, mas variavam em função da simpatia, da solvência, do eventual parentesco e de outros fatores imprecisos. "*Missià*" era uma cliente chata; "*tërdes-un*" ("treze-um") era a cliente do tipo mais temido, aquela que faz baixar das prateleiras quarenta peças, discute o preço e a qualidade por duas horas e depois vai embora sem comprar nada. Num dia histórico, o termo foi decifrado exatamente por uma *tërdes-un*, que fez um escândalo, e foi substituído pelo equivalente "*savoia*", que por sua vez não durou muito tempo. Outras expressões significavam simplesmente "sim", "não", "mantenha o preço", "baixe".

O vovô mantinha relações cordiais, mas diplomaticamente complexas, com os diversos concorrentes, alguns dos quais eram seus parentes distantes. Faziam-se de comércio a comércio visitas amigáveis que eram ao mesmo tempo missões de espionagem, combinavam-se almoços dominicais homéricos, e chamavam uns aos outros de Senhor Ladrão e Senhor Trapaceiro. Também as relações com os funcionários eram ambivalentes: na loja, eram de uma submissão absoluta; mas às vezes, aos domingos de uma boa temporada, o vovô os convidava a viagens sociais à cervejaria Boringhieri (na atual Piazza Adriano). Uma vez, excepcionalmente, foram até a Beinasco de trem.

Transparentes eram ao contrário as relações com os outros comerciantes que na Rua Roma e arredores vendiam sapatos, linho, joias, móveis, vestidos de noiva. O vovô mandava o mais jovem e vivaz dos funcionários à estação de Porta Nuova, para esperar os trens que chegavam do interior: devia espionar os casais de noivos que vinham a Turim para comprar enxoval e levá-los à loja. Mas, uma vez cumprida a aquisição dos tecidos, a missão do jovem não havia terminado: devia rebocar o casal à loja dos outros comerciantes consorciados, os quais, naturalmente, se organizavam para retribuir o favor.

No Carnaval, meu avô convidava todos os netos para assistir ao desfile dos carros alegóricos da sacada da loja. Naquele tempo, a Rua Roma era pavimentada com deliciosos tacos de madeira, sobre os quais as ferraduras dos cavalos não derrapavam, e era percorrida pelas guias metálicas do trem elétrico. O vovô nos dava uma adequada provisão de confetes, mas nos proibia de lançar serpentinas, sobretudo nos dias chuvosos: de fato, circulava a lenda de um menino que tinha lançado uma serpentina molhada por cima do fio elétrico do trem e acabou sendo fulminado.

No Carnaval, excepcionalmente, a vovó também aparecia na sacada da loja: era uma mulherzinha frágil, mas que trazia na cara o ar régio das mães de muitos filhos, e já em vida tinha a expressão absorta e fora do tempo que exala dos retratos dos avós nas suas grandes molduras. Ela mesma vinha de uma extensa família de 21 irmãos, que haviam se dispersado como sementes de dente-de-leão ao vento: um era anarquista e refugiado na França, outro tinha morrido na Grande Guerra, um era um célebre remador e neuropata, e um (contava-se em voz baixa e com horror), quando ainda era bebê, tinha sido devorado no berço por um porco.

Um longo duelo

"Há aqueles que se comprazem em recolher no próprio carro o pó de Olímpia, e atingir a meta com as rodas quentes"; assim, ou aproximadamente, dizia Horácio, e o pequeno clã do qual eu fazia parte foi sacudido por uma leve e deliciosa descarga elétrica. Nossa classe de primeiro ano do secundário era monstruosa, composta de quarenta estudantes, todos meninos e quase todos arruaceiros, selvagemente impermeáveis aos conhecimentos que nos eram ministrados. Alguns os rejeitavam ou riam com arrogância, outros (a maior parte) os deixavam cair sobre si como uma chuva enfadonha.

Nós não. Éramos cinco ou seis, e nos proclamávamos com orgulho a elite da classe. Tínhamos elaborado nossa moral privada, escandalosamente tendenciosa: estudar era um mal necessário, devia ser aceito com a paciência dos fortes, já que era preciso passar de ano; mas entre as matérias do currículo havia uma hierarquia definida. Ótimas: Filosofia e Ciências Naturais; toleráveis: Grego, Latim, Matemática e Física, compreendidas como instrumento para entender as duas primeiras; indiferentes: Italiano e História; aflição pura: História da Arte e Educação Física. Quem não aceitasse essa classificação (que, à nossa revelia, havia sido gerada preferencialmente pelo talento e pelo calor humano dos respectivos professores), era automaticamente excluído do clã.

Havia outros dogmas: das meninas, e às meninas, era necessário falar sem sentimentalismos, ou melhor, na mais bruta linguagem de quartel. Eram admitidas as práticas da natação e da esgrima; aceito com suspeitas o esqui, "que é coisa de rico"; malvisto o futebol, pois "endurece os joelhos"; excluído o tênis, efeminado, bom para as senhoritas de alta linhagem. Eu, que jogava tênis nas férias em Bardonecchia, e até em duplas mistas, nunca confessei a prática. Mas além disso estava permanentemente à margem do clã, aceito porque era bom em Latim e passava as cópias das tarefas em classe, invejado porque tinha um microscópio, mas sempre na corda bamba porque, a despeito dos meus esforços, meu vocabulário não era muito vulgar.

Mas o esporte principal era o atletismo: quem o praticava era *ipso facto* um eleito; quem o ignorava, um excluído. Dois anos antes, em 1932 em Los Angeles, Beccali tinha vencido nos 1500 metros, e todos sonhávamos em imitá-lo, ou ao menos sobressair em qualquer outra modalidade. Nossas pequenas Olimpíadas se passavam às tardes, dentro do estádio que havia então e onde agora é o Politécnico.

Era uma construção faraônica, uma das primeiras de concreto surgidas em Turim: concluída por volta de 1915, em 1934 já havia sido abandonada e depredada, exemplo insigne de desperdício do dinheiro público. O anel da pista, de 800 metros, ainda era de terra, polvilhado de buracos mal e mal preenchidos de cascalho; sob as gigantescas escadas cresciam ervas daninhas e frágeis arbustos. Oficialmente a entrada era proibida, mas nós entrávamos pelo bar, levando conosco as bicicletas.

Havia quem lançasse peso (um bloco de cimento) ou um dardo doméstico, e quem fizesse o salto em altura ou à distância o melhor que podia, mas Guido e eu nos atentávamos rigorosamente ao *pulverum Olympicum* cantado por Horácio. Havíamos descoberto que éramos corredores de meia distância, mas os 1500 metros de Beccali para nós eram muito; os polvorentos 800 metros da pista nos bastavam, e ali corríamos. Aqueles três versos nos reconciliavam com a latinidade; aqueles antigos romanos não eram simples fósseis, portanto: conheciam a febre da raça, eram gente como nós. Uma pena que escrevessem num latim tão difícil.

Guido era um jovem bárbaro de corpo esculural. Era inteligente e ambicioso, e invejava meu sucesso escolar; eu, da mesma forma, invejava-lhe os músculos, a estatura, a beleza e a libido precoce. Essa competição cruzada tinha criado entre nós uma curiosa amizade áspera, exclusiva, polêmica, nunca afetuosa, nem sempre leal, que comportava uma concorrência contínua, um confronto até os limites, e na verdade nos tornava inseparáveis. Tínhamos 15 ou 16 anos, e essa tensão competitiva seria quase normal se estivéssemos em pé de igualdade, mas não era assim. Eu dispunha de uma certa vantagem inicial no plano da cultura, porque tinha em casa muitos livros e meu pai engenheiro me trazia outros num piscar de olhos se eu apenas demonstrasse um desejo específico (com exceção de Salgari, que ele detestava e me proibia de ler), enquanto meu rival era filho de gente simples; mas Guido não era estúpido nem preguiçoso, me pedia emprestados todos os livros dos quais eu falava, lia-os vorazmente, discutia-os comigo (quase sempre tínhamos opiniões contrárias) e depois não os devolvia mais; por isso sua deficiência cultural se reduzia mês a mês.

Ao contrário, sua vantagem sobre o plano físico era intransponível. Guido pesava 60 quilos de bons músculos, e eu apenas 45. Qualquer embate corpo a corpo estava fora de cogitação, mas devíamos competir, e queríamos (talvez eu quisesse mais que ele), e antes de sair ao campo aberto do atletismo tínhamos experimentado várias formas de confronto indireto. Por semanas nos desafiamos para ver quem prendia a respiração por mais tempo; primeiro sem expedientes particulares, depois afinando pouco a pouco nossas armas. Eu inventei o artifício de oxigenar previamente meu sangue, respirando longa e profundamente antes da prova; Guido descobriu que ganhava alguns segundos se competisse agachado no chão em vez de sentado; eu aprimorei a técnica da respiração interna, contraindo e expandindo o tórax com a glote fechada. Funcionava, mas Guido se deu conta da manobra e começou a imitá-la. Nós dois estávamos obstinados até chegar quase ao desmaio; competíamos alternadamente, cada um mantendo o cronômetro diante dos olhos bem abertos o mais longe possível do outro. Não havia necessidade de controle, não pensaríamos nunca em mentir sobre o efetivo fechamento das narinas, pois cada um de nós estava em busca mais de uma prova de determinação que de um confronto vencedor. Acho que os resultados não eram brilhantes, chegamos até os 100 segundos de apneia, depois, contra nossos hábitos, concordamos em suspender o duelo, "se não, vamos acabar tísicos".

O inventor do jogo dos tapas foi sem dúvida Guido. As regras, nunca escritas ou enunciadas, eram definidas por si sós: era preciso surpreender a guarda do adversário, na rua, na sua carteira, se possível na escola, e bater na sua cara, sem aviso prévio, com o máximo de força, no meio de um discurso pacífico. Era permitido, até mesmo apreciado, distrair o adversário com conversas, e também atingi-lo por trás, mas sempre e apenas nas bochechas, nunca no nariz ou nos olhos; era proibido bater uma segunda vez aproveitando-se do seu atordoamento; admitia-se, mas era quase impossível, a defesa; era uma desonra protestar, lamentar-se ou mostrar-se ofendido; era preciso retaliar, mas não na mesma hora: mais tarde, no dia seguinte, em pleno repouso, do modo mais brusco e imprevisto. Nós nos tornamos muito hábeis em ler um no rosto do outro as contrações imperceptíveis que antecediam o tapa: "Então ele cerra os olhos para ferir",[1] citei eu do *Inferno*, e Guido educadamente me elogiou. Contra qualquer previsão, saí vencedor do selvagem torneio, nos pontos: tinha reflexos mais rápidos que Guido, talvez porque meus braços fossem mais

---

[1] Alusão aos versos 94-95 da *Divina comédia*, canto XXII do *Inferno*: "E 'l gran proposto, volto a Farfarello che stralunava li occhi per fedire". (N. T.)

curtos, mas meus tapas, mesmo se mais numerosos que os seus, eram muito menos violentos.

Guido teve uma fácil revanche numa prova que ele mesmo tinha instituído num tempo em que o striptease não existia ainda nem mesmo na América; eu não soube vencer meu pudor, concorri uma vez só e parei já nos sapatos. Como eu disse, naquela classe éramos todos meninos; nem todos éramos patifes, mas os patifes eram os verdadeiros líderes, não nós "intelectuais". Guido desafiou e venceu a todos. A prova consistia em despir-se na sala de aula, e podia acontecer apenas durante as aulas de Ciências Naturais, pois o professor enxergava mal e nunca andava entre as carteiras. Alguns chegaram a se despir até o peito, quatro até as cuecas, mas só Guido chegou a desnudar-se dos pés à cabeça. O risco de ser chamado à lousa fazia parte do jogo e o apimentava: às vezes acontecia mesmo de alguém ser questionado e ter que enfiar precipitadamente as calças por debaixo da carteira.

Guido, estrategista nato, tinha tomado suas precauções. Com um pretexto, mudou da segunda para a última carteira, treinou para se vestir rapidamente, esperou o dia seguinte a uma prova oral e enfim, enquanto o professor ilustrava o esqueleto indicando suas partes com a baqueta, não só se desnudou completamente, mas nu ficou, primeiro de pé na carteira e depois no tablado, enquanto todos nós prendíamos a respiração, suspensos entre a admiração e o escândalo. Assim permaneceu durante um longo instante.

Submetidos ao mito coletivo, nos dedicávamos finalmente ao atletismo, mas se tornou logo evidente que Guido venceria em todas as modalidades exceto em uma: os 800 metros. E justamente eram nos 800 metros que ele queria me bater, para que não restassem dúvidas da sua supremacia atlética.

A volta do anel era um trabalho extenuante. Calçávamos tênis e o cascalho nos maltratava os pés e atrapalhava a corrida. Tínhamos corrido juntos apenas uma vez, massacrando-nos um ao outro. Nenhum dos dois queria deixar o outro ultrapassar, nem ao menos por poucos metros: não sabíamos que a conduta de competição mais racional consiste, ao contrário, exatamente em tirar o ar do adversário, poupando a respiração para o arranque final. Assim, na metade do percurso estávamos ambos mortos de cansaço; eu parei de correr, não por generosidade ou por cálculo, mas por total exaurimento; Guido, por honra, ainda correu uma dezena de metros, depois também saiu da pista.

Depois daquele dia, um aterrorizado pela obstinação do outro, corremos pelo cronômetro: um correndo na pista, o outro seguindo-o na bicicleta e anunciando-lhe o tempo parcial; mas Guido era desleal, em vez de respeitar minha feroz concentração me contava piadinhas sujas para me fazer rir. Continuamos assim por várias semanas, entupindo a garganta de pó olímpico, convivendo civilizadamente na escola, odiando-nos no estádio com o ódio inconfesso dos atletas. A cada prova, cada um de nós punha em prática toda a sua ferocidade para comer qualquer segundo do tempo do outro.

Ao fim do ano escolar, eu parei de me esfalfar: a superioridade de Guido havia sido conclamada, consolidada; separava-nos um abismo de pelo menos cinco segundos. Porém, o caso me concedeu uma mísera revanche: o bar do estádio tinha fechado e para entrar na pista era necessário escalar as arquibancadas até em cima, onde uma passagem tinha sido esquecida aberta. Então percebi que entre as barras que impediam a entrada por terra havia um intervalo de dezesseis centímetros: apertando, dava pra passar minha cabeça, mas naquela época eu era tão magro que, passando minha cabeça, todo o resto passava facilmente.

Desse feito só eu era capaz: bem, aquela também não era uma modalidade? Um dom da natureza, como os quadríceps e os deltoides de Guido? Forçando um pouco, como faziam os sofistas, podíamos definir uma modalidade atlética, que definiríamos com um regulamento oportuno. Talvez, ao elenco de indóceis, de não pagantes iniciado por Horácio, pudéssemos acrescentar um *item*, aquele do passador de barras. Guido não concordava muito com aquilo.

O ofício alheio

De Guido eu perdi o contato, e não sei portanto qual de nós dois teria vencido na competição de grande fundo da vida; mas não esqueci aquela estranha ligação, que talvez não fosse amizade, que nos uniu e dividiu. Nas minhas recordações, sua imagem permaneceu assim, imóvel como uma fotografia: pelado, em pé sobre a absurda carteira do liceu, simétrico ao esqueleto do qual o professor nos expunha o inventário, peitudo, dionisíaco e opostamente obsceno, monumento efêmero do eterno vigor e da insolência.

A linguagem dos odores

Recentemente, Lorenzo Mondo publicou nestas páginas uma bela crítica das poesias de Giorgio Caproni, editadas pela Garzanti, apontando um aspecto curioso: a importância que, para esse autor, têm os odores e a frequência com a qual eles aparecem na sua obra, seja poética ou narrativa. São os odores da natureza, mas também e sobretudo os odores humanos; mais precisamente, odores de mulheres, tênues ou vívidos, suaves ou selvagens. São mensagens, explícitas mesmo se enunciadas numa linguagem (até agora) indecifrável, e atestam a persistência da nossa ligação com a terra e com a *"bella d'erbe famiglia e d'animali"*.[1]

Esse é um argumento que sempre me fascinou: frequentemente suspeitei que minha escolha juvenil pela Química, em níveis profundos, tenha sido ditada por motivos diversos daqueles que racionalizei e declarei várias vezes. Tornei-me um químico não (ou nem só) pela necessidade de compreender o mundo ao meu redor; não como reação às verdades dogmáticas e esfumaçadas pela doutrina do fascismo; não pela esperança de glória científica

---

[1] "Bela família de ervas e animais": versos do poema "Dei sepolcri", de Ugo Foscolo. (N. T.)

ou por dinheiro; mas para ter uma oportunidade de exercitar meu nariz.

De fato, saibam os não químicos que ainda hoje, a despeito de todas as sofisticadas análises instrumentais, o nariz ainda presta serviços excelentes para o químico ao qual pertence, em termos de simplicidade, rapidez e baixo investimento, quase nulo. Basta, e é o que acontece, mantê-lo em exercício. Se eu tivesse autoridade, para os jovens aspirantes químicos eu introduziria um curso e um exame obrigatório de reconhecimento olfativo; e manteria o relativo laboratório (nada mais que um arquivo, milhares de frascos com etiquetas em código, poucas gramas de substância a ser identificada em cada frasco: mesmo isso seria um investimento irrisório!) aberto para todos aqueles, jovens ou velhos, que desejassem introduzir no próprio universo sensorial uma dimensão a mais e perceber o mundo sob um aspecto diferente. A educação dos sentidos não é também uma "educação física"?

Aqui se coloca um problema: todos os humanos são dotados em igual medida de um olfato que pode ser educado ou não existem também os refratários, como aqueles que, bem dotados sob outros aspectos, não distinguem as cores? Não há dados, mas a julgar pelo comportamento de todos diante de um odor atraente ou desagradável, penso que os "anósmicos", que serão exonerados do meu curso, sejam uma minoria, como os cegos de nascença. Um bom nariz é muito mais efeito de exercício que dom de natureza, e nosso olfato, via de regra, é muito mais negligenciado que atrófico.

O quanto nossa civilização o negligencia é demonstrado pela pobreza da nossa linguagem relativa aos odores: temos um sortimento de adjetivos unívocos que se referem a cores bem definidas, mesmo se algumas destas ("rosa", "violeta") sejam afetadas ainda, pelo menos em italiano, pelo seu originário signo de exemplo; ao contrário, não dispomos de um só termo autônomo que designe um odor, razão pela qual somos obrigados a dizer "cheiro de peixe", "de vinagre" ou "de bolor". Que o exercício funcione é demonstrado pela seletividade olfativa dos cozinheiros e perfumistas; mas nem mesmo eles dispõem de uma terminologia desvinculada de substratos concretos.

É claro que, mesmo se nos esforçássemos, não atingiríamos nunca as faculdades de um cão, formadas por milênios de seleção natural e humana, e constantemente treinadas: um cão de caça que segue uma pista, com o focinho na terra e quase correndo, executa a todo instante uma complexa análise do ar, qualitativa e quantitativa, que desafia aquilo que poderia fazer o melhor cromatógrafo atual; o qual, além do mais, custa muitos milhões, não sabe correr (é, ao contrário, delicado e mal transportável) e não se afeiçoa ao seu dono.

Mas mesmo o mais civilizado dos cães, o mais diminuto dos frívolos *pets*, se orienta sem dificuldade na miríade de mensagens olfativas que seus colegas deixam para a posteridade em todos os cantos. Os cães devem ter tanta pena de nós! Cito de memória os versos que G. K. Chesterton, em *A pousada voadora*, atribui ao cão Quoodle: "*They haven't got no noses/ they haven't got no noses/ and Godness only knowses/ the noselessness of Man!*" (*sic*: lembre-se de que se trata de um cão que fala, e até canta). Traduzo o melhor que posso: "Não têm narizes/ não têm narizes/ e só Deus sabe quanto/ o Homem é *desnasado!*")

E a propósito de Flush, outro célebre cão literário, Virginia Woolf escreve: "Lá onde duas ou três mil palavras não bastam para exprimir aquilo que vemos [...] não existem mais que duas palavras e meia para expressar aquilo que cheiramos. O nariz humano praticamente não existe. Os maiores poetas desta terra não cheiraram mais que rosas de um lado e estrume de outro. Não há nenhuma menção das inumeráveis gradações que se estendem entre eles. Bem, era no mundo dos odores que se desenvolvia a maior parte da vida de Flush. Para ele o amor era essencialmente odor; música e arquitetura, leis, política e ciências eram também odores. Mesmo a religião era odor para Flush [...]".

É provável que o olfato humano tenha sido esmagado, no curso da evolução, pela visão e pela audição; na vida social, estes dois sentidos se sobressaem, pois somos capazes de emitir voluntariamente complicados sinais visuais (gestos, expressões do rosto) e auditivos (palavras etc.), enquanto emitimos sinais olfativos sem ou contra nossa vontade.

Porém, apesar de tudo, nosso negligenciado nariz sabe nos avisar quando algo está queimando, e nos diz que, na sua opinião, o alimento que aproximamos da boca é suspeito de decomposição, e qualquer químico reconhece pelo cheiro, sem hesitar, o grupo primário das aminas, os nitroderivados (que cheiram a "cera de sapato": seria mais certo dizer que a cera de engraxar sapatos, tradicionalmente, é perfumada com nitrobenzenos), a cadeia que justamente nossos precursores chamaram de aromática, os terpenos e vários outros reagrupamentos.

A esse respeito, é interessante o discurso sobre odores mais ou menos agradáveis. São desagradáveis em sentido absoluto, e para todos, os eflúvios destrutivos, tais como o amoníaco e o dióxido de enxofre; para os outros odores, o julgamento é cultural e depende da civilização em que se vive. O estrume para o qual aponta Woolf repugna o poeta urbano, não o camponês que está habituado com ele e que o percebe como uma substância preciosa, ligada à fertilidade. O cheiro da gasolina incomoda os pedestres e agrada ao apaixonado por carros, que o associa às experiências excitantes da direção. Vance Packard conta que frequentemente os desodorantes para homens se mostraram fracassos comerciais: muitos indivíduos acham que o próprio cheiro, que incomoda os outros, faz parte da sua personalidade e manifestação de poder, e inconscientemente temem sua eliminação.

Mas todos os cheiros, agradáveis ou não, são extraordinários suscitadores de memórias. É obrigatório citar o aroma da *petite madeleine* que evoca em Proust, depois de décadas, "o edifício imenso da recordação". Quando revisitei Auschwitz depois de quase quarenta anos, o cenário visual me proporcionou uma comoção reverente, mas distante; ao contrário, o "cheiro de Polônia", inócuo, aprisionado pelo carvão fóssil usado para o aquecimento das casas, me atingiu como um golpe: despertou de uma vez um universo inteiro de lembranças, brutais e concretas, que jaziam dormentes, e me cortou a respiração.

Com a mesma violência, "lá" nos atingiam os ocasionais odores do mundo livre: o piche quente, que evocava barcos ao sol; a respiração da floresta, que cheirava a fungos e musgo, trazida pelo vento dos Beskides; o perfume de sabonete na passagem de uma mulher "civil" a caminho do trabalho.

O escriba

Há dois meses, em setembro de 1984, comprei um processador de textos, ou seja, um instrumento para escrever que muda automaticamente de linha e permite inserir, apagar, mudar instantaneamente palavras ou frases inteiras; enfim, torna possível terminar bem rápido um documento, deixando-o limpo, sem inserções e correções. Com certeza não sou o primeiro escritor que se decidiu à mudança. Um ano atrás, eu seria julgado audaz ou esnobe; hoje não, pois o tempo eletrônico corre velozmente.

Apresso-me a esclarecer duas coisas. Em primeiro lugar: quem quer ou tem que escrever pode muito bem continuar com a caneta ou com a máquina de escrever: meu *gadget* é um luxo, é divertido, até entusiasmante, mas supérfluo. Em segundo lugar, para tranquilizar os indecisos e os leigos: eu mesmo era, e ainda sou, enquanto estou escrevendo na tela, um leigo. Tenho ideias muito vagas sobre o que há dentro da tela. Ao meu primeiro contato, essa ignorância me humilhava profundamente; veio me socorrer um jovem que paternalmente atua como meu tutor, que me disse: "Você pertence à austera geração de humanistas que ainda pretende entender o mundo ao seu redor. Essa pretensão se tornou absurda: habitue-se ao computador e seu desconforto desaparecerá. Veja bem: você sabe, ou pensa que sabe, como funcionam o telefone ou a TV? E eles o ajudam todo dia. E além dos especialistas, quantos sabem como funciona o coração ou os rins?".

Apesar desse aviso, o primeiro contato com o aparelho me encheu de angústia: a angústia do desconhecido, que fazia muitos anos eu não experimentava. O computador veio com um estojo cheio de manuais; procurei estudá-los antes de tocar nos comandos, mas fiquei perdido. Parecia que estavam apenas aparentemente escritos em italiano, mas era uma língua desconhecida; uma língua zombeteira e enganadora, na qual vocábulos bem conhecidos, como "abrir", "fechar", "sair" eram usados em sentidos insólitos. Há um glossário que se esforça em defini-los, mas procede ao contrário dos dicionários comuns: estes definem termos obscuros recorrendo a termos familiares; o glossário pretende dar novos sentidos a termos falsamente familiares recorrendo a termos obscuros, e o efeito é devastador. Seria melhor ter inventado, para essas coisas novas, uma terminologia toda nova! Mas dessa vez também interveio o jovem amigo e me fez notar que tentar aprender a usar um computador através dos manuais é tão tolo quanto tentar aprender a nadar lendo um tratado, sem entrar na água; ou melhor, disse ele, sem nem mesmo saber o que é a agua, tendo ouvido falar dela apenas vagamente.

Portanto, decidi-me trabalhar em duas frentes, ou seja: verificando as instruções dos manuais, mas diretamente no aparelho. De repente me veio à cabeça a lenda do Golem. Conta-se que séculos atrás um rabino-mago construiu um autômato de argila, de força hercúlea e obediência cega, para que defendesse os judeus de Praga dos pogroms; mas ele ficava inerte, inanimado, até que seu autor lhe enfiasse na boca um pedaço de pergaminho no qual estava escrito um verso da Torá. Então o Golem de terracota se tornava um servo solícito e sagaz: andava pelas ruas e fazia a guarda, mas se transformava em pedra novamente quando lhe tiravam o pergaminho da boca. Perguntei-me se os construtores do meu aparelho não conheciam essa estranha história (com certeza são pessoas cultas e espirituosas): de fato, o computador tem uma boca, torta, entreaberta numa careta mecânica. Até que não lhe seja inserido o disco-programa, o processador não processa nada, é uma caixa metálica sem vida; mas, quando ligo o interruptor, na pequena tela aparece um educado sinal luminoso: isso, na linguagem do meu Golem pessoal, quer dizer que ele está ansioso para devorar o disquete. Quando o satisfaço, ele cantarola baixinho, ronronando como um gato satisfeito, e se torna vivo, e de repente mostra seu caráter: é espontâneo, prestativo, severo com meus erros, teimoso e capaz de muitos milagres que ainda não conheço e que me intrigam.

Quando alimentado com programas adequados, pode organizar uma revista ou um arquivo, traduzir uma função no seu diagrama, compilar histogramas, até jogar xadrez: coisas que no momento não me interessam; ao contrário, tornam-me melancólico e emburrado como aquele porco ao qual se ofereceram pérolas. Pode até desenhar, e isso para mim é um inconveniente de outra natureza: eu nunca mais desenhei desde a escola primária, e ter em mãos um servossistema que fabrica para mim, sob medida, as imagens que eu não sei traçar e com um comando meu as preenche com rapidez me diverte de um jeito indecente e me distrai dos usos mais apropriados. Devo forçar-me a "sair" do programa de desenho e voltar a escrever.

Notei que, escrevendo desse modo, tende-se à prolixidade. O esforço de um tempo em que se escalpelava a pedra levava ao estilo "lapidar": aqui ocorre o oposto, a manualidade é quase nula, e se não nos controlamos, acabamos desperdiçando palavras; mas existe um providente contador, e não devemos perdê-lo de vista.

Analisando minha ânsia inicial, percebo que em boa parte era ilógica e continha um antigo medo de quem escreve: o medo de que o texto trabalhado, único, inestimável, aquele que lhe trará fama eterna, lhe seja roubado ou vá terminar num bueiro. No computador você escreve, as palavras aparecem na tela nítidas, bem alinhadas, mas são sombras: são imateriais, não têm o suporte reconfortante do papel. "O papel canta", a tela não; quando estiver satisfeito com o texto, você o envia para o "disco", depois ele se torna invisível. Ele ainda existe, escondido em qualquer lugar do disco-memória, ou você o destruiu com alguma manobra errada? Só depois de dias de experiências *in corpore vili* (ou seja, em falsos textos, não criados mas copiados), você se convence de que a catástrofe do texto perdido foi prevista pelos gnomos geniais que projetaram o computador, pois para destruir um texto é preciso uma manobra que foi criada deliberadamente complicada e durante a qual o próprio aparelho o adverte: "Cuidado, você está a ponto de se suicidar".

Há 25 anos, escrevi um conto pouco sério no qual, depois de muitas hesitações deontológicas, um poeta profissional se decide a comprar um versificador eletrônico e delega a ele, com sucesso, toda a sua atividade. Meu aparelho ainda não chega a tanto, mas se presta de maneira excelente a compor versos, pois me permite inúmeros retoques sem que a página pareça suja ou desordenada, e reduz ao mínimo o cansaço manual do rascunho: "Assim se observa em mim o contrapasso".[1] Um amigo literato faz uma objeção dizendo que assim se perde a nobre felicidade do filólogo que tenta reconstruir, através de sucessivas rasuras e correções, o itinerário que leva à perfeição do *Infinito*: ele tem razão, mas não se pode ter tudo.

No que me diz respeito, desde quando pus freio e sela no meu computador senti que se atenuou em mim o tédio de ser um Dinornis, um sobrevivente de uma espécie em extinção: a sombra do "sobreviveu ao seu tempo" quase desapareceu. De um inculto, os gregos diziam: "Não sabe ler nem nadar"; hoje seria necessário acrescentar: "nem usar o computador". Ainda não o utilizo bem, não sou um especialista e sei que nunca serei, mas não sou mais um analfabeto. E depois, alegra-me poder acrescentar um item ao elenco daqueles "a primeira vez que": que vi o mar, que cruzei a fronteira, que beijei uma mulher, que despertei a vida de um golem.

---

1 "Così s'osserva in me lo contrapasso": verso 142 do canto XXVII do *Inferno* (*Divina comédia*). (N. T.)

A um jovem leitor

Caro senhor:
espero que me perdoe se respondo publicamente à sua carta de…, é claro que omitindo seu nome e qualquer outro dado que possa revelar sua identidade. Todavia, em benefício de outras pessoas que se encontram na mesma condição, ou em condições similares, e que como o senhor me escreveram, sou obrigado a revelar aqui ao menos isto: que o senhor tem 27 anos, que vive numa pequena cidade, que completou sem muito esforço o liceu clássico e que agora encontrou, depois de muita procura, um emprego modesto, que lhe rende pouco dinheiro, uma certa segurança e algumas gratificações.

O senhor deseja escrever, e mais precisamente narrar; e de fato escreve, mas quer me dar um conselho e uma orientação: como escrever. O senhor não aponta nem para mim nem para si mesmo o dilema fundamental, ou seja, escrever ou não, e, assim fazendo, me embaraça desde o início. De fato, de tudo o que me diz, percebe-se que o senhor pensa que narrar é uma profissão, enquanto eu acho o contrário.

Na Itália, hoje, cada profissão coincide com uma garantia, mas quem vive de escrever não tem garantias. Em consequência, os narradores puros, aqueles que vivem apenas da sua criatividade, são pouquíssimos: no máximo dez. Os outros escrevem nas horas vagas, dedicando o resto do tempo à publicidade, ao jornalismo, à editoria, ao cinema, ao ensino ou a outras atividades que não têm nada a ver com o ato de escrever. Por isso lhe recomendo, em primeiro lugar, ou mesmo lhe prescrevo, que tenha seu emprego em alta conta.

Se o senhor tiver realmente sangue de escritor, encontrará de qualquer jeito tempo para escrever, ele crescerá ao seu redor; aliás, seu trabalho cotidiano, mesmo que aborrecido, não poderá deixar de lhe fornecer matérias-primas preciosas para sua escrita noturna ou dominical, a partir do contato humano, a partir do próprio tédio. O tédio é entediante por definição, mas um discurso sobre o tédio pode ser um exercício vital e apaixonante para o leitor: o senhor, que fez estudos clássicos, certamente já sabe disso.

Porém, o senhor pula esse dilema e espera que eu lhe dê conselhos práticos e específicos: os segredos da profissão, ou melhor, da não profissão. Eles existem, não posso negar, mas felizmente não têm validade geral; digo "felizmente" porque, se tivessem, todos os escritores escreveriam do mesmo modo, gerando assim tal volume de tédio que tornaria inútil qualquer tentativa de fazê-la passar por leopardiana e de acender os interruptores automáticos dos leitores mais indulgentes. Portanto, terei de me limitar a lhe expor meus segredos pessoais, correndo o risco de construir com as próprias mãos o concorrente que, a despeito da minha "introdução", me expulsará do mercado.

O primeiro segredo é o descanso na gaveta, e acho que vale para todos. Entre a primeira elaboração e a definitiva, devem se passar alguns dias; por razões que ignoro, por um certo tempo o olho de quem escreve é pouco sensível ao texto recente. É necessário, por assim dizer, que a tinta esteja bem seca; primeiro, os defeitos fogem: repetição, lacunas lógicas, impropriedade, desafinamento.

Uma ótima alternativa à gaveta pode ser constituída por um leitor-cobaia, dotado de bom senso e bom gosto, não muito indulgente: o(a) cônjuge, um(a) amigo(a). Não um outro escritor: um escritor não é um leitor típico, tem suas preferências e caprichos peculiares, diante de um texto ruim é desdenhoso, diante de um belo tem inveja. Estou transgredindo o preceito do descanso neste exato momento, pois assim que acabar de escrever esta carta irei ao correio, desta forma o senhor poderá verificar a validez do que escrevi.

Depois da maturação, que assemelha um texto ao vinho, aos perfumes e às nêsperas, chega a hora de aparar as arestas. Quase sempre nos damos conta de que pecamos pelo excesso, que o texto é redundante, repetitivo, prolixo: ou, ao menos, repito, assim me parece. No primeiro esboço eu sempre me dirijo a um leitor obtuso, para quem é necessário martelar os conceitos na cabeça. Depois vem o emagrecimento, a escrita é mais ágil: aproxima-se daquilo que, mais ou menos conscientemente, é minha linha de chegada, aquela do máximo de informação com o mínimo de enrolação.

Observe que é possível chegar ao máximo de informações por caminhos diversos, alguns bastante sutis. Um, fundamental, é a escolha entre os sinônimos, que quase nunca são equivalentes entre si. Há sempre um que é mais "justo" que os outros: mas frequentemente é necessário buscá-lo, dependendo do contexto, no velho Tommaseo, ou entre os neologismos do Nuovo Zingarelli, ou entre os barbarismos estupidamente vetados pelos tradicionalistas, ou mesmo entre os termos de outras línguas; se o termo italiano não existe, por que fazer acrobacias?

Nessa busca, acho importante manter viva a consciência do significado original de cada vocábulo; se o senhor recorda, por exemplo, que "desencadear" quer dizer "livrar das cadeias", poderá usar o termo de modo mais apropriado e em sentidos menos corriqueiros. Nem todos os leitores se darão conta do artifício, mas todos eles perceberão ao menos que a escolha não foi óbvia, que o senhor trabalhou para chegar àquilo, que não seguiu a linha do lugar-comum.

Depois de noventa anos de psicanálise, e de tentativas bem ou malsucedidas de decantar diretamente o inconsciente na página, tenho uma necessidade aguda de clareza e racionalidade, e acho que a maior parte dos leitores pensa do mesmo modo. Não se diz que um texto claro seja elementar; podem haver vários níveis de leitura, mas o nível mais baixo, no meu entender, deveria ser acessível a um vasto público. Não tenha medo de fazer mal ao seu *ego* amordaçando-o, não há perigo, "o inquilino do andar de baixo" encontrará também o modo de se manifestar, pois escrever é desnudar-se: desnuda-se até mesmo o escritor mais limpo. Se o senhor não gosta de se desnudar, contente-se com seu trabalho atual. Estava esquecendo de lhe dizer que, para escrever, é necessário ter alguma coisa para escrever.

Receba minhas melhores saudações.

O seu

Primo Levi

Necessidade de medo

Quase todos nós temos medo das lacraias: quero dizer, das tesourinhas, daqueles insetos castanhos de corpo achatado e alongado cujo abdome termina numa pinça de aspecto ameaçador. Elas se escondem sob a copa das árvores ou se aninham às vezes nas roupas aquecidas pelo sol, nas dobras das sombrinhas ou das espreguiçadeiras. Não fazem mal a ninguém: sua pinça não é venenosa, ou melhor, não pica realmente (é um órgão que facilita o acasalamento); e não é verdade, mas vem sendo dito de geração em geração, que "se você não ficar atento, elas entram pelas suas orelhas". Essa noção está de tal maneira enraizada na nossa memória coletiva que foi transposta na denominação binária do animalzinho, que de fato se chama oficialmente *Forficula auricularia*; mas ingleses e alemães não esperaram o batismo científico e há séculos a denominam respectivamente *earwig* e *Ohrwurm*, o inseto ou o verme da orelha. Além da pinça, a tesourinha tem uma outra propriedade que nos incute um estranho temor: como todos os animais noturnos, se for exposta à luz passa bruscamente da imobilidade à fuga, e seu sobressalto repercute no nosso sobressalto.

Todas as mulheres, e vários homens, têm medo de morcegos. Esse também é um medo identificável e falsamente motivado: "Eles se prendem nos seus cabelos e, como têm as unhas curvas, você não consegue mais tirá-los". Não por acaso, também os morcegos são animais noturnos e têm um voo irregular, feito de volutas inquietas e improvisadas. Ora, nossos morcegos, inermes e inócuos, temem o homem, nunca se aproximam dele nem se deixam aproximar; mas nossa aversão racista de animais diurnos contra a "gente ruim, gente que gira de noite" (nas palavras de dom Abbondio) não recua diante da falta de confirmações experimentais, quem gira de noite é ruim por definição, e na sua imagem mais difusa o diabo, quando tem asas, são asas de morcego, enquanto a das fadas é de borboleta e a dos anjos, de cisne. Talvez nossa inimizade em relação ao morcego seja reforçada por seu distante parentesco com os mal-afamados vampiros; mas os vampiros, os verdadeiros vampiros, não aqueles das lendas negras dos Cárpatos, por sua vez são quase inócuos: a quantidade de sangue que extraem de uma vez (raramente à custa do homem) não chega a um vigésimo daquilo que fornecemos numa doação ao hemocentro, de bom grado e sem dano algum, ou melhor, sem nem percebermos o prejuízo.

Todas as mulheres e muitos homens têm horror a ratos, eles também noturnos e furtivos. Você se lembra de Winston, o protagonista do terrível *1984* de Orwell? Ele suporta com dignidade as torturas mais cruéis, mas cede e trai sua mulher ("Faça isso com Julia, não comigo! [...] roa o osso dela") quando seu torturador ameaça aproximar um rato do seu rosto. Quem lê aquelas páginas não duvida: o temor obsessivo que Orwell atribui ao personagem é um temor *seu*, uma fobia sua, perfeitamente compatível com a admirável coragem que o escritor demonstrou durante toda a sua vida, na paz e na guerra. Para Winston, e para Orwell, "a pior coisa do mundo são os ratos". É bem conhecida a justificativa absurda e pitoresca (anatômica, como as duas precedentes) oferecida pela mitologia popular a respeito dessa fobia: os ratos amam os buracos, e se puderem se enfiam nos intestinos ou nos genitais femininos.

Não acho que para interpretar esse e outros medos atávicos se deva incomodar a psicanálise, que nas mãos dos amadores se presta tão bem a explicar a posteriori todos os fenômenos mentais e seu contrário, e tão mal a prevê-los a priori. Aqui não há nada de arquetípico nem de congênito, e me parece que é possível se contentar com uma explicação mais simples: em todas as culturas existem perigos, verdadeiros, supostos ou exagerados, que são transmitidos pelos pais (ou mais frequentemente pelas mães) aos filhos, longas cadeias de inúmeras gerações, e criam muitos temores. O fato de que algumas pessoas sejam imunes a eles não prova nada: cada indivíduo tem suas predisposições e defesas. Aliás, a própria transmissão do medo acontece também entre os bovinos: as vacas mães, quando veem seus bezerrinhos se aproximar dos venenosos veratros para comê-los, os desviam com uma cornada, mas exatamente, já que não existe uma "cultura" bovina, são passadas apenas as proibições e as regras ditadas pela experiência, e não aquelas que resultam de construções intelectuais.

Nas fronteiras dessa vasta região de medos tradicionais (não só de animais: quando eu era criança, uma governanta me proibiu de tocar os ranúnculos porque "fazem cair as unhas") reside o medo das cobras; talvez, na verdade para além das fronteiras, pois realmente há, na Itália, cobras de picada mortal. São só três ou quatro espécies de víboras, mas parece que sua população está aumentando, seja pelo abandono que se pratica nos cultivos dos campos, seja pelo estúpido extermínio dos pássaros predadores, seus antagonistas naturais. Cobras existem sim – mesmo que os ecologistas extremistas queiram postular uma natureza amigável e suave a todo custo – e não são um perigo desprezível, especialmente para as crianças. Mas em torno ao núcleo do animal silencioso e mortífero que rasteja sob o ventre se constituiu ao longo dos milênios um intenso halo emotivo e um enxame de lendas.

A cobra de carne e osso, como todos os animais, não é um sujeito moral: não é boa nem má, devora e é devorada. Ocupa nichos ecológicos variados, e sua estrutura tão (aparentemente) simples e tão incomum é fruto de uma longa e não linear história evolutiva: de fato, como os cetáceos, tinha quatro membros que "se deu conta" de que podia dispensar, e dos quais até hoje conserva os rudimentos no esqueleto. Patenteou diversas invenções engenhosas e específicas: um "olho térmico" sensível aos raios infravermelhos e, portanto, ao calor emitido por pássaros e mamíferos, que só recentemente (e com o mesmo objetivo: para localizar de noite uma vítima) o homem conseguiu imitar; uma mandíbula que pode se desarticular ao seu bel-prazer, para conseguir introduzir no estômago as presas volumosas; nas espécies venenosas, uma dupla seringa de efeitos fulminantes.

Por outro lado, a cobra literária é moralmente marcada: desde as primeiras páginas do Gênesis, onde aparece como o mais astuto dos animais e como conselheiro do pecado original, é malvada e maldita, e seu rastejar é uma punição e ao mesmo tempo um símbolo. Para os antigos, a verticalidade do homem era o sinal da sua natureza quase divina: ele se estende em direção ao céu, é o traço de união entre a terra e as estrelas. Os quadrúpedes são algo de intermediário, são inclinados, sua visão se dirige ao solo, mas dele são separados: correm, pulam. A serpente adere à terra, é terra, come terra (Gênesis 4,14) como o verme, do qual é uma versão engrandecida, e o verme é filho da podridão.

A cobra é a besta por excelência, aquela que não abriga em si nada de humano: significativamente, o termo italiano *biscia* [serpente] não é nada mais que uma variante do latim *bestia*, e os sem pernas são percebidos como mais distantes de nós que as formigas, os grilos ou as aranhas, que têm pernas (talvez muitas, e com muitos joelhos). Pontualmente, Dante identifica a serpente com o ladrão, que como ela rasteja sem barulho e se insinua de noite nas casas dos homens; no sétimo círculo, ladrões e serpentes se transmutam sem fim uns nas outras. Nas 237 fábulas de La Fontaine o lobo aparece quinze vezes, o leão dezessete, a raposa dezenove, e são todos intensamente humanizados, nos seus vícios e virtudes; a serpente aparece apenas três vezes, em papéis marginais e vagamente alusivos.

Pelo que eu me lembre, a única cobra "positiva" da literatura é a píton Kaa de Kipling. Kaa, a Cabeça Chata, é sagaz, prudente, vaidosa, surda e velha como a selva, mas reencontra uma nova juventude cada vez que muda sua belíssima pele. É amiga de Mowgli, mas à distância: uma amiga de sangue frio, manhosa e incompreensível, através da qual a Rã filhote de homem pode aprender muito, mas de quem deve sempre manter distância.

Não há muitas cobras na minha história pessoal. Uma vez estava na pracinha de uma aldeia, com meu filho nos braços, e diante de mim ciscavam algumas galinhas; do bico de uma delas pendia um cadarço. De vez em quando ela o depositava na terra, depois o pegava de novo, ciumenta se via uma das suas colegas se aproximar para roubá-lo. De repente vi que o cadarço se movia: era uma pequena cobra, agora golpeada pelas repetidas bicadas. Senti despertar em mim o ódio bíblico: era uma serpente, portanto uma víbora, portanto devia ser morta. Coloquei a criança nos braços do primeiro que apareceu e diante do estupor dos passantes persegui a galinha, mais surpresa ainda e justamente indignada. Depois de um breve embate consegui me apropriar da vítima já condenada e a pisoteei com a consciência pura de quem cumpriu com seu dever de pai e de cidadão. Hoje já não faria isso, ou ao menos pensaria um momento: as víboras, mesmo as mais saudáveis, são muito menos rápidas do que afirma a zoologia popular, e talvez também menos perigosas.

Talvez tenhamos uma profunda necessidade desse falso medo, a meio caminho entre a realidade, a interpretação e a brincadeira: medo dos ratos, dos ranúnculos, das aranhas. São um modo de nos fazer lembrar das tradições, de nos confirmar como filhos da cultura na qual crescemos; ou talvez nos ajudem a relegar às sombras outros medos mais próximos e mais vastos.

O eclipse dos profetas

Atualmente, fala-se muito de dificuldades, e a elas se dedicam mesas-redondas e convenções. As dificuldades existem, não há dúvida: mas é um termo cumulativo, com funções diversas e em proporções diferentes para cada país. Seria humor negro falar de dificuldades nos lugares em que se morre de fome, sede, doenças, guerra: limitemo-nos aos países que conhecemos melhor e nos quais se "vive bem"; especialmente na Europa.

O europeu, hoje, não teme guerras europeias nem civis; não tem fome; se adoece, não morre em meio ao pó mas encontra socorro, mais ou menos eficiente; seus filhos têm uma probabilidade razoável de chegar à idade adulta; vive melhor que seus pais e avós; e mesmo assim experimenta desconforto e a esse desconforto dá vários nomes. Causa majoritária de desconforto é, ou deveria ser, o medo nuclear. Sob esse aspecto, a situação é nova na história humana: nunca havia acontecido, nem mesmo remotamente, que um simples ato voluntário, um único gesto, pudesse levar à destruição instantânea do gênero humano e ao provável desaparecimento, em poucas semanas, de toda forma de vida sobre a Terra.

Esse medo é estranho e informe: é muito grande para ser racionalmente aceito. Não nos pesa sobre os ombros, como seria de esperar: assumiu a forma de um obscuro desconforto, devido à novidade da nossa condição, para a qual não estamos preparados. Existe, e foi teorizado, um "medo matemático", que é a esperança matemática com o sinal ao contrário; ou seja, o produto do dano esperado (ou respectivamente da vantagem) pela probabilidade de que isso ocorra. Esse conceito é abstrato, não nos ajuda. Aqui o dano é máximo: é infinito? Não, porque a morte, mesmo que horrenda, mesmo que de todos, põe fim ao sofrimento, mas trata-se sempre de um dano desmesurado. Porém, qual é a probabilidade, o segundo dos dois fatores, não sabemos. Inconscientemente, imperceptivelmente, cada um de nós o avaliou mínimo, próximo de zero, de modo que o produto, nosso medo, permaneça em limites toleráveis e nos permita dormir, comer, fazer amor, procriar, nos interessar pelo campeonato de futebol, assistir à TV ou sair de férias. Somos levados a fazer essa avaliação redutora (que pode, claro, também ser correta) justamente porque o cenário é novo: estamos privados do único instrumento que nos ajuda a estimar a probabilidade de um evento futuro, ou seja, o cálculo de quantas vezes e em quais circunstâncias isso aconteceu no passado.

Esse instrumento é útil apenas quando o evento ocorreu muitas vezes; as graves tensões internacionais foram seguidas de guerras; as guerras, nos mostra a experiência, foram seguidas de epidemias e carestias. Mas aqui a experiência não existe: a guerra total, ubíqua, definitiva, é um acontecimento novo, diante do qual somos todos tábulas rasas. Como o dano é novo, também é nova nossa ignorância das suas probabilidades. Nossa única esperança se baseia em pensar que os grandes políticos devem saber que eles também acabarão na fornalha: eles, suas sutilezas e seus sistemas. Não é uma esperança totalmente sem fundamento, e também é ampliada por nossa tendência a eliminar o medo.

Mais precisamente: existe uma tendência, irracional mas observada há séculos, e bem evidente nas situações de perigo, de aproximar a probabilidade de um evento terrível aos seus valores extremos, zero e um, impossibilidade e certeza. Já a tínhamos notado no campo de concentração, feroz observatório psicológico. Se me for permitido citar a mim mesmo, escrevi há quase quarenta anos em *É isso um homem*:

> Se fôssemos razoáveis, deveríamos renunciar à evidência de que nosso destino é perfeitamente desconhecido, que cada conjectura é arbitrária e privada de fundamento real. Mas os homens quase nunca são razoáveis quando seu próprio destino está em jogo, eles sempre preferem as posições extremas; portanto, segundo seu caráter, entre nós alguns estão convencidos imediatamente de que tudo está perdido, que aqui é impossível viver e que o fim é certo e está próximo. Há outros para quem, por mais dura que seja a vida que levamos, a salvação é provável e não está longe, e, se tivermos fé e força, iremos reaver nossas casas e nossos entes queridos. As duas classes, a dos pessimistas e a dos otimistas, não são assim tão distintas: e não porque os agnósticos sejam muitos, mas porque a maioria, sem memória nem consciência, oscila entre as duas posições-limite, de acordo com seu interlocutor e com o momento.

Acho que, salvo alguma mudança na unidade de medida, essas observações são válidas também para o mundo em que nós, europeus, vivemos hoje, livres da necessidade mas não do medo. Ao que parece, a gama inteira do possível é difícil para nós; a crença e a descrença totais são as alternativas preferidas, e entre ambas prevalece a segunda. Somos extremistas: ignoramos os caminhos intermediários, somos desesperados ou (como hoje) despreocupados; mas vivemos mal. Porém, devemos rejeitar essa nossa inata tendência ao radicalismo, pois ela é fonte de mal. Tanto o zero como o um nos levam à falta de ação: se o futuro prejuízo é impossível ou certo, o "que fazer?" cessa. Ora, as coisas não são assim: o massacre nuclear é possível e mais ou menos provável segundo um grande número de fatores, incluindo nossos comportamentos singulares, individuais e coletivos. Não é fácil dizer o que devemos fazer, mas certamente, em todas as nossas escolhas privadas e políticas, o fato é que o futuro está *também* nas nossas mãos, é plástico e não rígido, não deve nunca ser esquecido. Especialmente, não devem nunca esquecê-lo aqueles que estão mais próximos do poder: os políticos, os militares, os cientistas, os grandes técnicos. Se abrirem caminho ao apocalipse, eles também estarão envolvidos, e inutilmente: com prejuízos para todos, sem vantagens para ninguém.

Portanto, boa parte do nosso descontentamento vem, creio eu, do extremo desconhecimento do futuro, que desencoraja todos os nossos projetos a longo prazo. Esta não parecia ser a condição humana apenas vinte anos atrás. Não éramos assim tão desarmados, ou melhor, éramos mas não nos dávamos conta. Sempre vivemos baseados em modelos de ídolos dourados e distantes, e demonstramos uma singular versatilidade (e capacidade de esquecimento) em aposentar modelos velhos e assumir novos, diferentes ou mesmo opostos: pois não havia um modelo. Plínio já citava os improváveis hiperbóreos, que residem além dos nevados e gélidos Montes Rifeus, vivem longevos e felizes num país de eterna primavera (embora a noite dure seis meses) e se matam apenas porque ficam cansados de viver. Tivemos o Éden, o Catai, o Eldorado; na época fascista escolhemos como modelo (também aqui, não sem razão) as grandes democracias; depois, de acordo com o momento e com nossas tendências, a União Soviética, a China, Cuba, o Vietnã, a Suécia. De preferência eram países distantes, pois um modelo, por definição, deve ser perfeito; e já que nenhum país real é perfeito, convém escolher modelos mal conhecidos, remotos, que possam impunemente ser idealizados sem temer um conflito com a realidade. No entanto, havíamos determinado uma meta: nossa bússola apontava para uma direção definida.

Paralelamente aos modelos, seguimos homens que eram feitos, como nós, da argila de Adão, mas os idealizamos, agigantamos, aclamamos como deuses: podiam e sabiam tudo, tinham sempre razão, tinham permissão de se contradizer, de apagar seu passado. Agora o delírio da delegação parece terminado, tanto no Ocidente como no Oriente: não há mais as Ilhas Felizes nem os dirigentes carismáticos (talvez o último infausto exemplar seja Khomeini, mas não durará muito). Somos órfãos e vivemos o desconforto dos órfãos. Muitos de nós, quase todos, achamos cômodo e econômico depositar a própria fé numa verdade fabricada: era uma escolha humana, mas errada, e agora percebemos que era falha. Nosso futuro não está escrito, não é certo: levantamo-nos de um longo sono e vimos que a condição humana é incompatível com a certeza. Nenhum profeta ousa mais nos revelar nosso futuro, e este, o eclipse dos profetas, é um remédio amargo mas necessário. Nós é que devemos construir o futuro, às cegas, tateando; construí-lo desde as raízes, sem ceder à tentação de recompor os cacos dos ídolos esmagados, e sem construí-los de novo.

Nota biográfica e fortuna crítica

Ernesto Ferrero

Primo Levi nasceu em Turim no dia 31 de julho de 1919, na casa da avenida Rei Umberto em que morou durante toda a vida. Ele descende de uma família de judeus piemonteses provenientes da Espanha e da Provença. Seu avô paterno foi engenheiro civil e o materno, comerciante de tecidos. O pai Cesare (1878-1942) era formado em engenharia eletrotécnica, trabalhou durante muito tempo no exterior e em 1917 se casou com Ester Luzzati (1895-1991). Era um homem extrovertido, leitor voraz e pouco interessado pelos assuntos de família.

Primo frequentou o Ginásio-Liceu D'Azeglio, onde teve, durante alguns meses, aulas de italiano com Cesare Pavese. Naquela época, o liceu demitiu os professores antifascistas (o primeiro dentre eles foi Augusto Monti), que se distinguiam como grandes formadores de opinião. Em 1937, seu trabalho de conclusão do curso de italiano é adiado para outubro. Nesse ínterim, Levi se apaixona pela leitura de textos científicos da época, e no mesmo ano se inscreve no curso de química da Faculdade de Ciências da Universidade de Turim. No ano seguinte são promulgadas as leis raciais ("constituíram a *reductio ad absurdum* da estupidez do fascismo", dirá Levi mais tarde), mas ele continua a conviver com seus amigos, ao menos os antifascistas, e se forma com louvor em

1941. Procura desesperadamente por trabalho, pois a família está em dificuldades como resultado de uma doença do pai, e consegue pequenas ocupações no vale de Lanzo e depois em Milão, onde se encontra com um grupo de amigos de Turim, dentre os quais o arquiteto Eugenio Gentili Tedeschi, que se encantam com a qualidade do seu pensamento e lhe preconizam um brilhante futuro como cientista.

Em 1942, Primo Levi entra no Partido de ação clandestina e se torna ativo na rede de contatos entre os partidos do futuro CLN. Em 8 de setembro, ele se une a um grupo de *partisans* que opera em Val d'Aosta, mas na manhã de 13 de dezembro, sob delação, é preso nas encostas de Col di Joux, entre Val d'Ayas e St. Vincent, com outros dois companheiros e, como judeu, é enviado ao campo de concentração de Carpi-Fòssoli. Em fevereiro de 1944 o campo passa à administração dos alemães, os quais enviam os prisioneiros judeus num comboio ferroviário direto a Auschwitz. Levi termina no campo ao lado da fábrica de Monowitz, que faz parte de um vasto sistema de 39 campos. Operário de um grupo que deve construir um muro, é ajudado por um pedreiro italiano, Lorenzo Perrone, que trabalha para uma empresa cujo escritório havia se mudado para Auschwitz; depois, por sua formação de químico, lhe é confiado um trabalho num laboratório. Tenta não ficar doente, mas contrai escarlatina justamente quando, em janeiro de 1945, os alemães abandonam o campo, diante da aproximação das tropas russas, transferindo (e depois massacrando) os prisioneiros, mas abandonando os doentes que estão na enfermaria. Essa é a circunstância que lhe salva a vida.

Depois da liberação feita pelos russos, Levi trabalha por alguns meses como enfermeiro num campo soviético transitório. Em junho inicia a viagem de regresso à pátria, que segue um itinerário sinuoso e absurdo que passa por Rússia branca, Ucrânia, Romênia, Hungria, Áustria: é a experiência que ele conta no livro *A trégua*. Chega a Turim em 19 de outubro. Em 1946, consegue trabalho numa fábrica de tintas de Avigliana e escreve febrilmente algumas poesias "concisas e sangrentas", e também o livro *É isso um homem?*. Recusado pela editora Einaudi com um motivo vago, o livro, intitulado inicialmente *Os afogados e os sobreviventes*, encontra acolhimento na editora De Silva, de Franco Antonicelli, e sai numa tiragem de 2.500 cópias. É Antonicelli quem muda o título para *É isso um homem?*, verso tirado de um poema do próprio autor que figura na epígrafe (embora Levi não tenha gostado muito do título, bastante parecido com *Homens e não*, de Elio Vittorini).

O livro faz sucesso sobretudo num âmbito piemontês, judaico e de esquerda; vende cerca de 1.500 cópias, mas é recebido com boas críticas. No *La Stampa*, aquele elegante homem de letras que é o francesista Arrigo Cajumi compara o livro ao *A trilha dos ninhos de aranha*, de Italo Calvino, dizendo que são dois modos de "ler" a tragédia que acaba de ocorrer. Curioso com a comparação, Calvino então lê *É isso um homem?* e lhe dedica uma nota no *l'Unità* de Turim, do qual é redator, reconhecendo em algumas de suas páginas "uma verdadeira potência narrativa". No "Boletim da Comunidade Israelita de Milão" de maio-junho de 1948, o jovem germanista Cesare Cases, que se tornará um dos maiores críticos de Levi, escreve que "ao contrário de outros livros nascidos da mesma experiência, aqui é necessário falar de arte".

Em setembro de 1947, Levi se casa com Lucia Morpurgo, e em dezembro aceita um posto de químico de laboratório na Siva, uma fábrica de tintas perto de Settimo Torinese, da qual em poucos anos se tornará diretor. No ano seguinte nasce sua filha Lisa Lorenza; o filho Renzo nascerá em 1957. Contudo, Levi não se conforma em abandonar seu livro à sorte e torna a propô-lo à Einaudi, encontrando ali um interlocutor atento na pessoa de Luciano Foà, então secretário geral e futuro fundador da editora Adelphi.

O contrato assinado em julho de 1955 prevê a publicação numa coleção semieconômica, a "Piccola Biblioteca Scientifico-Letteraria", mas as dificuldades financeiras pelas quais a editora passa naqueles anos, com a consequente redução dos programas, adiam a publicação para 1958. *É isso um homem?* sairá em 2 mil cópias na coleção "Ensaios" com uma capa desenhada por Bruno Munari, que com seu forte traço negro quer evocar a opressão do ambiente dos campos de concentração.

Nos anos seguintes o livro é traduzido na Inglaterra, nos Estados Unidos, na França e na Alemanha. Esse interesse anima Levi (depois de anos de indecisão em que sua vocação de escritor, no entanto, já era demonstrada nos primeiros contos de invenção técnico-científica) a prosseguir com a narrativa autobiográfica que havia se interrompido com a chegada do Exército Vermelho em Auschwitz. Como ele mesmo recordou mais tarde, a narrativa foi se afinando oralmente através das conversas que ele teve com familiares, amigos e alunos das escolas. Levi foi depois gentilmente encorajado a transferir a história para o papel, em dezembro de 1961, pelo amigo Alessandro Galante Garrone.

Nasce *A trégua*, que sai pela Einaudi em abril de 1963, obtém ótima recepção crítica, uma boa colocação no Prêmio Strega daquele ano e em setembro vence a primeira edição do Prêmio Campiello. O êxito do livro marca também o início do progressivo sucesso de *É isso um homem?*, que a partir de então conhecerá uma ininterrupta série de reimpressões e se tornará um dos livros mais lidos do pós-guerra.

Depois de alguns anos, encorajado por Italo Calvino, Levi começa a escrever contos, a maioria deles publicada no jornal *Il Giorno* e no semanário *Il Mondo*: irá reuni-los num volume em 1966, com o pseudônimo de Damiano Malabaila e com uma "orelha" que é uma declaração de intenções e permite uma fácil identificação do autor. Ao mesmo tempo, produz com Pieralberto Marché uma versão teatral de *É isso um homem?*, que se baseia numa versão radiofônica de 1963 e será encenada no Teatro Stabile de Turim.

Em 1971, Levi compila, também para a Einaudi, uma segunda série de contos, *Vício de forma*, dessa vez com seu verdadeiro nome. Realiza diversas viagens a trabalho, especialmente para a União Soviética, e amadurece a ideia de contar as experiências humanas e profissionais dos técnicos especialistas espalhados pelo mundo: é o livro que depois se tornará *A chave estrela*. Em 1975 decide se aposentar: deixa a Siva e se dedica em tempo integral ao ofício de escritor. Publica *O sistema periódico*, uma série de contos de feição autobiográfica, cada um ligado a um elemento químico. Ao mesmo tempo, lança pela editora Scheiwiller um pequeno volume de poesias intitulado *L'Osteria di Brema*.

Em 1978, sai à luz *A chave estrela*, que em julho vence o Prêmio Strega. Dois anos depois é traduzido ao francês, e nessa ocasião o grande etnólogo Claude Lévi-Strauss escreve: "Li-o com extremo prazer, pois não há nada que me agrade mais que escutar os discursos de trabalho. A esse respeito, Primo Levi é uma espécie de grande etnógrafo. Além disso, o livro é realmente divertido".

Em 1981, incentivado por Giulio Bollati, prepara para a Einaudi uma antologia pessoal, *Em busca das raízes*. Reencontra entre seus papéis algumas anotações relativas a um grupo de judeus russos que tinham formado um grupo *partisan* e com as armas em punho haviam atravessado a Europa para permanecer provisoriamente na Itália. Decide dar forma romanesca a esse acontecimento, enfrentando assim o desafio da narrativa pura, e faz pesquisas cuidadosas durante um ano. Em 1981, publica também uma terceira coleção de contos, *Lilith*.

Em 1982, publica *Se não agora, quando?*, que obtém sucesso imediato, vencendo em junho o Prêmio Viareggio e em setembro o Prêmio Campiello. Visita Auschwitz com profunda comoção e no outono, quando Israel invade o Líbano, critica os massacres nos campos palestinos de Sabra e Chatila: "Nem mesmo uma guerra justifica a soberba sangrenta que Begin e seus seguidores demonstraram". A convite de Giulio Einaudi, inicia a tradução do livro *O processo* de Kafka para a coleção "Escritores traduzidos por escritores": esse trabalho sairá em abril de 1983. Levi se depara com um escritor que lhe parece profundamente estranho e com um livro "cruel", "patogênico"; mas reconhecerá que aquela difícil experiência também foi frutífera.

Em junho de 1984, encontra-se em Turim com o físico Tulio Regge: a conversa dos dois é publicada em dezembro pelas Edizioni di Comunità com o título *Diálogo*. Em outubro, publica pela Garzanti a coleção de poesias *Em hora incerta*, que compreende também algumas traduções:

> Sou um homem que acredita pouco na poesia e mesmo assim a pratica [...]. Adorno escreveu que depois de Auschwitz não se pode mais fazer poesia, mas minha experiência foi oposta. Na época (1945-46), achei que a poesia seria mais idônea que a prosa para exprimir aquilo que me oprimia. Ao falar em poesia, não penso em nada de lírico. Naqueles anos, eu teria reformulado as palavras de Adorno: depois de Auschwitz não se pode mais fazer poesia, a não ser sobre Auschwitz.

Em novembro, a edição americana de *O sistema periódico* tem uma recepção calorosa. A opinião de Saul Bellow é especialmente relevante: "Estamos sempre à procura do livro necessário. Depois de poucas páginas, mergulhei em *O sistema periódico* com prazer e gratidão. Ali não há nada supérfluo, tudo neste livro é essencial". A apreciação favorável de Bellow e de outros críticos americanos promove uma longa série de traduções dos livros de Levi em vários países.

Em 1985, Levi reúne no volume *O ofício alheio* cerca de cinquenta ensaios que, como escreveu Italo Calvino em sua resenha no jornal *La Repubblica* de 6 de março, "correspondem à sua vocação de enciclopedista das curiosidades vivazes e minuciosas e de moralista de uma moral que parte sempre da observação". Em abril, viaja aos Estados Unidos para uma série de encontros e conferências, por ocasião da tradução de *Se não agora, quando?*.

Em abril de 1986, publica *Os afogados e os sobreviventes*, a somatória das reflexões nascidas da experiência no campo de concentração, que tocam os nós mais profundos da responsabilidade moral do homem, ultrapassando a experiência da deportação e do extermínio: o funcionamento da memória, a "microfísica" do poder e a definição da "zona cinzenta" da colaboração. Em setembro, recebe em Turim a visita do escritor americano Philip Roth, com quem realiza uma longa entrevista publicada primeiro no *The New York Review of Books* e depois no *La Stampa*.

No início de 1987, participa da polêmica do chamado "revisionismo histórico", que pretende redimensionar as falhas do nazismo. É submetido a uma operação, enquanto saem as edições francesa e alemã de *O sistema periódico*. Em 11 de abril, suicida-se em sua casa de Turim.

As *Obras* completas de Primo Levi agora estão disponíveis em dois tomos da coleção "Nuova Universale Einaudi", editadas por M. Belpoliti, com introdução de D. Del Giudice e cronologia de E. Ferrero. Especialmente notável (com quase 500 páginas) é a seção dos textos dispersos, pela primeira vez reunidos em volume e com notas aos textos. Às *Obras* serão adicionados a antologia pessoal *Em busca das raízes* (1981), o volume de *Conversas e entrevistas 1963-1987*, editados por M. Belpoliti (coleção "Struzzi", Einaudi, Turim, 1997), o *Diálogo* com o físico T. Regge (Edizioni di Comunità, Milão, 1984; Einaudi, Turim, 1987; e Mondadori, Milão, 1995) e F. Camon, *Autorretrato de Primo Levi* (Garzanti, Milão, 1987; Guanda, Parma, 1997).

A fortuna crítica

Domenico Starnone, que se ocupou repetidamente de Levi, aponta a gentil curiosidade do escritor, que com declarado amadorismo acabou "produzindo coisas – sendo químico – que fazem inveja a muitos técnicos da literatura", como *A chave estrela*.

> No final, Levi nos parece um avô ideal [...], daqueles que sabem responder a um punhado de porquês e sempre com belas informações que estimulam a imaginação, mas sem nunca se tornar

adocicado e se fazer de bobo a fim de expressar um otimismo exagerado da razão. A esse respeito, basta ler como ele escreve, em *Notícias do céu*, sobre aquilo que se conhece de novo em termos de universo, que não é mais doméstico: é intricado, imprevisível, violento. Ou sobre aquela outra paixão sua que é a natureza, sobretudo o modo com que observa o mundo dos insetos: belíssimos e monstruosos (podemos ver isso em "Romances ditados pelos grilos", "O salto da pulga", "As borboletas", "Pavor de aranhas"). Levi nos oferece uma boa maneira de contornar as barreiras: língua afiada, precisa, próxima da univocidade da linguagem científica, mas com a indeterminação cheia de vibrações da literatura. O melhor de Levi aparece nos percursos que margeiam, tocam ou penetram as competências do químico, literariamente remodeladas [...] Enfim, nas passagens em que, ora narrando, ora refletindo, transparece uma densa documentação de uma proximidade construída – com frequência – entre formas mentais e linguagens consideradas distantes.[1]

Michele Rago[2] se dedica à evolução da escrita de Levi: aquele que poderia ter se tornado o escritor de um só livro vai pouco a pouco se enriquecendo, "assimilou outros assuntos, transformou outras experiências em linguagem penetrando no labirinto das palavras que, através dos fatos, podem ser reverberadas ou projetadas em forma narrativa". Esses textos, de argumentos, assuntos e disposições variadas, acabam compondo "um livro unitário, devido ao fato de que à grande variedade de assuntos corresponde um modo preciso de encará-las, uma espécie de verificação daquilo que podemos aprender a cada dia". Pode-se "obter até um esboço de autobiografia baseada em experiências intelectuais". Dedicando-se ao "segundo ofício", o estudioso de ciências

---

[1] D. Starnone, "Primo Levi scrittore e nonno ideale", in *Il manifesto*, 8 mar. 1985.
[2] M. Rago, "Tra ragni, pipistrelli e mestiere", in *l'Unità*, 22 mar. 1985.

não trabalha de fato com distanciamento. Antes de tudo, a paixão por aquilo que narra ou observa nunca pode se distanciar do invencível gosto de divertir-se e divertir: "É uma lei da qual não se foge: o autor que não sabe rir por conta própria, talvez até de si mesmo, termina a contragosto por ser objeto de riso" (p.167). Daí decorre o agradável encontro com o médico humanista Rabelais ou com o Queneau da *Petite cosmogonie portative*, dois clássicos de ciência humorística. Mas o encontro não termina fazendo com que ele queira prosseguir e permanecer na via do "cômico puro". A hilaridade é um dom natural a ser cultivado. Um luz que atravessa a escrita [...]. Divertido e rico de informações, o livro é feito segundo as exigências dos leitores.

Rago não acompanha Levi na discussão sobre "a escrita obscura" ou sobre levar a consequências extremas uma "moral das letras" que tem sua pedra angular na clareza, no esforço por uma linguagem transparente. É verdade que escrever é um ato responsável, e que sempre é útil "conhecer o modo com que um escritor interpreta e desenvolve a própria busca. Mas é arriscado transformar uma poética pessoal num critério crítico ou transferi-la a uma perspectiva histórico-literária", mesmo porque a noção de clareza varia com a época, o clima cultural, a sensibilidade, como é o caso do patafísico Jarry, "hilário mestre de Queneau", que hoje (1985) "saiu da coxia e foi para as luzes da ribalta".

Num artigo-entrevista, Laura Mancinelli[3] vê em Levi

o exemplo de um homem "completo", que pode ser ao mesmo tempo escritor e cientista, que pode se aventurar com a mesma competência e o mesmo entusiasmo no ofício "alheio", diferente do seu, sobretudo porque na realidade aquele ofício também é "seu".

O otimismo fundamental de sua linguagem se baseia

---

3 L. Mancinelli, "Un 'curioso' della vita, con amore", in *Il secolo XIX*, 23 abr. 1985.

na queda das ideologias, das "verdades" aceitas pela fé, no desaparecimento das figuras carismáticas e das certezas que emanam delas, a mensagem contida no ensaio "O eclipse dos profetas" que fecha o livro: "levantamo-nos de um longo sono e vimos que a condição humana é incompatível com a certeza. [...] Nós é que devemos construir o futuro, às cegas, tateando" (p.277).

Leone Piccioni[4] faz uma leitura bastante calorosa que termina com um conselho dirigido ao autor:

> Que Levi não tenha medo: nunca repetiu o ofício dos outros; não invadiu o campo de ninguém; está justamente reservado para ele um terreno muito favorável à sua qualidade de escritor, e acho que os críticos profissionais (a começar por minha pequena experiência) não podem mais que lhe ser gratos por este livro, pelos ensinamentos que ele nos oferece.

Apesar de sua evidente importância, a obra de Primo Levi se tornou objeto de estudos críticos profundos apenas depois da morte do autor, mas até o momento não surgiram monografias pormenorizadas. Destacam-se entre os estudos já publicados as introduções de C. Cases, C. Segre e P. V. Mengaldo aos três volumes que reuniram as obras de Primo Levi na einaudiana "Biblioteca dell'Orsa", Turim, 1987, 1988 e 1990. Esses textos estão agora disponíveis em *Primo Levi: un'antologia della critica*, editada por E. Ferrero na "Piccola Biblioteca Einaudi" (Turim, 1997). O volume compreende outros ensaios considerados significativos, escritos por A. Cavaglion, F. Fortini, G. Grassano, S. Levi della Torre, C. Magris, D. Meghnagi, C. Oczik, F. Sanvitale, G. Tesio, P. Valabrega. No apêndice, os testemunhos de N. Bobbio, G. Einaudi e M. Mila.

---

4 L. Piccioni, "Il dilettante curioso", in *Il Tempo*, 7 jun. 1985.

Dentre as outras contribuições críticas devem ser mencionados: G. Grassano, *Primo Levi*, La Nuova Italia, Firenze, 1981; *Il presente del passato*, Atti del Convegno Primo Levi (Angeli, Milão, 1988); C. Toscani, *Come leggere "Se questo è un uomo" di Primo Levi*, Mursia, Milão, 1990; *Primo Levi: memoria e invenzione*, Atti del Convegno di San Salvatore Monferrato, 1991, editado por G. Ioli, Edizioni della Biennale "Piemonte e Letteratura", S. Salvatore Monferrato, 1995; *Primo Levi. Il presente del passato. Giornate internazionali di studio*, editado por A. Cavaglion, Angeli, Milão, 1991; A. Cavaglion, *Primo Levi e Se questo è un uomo*, Loescher, Turim, 1993; *Primo Levi: la dignità dell'uomo*, Atti del 26º incontro "Scrittori/Lettori", editado por R. Brambilla e G. Cacciatore, Cittadella editrice, Assisi, 1995; e *Primo Levi*, número monográfico da revista *Riga*, editado por M. Belpoliti, Marcos y Marcos, Milão, 1997, que reúne textos esparsos do próprio Levi e uma série de estudos críticos de inestimável valor.

SOBRE O LIVRO

Formato: 14 x 21 cm
Mancha: 23 x 40 paicas
Tipologia: Venetian 301 12/14
Papel: Off-White 80 g/m² (miolo)
Cartão Supremo 250 g/m² (capa)

1ª edição: 2016

EQUIPE DE REALIZAÇÃO

Capa
Estúdio Bogari

Edição de texto
Maria Angélica Beghini Morales (Copidesque)
Tomoe Moroizumi (Revisão)

Editoração eletrônica
Sergio Gzeschnik (Diagramação)

Assistência editorial
Alberto Bononi
Jennifer Rangel de França

GRÁFICA PAYM
Tel. [11] 4392-3344
paym@graficapaym.com.br